KB070540

와! (和) 일본

응집하는 일본인의 의식구조 해부

나남
nanam

성 호 철 (〈조선일보〉 기자)

1974년 제주에서 태어났다. 고등학교 시절엔 시인(詩人)을 지망했고 고려대 국문과에 들어갔다. 한때 열병처럼 일본 소설앓이를 했다. 무라카미 하루키의 〈노르웨이의 숲〉 원서를 열 번 넘게 완독했다. 도쿄에 넘어가 와세다대에서 일본 근대문학을 공부했다. 일본에 대한 열정이 식었고, 한두 해만에 포기하고 돌아와 서울에서 기자(記者)가 되었다. 10여 년간 테크놀로지와 미디어를 취재했다. 《소통하는 문화권력 TW세대》(저서), 《손에 잡히는 유비쿼터스》(번역서) 등 몇 권을 쓰거나 번역했다.

도쿄 탈피에서 15년이 지난 2014년, 다시 도쿄에 갔다. 게이오대 방문연구원으로 1년간 머물렀다. 다시 일본 열병이 들었다. 마흔이 넘어 든 열병은 열감(熱感)에 잠 못 들어 하루키를 집어 드는 스무 살 청년 때와 달랐다. 끊이지 않는 미열(微熱)의 밤엔 야마모토 시치헤이의 일본론인 《공기의 연구》를 읽었다. 세상이 모두 아는 일본을 나만 모르는 것인 양 닥치는 대로 읽고, 눈이 충혈되도록 고민하고, 다음날 일본인 지인을 만나 물어볼 질문을 생각하며 설렜다.

나남신서 1816

와! (和) 일본
응집하는 일본인의 의식구조 해부

2015년 7월 30일 발행
2018년 2월 5일 3쇄

지은이   成好哲
발행자   趙相浩
발행처   (주) 나남
주소   10881 경기도 파주시 회동길 193
전화   (031) 955-4601 (代)
FAX   (031) 955-4555
등록   제 1-71호 (1979. 5. 12)
홈페이지   http://www.nanam.net
전자우편   post@nanam.net

ISBN 978-89-300-8816-9
ISBN 978-89-300-8655-4 (세트)

책값은 뒤표지에 있습니다.

와! (和) 일본

응집하는 일본인의 의식구조 해부

성 호 철 지음

나남
nanam

머리말

어릴 적 보물찾기를 못했다. 국민학교(초등학교) 6년간 소풍 때마다 단한 번도 보물이 적힌 종이쪽지를 찾은 적이 없다. 풀섶을 휘젓고 잔돌을 뒤집으며 너무 열심히 보물쪽지를 찾는 모습을 보다 못한 선생님이슬쩍 하얀 종이에 '노트 한 권'이라고 적힌 보물쪽지를 쥐어주곤 했다.

일본은 알 수 없는 나라다. 20대 때 일본 음악을 듣고 드라마를 보고소설을 읽으며 간간이 일본어 통역 일을 할 때만 해도 일본이란 보물쪽지를 찾은 줄 알았다. 시류에 휩쓸린 일본 관련 책을 한두 권 읽고는 술자리에서 전문가인 양 떠들었다. 그 후 20여 년 동안 일본인과 만나고,일본열도를 여행하고, 일본의 대학에서 근대문학을 공부하면서 시간이지날수록 일본인은 점점 더 알 수 없는 존재가 되었다. '일본인이란 무엇이다'라고 적힌 보물쪽지를 발견 못한 무디고 무딘 나의 직관(直觀)탓을 했다.

최근 일본 게이오대학에서 방문연구원으로 초청받아 차분하게 1년간일본에 체류하면서 깨달았다. 애초에 일본과 일본인을 알아가는 과정은 보물찾기가 아니라 퍼즐 맞추기였다. 정답이 쓰인 보물쪽지는 애당초 존재하지 않았던 것이다. 일본인 몇 명을 사귀면서 느낀 감상만으

5

로, 일본에 살면서 겪은 체험담으로, 에세이 수준의 일본 책 몇 권에서 얻은 깨달음으로, 유창하게 떠들 수 있는 일본어 실력만으로 알 수 없는 게 일본과 일본인인 것이다. 일본을 잘 안다고 자부하다가 어느 날 '이게 아닌데'라고 자괴하는 것도 이런 이유 때문이었을 것이다. 퍼즐 조각 하나를 들고 정답이 적힌 단 한 장의 보물쪽지라고 착각한 것이다.

일본을 알기 위해선 오랜 인내를 가지고 숱한 퍼즐 조각들을 한 장씩 서로 대조해 가며 제자리를 맞춰야 한다. 예컨대 이어령 교수의 《축소지향의 일본인》도, 전여옥의 《일본은 없다》도, 루스 베네딕트의 《국화와 칼》도, 야마모토 시치헤이의 《공기의 연구》 모두 퍼즐 맞추기의 한 과정이자 그런 몇 장의 퍼즐 조각일 따름이다.

이 책이 찾은 몇 장의 조각은 '메센'(目線), '부의 향유 세대', '균일론'(均一論), '와'(わ·和)와 '전'(戰)의 세계, '눈'(目)의 지배 등이다. 이런 퍼즐 조각들이 '일본이 앞으로 가려는 길과 방향 그리고 왜 그렇게 움직이는지'를 고민하는 이들에게 도움이 되었으면 한다. 아니 그렇게 거룩하지 않더라도 해외에서 만난 일본인 연인과의 고민을 푸는 열쇠가 되거나 일본어 하나도 모르고 일본 출장을 갈 때 미지의 인류에 대한 긴장을 푸는 일회용 피로회복제였으면 한다.

일본은 가깝게 지내자니 불편하고 멀리 지내자니 불안한 존재다. 무라카미 하루키의 화법을 흉내 내자면 "일본은 한국의 반대편에 떨어져 별개로 존재하는 게 아니라 그 일부로 존재한다. 당구대 위에 놓인 4개의 공에도 일본은 존재한다"(그의 소설 〈노르웨이의 숲〉에서 죽음과 삶의 관계를 설명한 대목을 차용함) 는 식이다. 좋든 싫든 일본은 사회·문화·경제 곳곳 심지어 법률의 조항이나 초등학교 교과서까지 우리 삶 주변에 함께 있다.

올해는 종전 70년의 해이다. 친일(親日)·지일(知日)·극일(克日)
은 지난 시대의 낡은 표어가 되었다. 종전 70년 이후를 살아갈 젊은 세
대가 이제 새로운 표어를 정할 때다. 변화하는 일본인, 그것이 우경화
된 일본인일지라도 우리는 그들을 알고 싶다.

이 책을 쓰면서 한국인의 시각에서 일본, 일본인을 무작정 폄하하는
오류를 피하려 노력했다. 일본인이 자신들의 사고와 행동을 정당화하
는 과정을 이해하는 데 공을 들였다. 편견과 선입관을 지우고 차가운
이성만으로 일본, 일본인과 마주하려고 했다. 하지만 일본을 찾아가는
여정은 재밌지만 때론 섬뜩함이 묻어나는 작업이었다. 미리 고백하건
대 자간(字間) 군데군데에 그런 감상이 묵은 손때처럼 묻어 있다.

방문연구원으로 초청해 연구의 기회를 준 게이오대학 미디어커뮤니
케이션연구소의 야마모토 노부토(山本信人) 소장과 사에키 치구사(佐
伯千種) 교수, 날카로운 직관과 조언으로 도움을 준 차학봉 전 〈조선일
보〉 특파원과 이홍천 전 게이오대학 교수, 그리고 집필 과정에서 숱한
질문에 기꺼이 답을 준 마키 세츠코(牧 節子), 코지마 준이치(小嶋純
一), 가나자와 유카(金沢優華), 아라키다 신이치(荒木田伸一), 코지마
잇케이(小嶋一慶) 등 주변의 모든 일본인 지인에게 감사드린다. 일본
어 한마디도 못하면서도 일본 생활이 즐겁다며 불평 없이 도쿄 생활을
함께 한 아내 지현이와 딸 수빈이에게도 고마운 마음이다.

게이오대학 도쿄 미타캠퍼스
방문연구원 연구실에서
성 호 철

나남신서 1816

와! (和) 일본

응집하는 일본인의 의식구조 해부

차 례

'밖의 세계'와 일본

제 1 부

눈[目]의
世界

일본 코마바야시 소학교(조등학교) 1학년들이
다음 해에 취학할 유치원생들을 초대해 함께 시간을 보내는 모습.
여덟 살 일본인이 '와'(わ)를 배우는 시간이다.

'아름다운 일본'(美しい日本へ)의 역설

10m가 넘는 거대한 쓰나미가 일본 동북부를 집어삼킨 동일본 대지진의 비극 때 영국 〈파이낸셜 타임스〉는 '일본인이 보여준 모습은 인류 진화의 증거'라고 했다. 동일본 대지진으로 1만 8천 명이 목숨을 잃었고 수백만 명이 집을 잃고 피난소를 전전했다. 후쿠시마 원전이 무너지는 모습은 방사능 유출이라는 최악의 시나리오까지 그리며 일본열도의 최후라는 말까지 돌았던 극한상황이었다. 하지만 약탈도 방화도 없었다. 굶주림에 떠는 일본 이재민들은 보급품을 받기 위해 줄 서서 기다렸다. 정부를 비판하며 흥분하는 집회도 없었다.

"오사키니"(お先に: 먼저 드시죠), "아닙니다. 전 아직 괜찮습니다" 규모 9.0의 대강진과 10m가 넘는 쓰나미가 동일본을 덮친 뒤인 11일 오후 6시, 아키타(秋田) 현 아키타 시의 그랑티아 아키타 호텔. 정전으로 암흑으로 변한 호텔 로비에선 기이한 장면이 연출되었다. 호텔 측이 "전기가 들어올 때까지 숙박객을 받을 수 없다"고 안내하자 로비에 몰려 있던 숙박 예약객 50여 명은 조용히 줄을 서기 시작했다. 누가 뭐라 하지도 않았는데 노약자들이 앞에 세워졌다. 암흑 속에 일렬의 줄이 생겼다. 순서를 다투는 모습은 일절 없었다. 잠시 후 호텔 측이 "정전으로 저녁을 제공할 수 없다"며 긴급

용으로 우동 10그릇을 가져왔을 때다. 우동 그릇을 향해 달려들기는커녕 너나 할 것 없이 다른 고객의 허기를 걱정하며 뒤로 우동을 돌리는 '양보의 릴레이'가 이어졌다. 피해가 가장 컸던 미야기(宮城), 이와테(巖手) 현을 비롯해 일본 전역에서 주인 없는 상점에서 약탈 행위가 있었다는 뉴스는 아직 단 한 건도 없다.

"[동일본 대지진] 일본은 있다 … 대참사 앞에서 배려의 '메이와쿠 문화' … 세계가 놀랐다"
(《중앙일보》, 2011. 3. 14, 2면)

70억 세계인을 놀라게 할 정도의 침착함과 질서의식이었다. 누구도 선뜻 재해와 굶주림 그리고 불안함 앞에서 우동 한 그릇을 남에게 양보하기 쉽지 않은 노릇이다. 인간의 본능이 그렇다. 일본인이 모두 선인(仙人)인가? 관용, 배려 등 어떤 용어로도 정의 내리기 어려울 정도로 정말 착한 일본인의 심성에 세계인의 마음이 흔들렸다.

하지만 정반대의 장면도 있었다. 1980년대 초반, 일본 요코하마에서 노숙자들이 살해당하는 사건이 발생했다. 3개월 동안 10여 건의 폭력 사건이 잇따라 발생했고, 60세와 43세 등 두 명의 노숙자가 죽고 13명이 중경상을 입었다. 고등학생 1명, 중학생 5명, 16세의 무직 4명 등 청소년 10명이 자행한 범죄였다. 이들은 검찰 조사에서 "요코하마를 깨끗한 도시로 만들기 위해 쓰레기를 청소했을 뿐", "다들 왜 이러는지 모르겠다. 노숙자가 줄어서 속으론 (어른들도) 좋아하고 있는 거 아닌가", "노숙자들이 도망가는 모습을 보는 게 재밌었다", "할 일이 없고 심심해서 한 일"이라고 말했다. 과실치사와 폭력으로 이들은 소년원 등으로 보내졌다. 죽은 자는 말이 없으니 두 건의 살인 사건은 미제로 남았다.

매년 일본에선 노숙자에 대한 청소년의 집단 폭행과 습격, 살인 사건이 끊이지 않는다. 청소년 범죄의 한 전형으로 받아들여진다. 사태의 심각성은 불량 청소년이 아닌 주변의 평범한 청소년들도 노숙자 습격에 참여하며 일상화된 폭력이 되었다는 대목이다. 청소년들이 개인적 분노나 울분을 사회적 약자인 노숙자에게 분풀이하는 셈이다.

시민단체인 '모야리'가 2014년 신주쿠, 시부야, 이케부쿠로, 우에노, 아사쿠사 등 도쿄의 주요 번화가에서 생활하는 374명의 노숙자를 대상으로 한 '노숙자에 대한 습격 형태 조사'에서 전체의 42.5%가 '폭행을 당한 적이 있다'고 답했다. '자주 있다'가 7%, '가끔 있다'가 19.6%, '습격을 받은 경험이 있다'가 12.3%였다. 주로 밤중에 폭행을 당해 누가 폭력을 가했는지 노숙자도 잘 모르는 경우(가해자 불명확 40%)가 많았고, 나머지 중 가해자는 어른(22%)보다 어린이·청소년(38%)이 더 많았다. 대부분의 경우 2인 이상(75%)이 집단 폭력을 행사했다. 쇠파이프 등 물건을 이용한 폭력이 37%, 주먹 등 신체적인 폭력이 25%, 폭언과 협박이 25%였다.

노숙자 분들께 폭행이나 습격을 물으면 다들 처음엔 "별 일 없다"고 말했다. 하지만 계속 이야기를 나누다 보면 자신을 향해 누가 물건을 던지는 행위 같은 폭력은 다반사로 일어나서 그냥 참는 것이었다. 그중에는 일터로 가기 위해 노숙자에게 가장 소중한 이동수단인 자전거를 하천에다 던져버린 사례도 있었다. 그런데 길 위에서 사는 분의 시선은 참 너그러웠다. '습격하는 녀석들도 힘든 일이 있거나 나름대로의 사정이 있지 않겠어요'라고 말했다. 노숙자를 폭행한 학생의 학교에 찾아간 일이 있는데, 그래도 그 학생의 행동은 안 바뀌었다. 한 노숙자는 "녀석들은 우리를 (인간이 아닌) 물건(もの)으로밖에 생각하지 않는다"고 말했다. (…) 어린이들이 노숙자를 인간이라고 인식하지 않는 점이 무섭다.
"습격당하는 홈리스-관련 조사에 나타난 습격의 실태"에서 발췌
(SYNODOS, 2014. 8. 14)

어느 쪽이 일본의 진짜 모습일까? 노숙자 같은 약자에 대한 폭력은 가장 비겁한 범죄다. 하지만 일본에선 딱히 이 같은 약자 폭력에 대해 크게 우려하는 분위기도 없다. 최근 한국을 상대로 한 혐한(嫌韓: 한국과 한국인을 혐오)도 마찬가지다. 특정 민족이나 국가를 대상으로 한 '헤이트 스피치'(hate speech: 인종차별적 혐오 발언)는 인류가 가장 용납하지 못하는 증오 범죄다. 민족 증오 범죄로 이어지기 때문이다. 독일 히틀러가 행한 홀로코스트(holocaust)가 단적인 사례다. 그런데 일본 사회는 이런 헤이트 스피치조차도 표현의 자유라며 집회를 용인한다.

우동을 양보하는 일본인도, 노숙자를 폭행하는 청소년도 '아름다운 일본'의 일부

현직 일본 총리 아베 신조(安倍晋三)는 2006년 역대 최연소 총리가 되고 나서 《아름다운 일본》(美しい國へ: 우츠쿠시이 쿠니에)란 책을 냈는데 이 책이 일본 국민과 함께 나아갈 국가상이라고 했다. 즉, 일본을 활력과 기회와 친절이 넘치고, 자율 정신을 소중하게 여기며, 세계에 열린 아름다운 나라로 만들자는 것이다. 군국주의의 상징으로 여겨져 일부 학교에선 부르지 않는 국가(國歌)인 〈기미가요〉(君が代)를 세계에서도 사례가 없을 정도로 비(非)전투적인 노래라고 평가했다. 〈기미가요〉는 가사 때문에 군국주의의 상징이 된 것이 아님은 아베 총리도 알 것이다. 이 책은 일본에서 50만 부가 넘게 팔렸다.

아베 총리가 밀하는 '아름다운 일본'은 그랑티아 아키타 호텔에서의 우동 양보와 요코하마의 노숙자 살인 가운데 어느 쪽일까? 그랑티아 아키타 호텔의 일본인도, 노숙자에 집단 폭행을 가하면서 죄의식이 없는 일본 청소년도 모두 일본 사회의 공기로 숨 쉬며 살아가는 진짜 일본인이다. 노숙자 폭행이나 교실에서 약한 급우를 괴롭히는 이지메(집단 왕따) 가해자들도 만약 그날 그랑티아 아키타 호텔에 있었다면 자연재해라는 거대한 비극 앞에서 자신의 우동을 기꺼이 양보하는 아름다운 일본인이 됐을 것이다.

'와의 세계'는
구성원의 노력과 희생으로 완성된 인공적 조화

일본인은 사물을 어떤 기준으로 바라보고 무엇을 위해 행동하는가? 일본인은 '안과 밖'을 나눈다. '안'은 자신이 생활하는 공간으로 삶이 벌어지는 곳이다. 일본인은 이곳에서 최대한의 예의와 도리 그리고 사회의 룰을 철저히 따른다. 반면 '밖'은 자신과 무관한 세상이다. 어떤 무례를 저질러도 자신이 속한 '안'에서 이를 용인하면 괜찮다.

일본인에게 그랑티아 아키타 호텔은 하나의 '안'으로 존재했고, 이 속에서 남을 배려해야만 그 공간에 계속 속(屬) 하고, 만약 그렇지 않으면 '안'에서 쫓겨난다고 생각한다. '안'에 남기 위해 일본인은 우동을 기꺼이 양보하는 것이다. 그것이 '안의 룰'이기 때문이다.

청소년들은 노숙자를 '밖'으로 여겼다. '안'의 공간을 더럽히는 이물질이었기 때문에 이를 청소했다고 믿었고 검찰 조사에서도 당당하게 "요코하마를 깨끗한 도시로 만들기 위해 쓰레기를 청소했을 뿐", "다들 왜 이러는지 모르겠다. 노숙자가 줄어서 속으론 (어른들도) 좋아하고

있는 거 아닌가"라고 말할 수 있는 것이다. 청소년들은 어른들의 속내를 꿰뚫고 이를 그대로 행동으로 옮긴 것이다. 거기에 죄의식이 낄 자리는 없다. 어린이와 청소년들은 법률보다는 생활을 하면서 어른들의 삶과 행동을 통해 몸으로 느낀 일본의 공기로 옳은 일과 그른 일을 구분 짓는다. 그러니 노숙자 폭행을 어른들이 묵인할 것이라고 판단했다. 이들 청소년도 그랑티아 아키타 호텔의 일본인처럼 '안의 세계'의 공기를 읽을(空氣を讀む: 쿠키오 요무) 능력이 있다는 뜻이다. 이들도 그랑티아 아키타 호텔에 있었다면 그 '안의 세계'에서 무엇이 옳은 일인지 판단하고 우동을 양보했을 것이다.

'안과 밖'은 일본인의 행동과 사고를 지배하는 준거다. '안'은 '와'(ゎ ·和: 다른 이들과 조화롭게 사는 삶의 방식)를 지향하는 세계다. 안에선 모두가 평등한 대우를 받으며 서로를 배려하면서 질서를 지켜야 한다. 행여 누군가 이를 따르지 않거나 훼손하는지를 서로가 주시하면서 지켜가는 질서의 공간이기도 하다. 이를 위해 '안의 세계'에선 구성원 모두가 서로에게 엔료(えんりょ·遠慮: 사양)하거나, 메이와쿠(めいわく· 迷惑: 폐)를 끼치지 않는 행동 방식을 따른다. '안의 세계'가 제대로 모습을 갖추고 조화를 이루면 '와'(ゎ)의 세계'다. 이질적 요소로 훼손되거나 더럽혀지지 않고 구성원 모두 균일(均一)하게 같은 행동을 하는 평화로운 공간이 '와의 세계'다.

또한 '와'는 '사이좋게 한다'는 뜻이다. 일본의 '와'는 자연의 조화라기보다는 인공적으로 만들어지고 유지되는 조화다. 구성원의 노력에 의해 완성되고 유지되는 조화다. 예를 들어 일본식 정원이나 분재는 인공적인 '와'의 조화이며 일본인이 추구하는 '안의 세계'의 이상적인 모습이다. 삐져나온 가지는 잘라내고 모든 나무와 풀은 하나의 정원 모습을 위해 존재한다. 하나의 나무를 도드라지게 강조하는 아름다움은 추구하지 않는다. 그건 '와'가 아니다. '와'의 사전적 의미는 '두 개 이상의 수와 식 따위를 더하여 얻은 합'을 일컫는다. '하나'(개인)로는 '와의 상태'를 만들 수 없으며, 여럿이 더해지면서 새롭게 탄생한 합(집단)이 '와'이다. '와의 세계'에선 개인보다 집단이 우선시 된다.

일본인은 예전부터 '와'를 자국을 부르는 이름으로 썼다. 일본은 과거에 스스로를 '야마토의 나라'라고 불렀는데, '와'가 야마토의 준말로 쓰였다. '와'는 일본을 지칭하는 왜(倭)와 발음이 같다. '와'와 '왜'는 일본을 지칭하는 표현으로 함께 쓰였다. 또한 자기 자신을 지칭하는 아(我)와도 같은 발음이다. 개인으로서의 '나'(我)는 곧 '야마토의 나라'와 같다는 인식이 '와'라는 단어에 내재되어 있다. '나 = 집단'이자, '나 = 일본'인 셈이다. 반대로 놓으면 집단의 행동과 사고가 곧 나의 행동과 사고라는 뜻이다. 집단의 행동과 사고가 개인을 지배한다는 상황을 당연시하는 게 또한 '와의 세계'다. 인공적 조화를 위해 개인이 집단의 행동과 사고를 따라야 일체감이 넘치는 일본 정원이 완성된다.

'와의 세계'는
기준인 '1'과 구성원 간 거리가 균일한 둥근 원

'와'는 '둥근 공간'이란 뜻도 있다. 이는 같은 발음인 륜(輪)에서 온 뜻으로 본래 둥글지 않은 것을 둥글게 만들었다는 뜻을 지닌다. 즉, 인공적으로 만들어진 동그라미다. 이런 둥근 모습의 '와의 세계'는 '1:다(多)'로 존재한다. 기준이 되는 1을 가운데 두고 모든 구성원이 1과 같은 거

리에 존재하면 둥근 원이 만들어진다. 다(多)는 각각 1에 대해 같은 거리를 가지며 평등하다. '안의 세계'에서 다(多)는 균일한 행동을 해야 하는 구성원이다. 1과의 거리가 똑같은 둥근 원이 '와'의 완전체에 가깝다. 일본인이 좋아하는 노래 중 하나인 〈둥글게 모여 춤추자〉(WAになって踊ろう)는 '와'를 영문 'WA'로 표기했다. 이는 같은 발음인 '륜'과 '와'를 모두 의미한다. 이 노래는 일본 공영방송 NHK가 1997년 처음 선보인 후 1998년 나가노 동계올림픽 마스코트의 테마곡으로 쓰이는 등 지금도 일본 소학교 등에서 널리 가르치고 불리는 노래다.

일본인의 '안의 세계'가 지향하는 '와'는 어떤 모습일까? 아베 총리가 지향하는 일본은 아름다운가? 외부인들은 알 수 없다. 아베의 '아름다운 일본'은 '안'에서 가치를 판단하기 때문이다. '안에서 보는 가치'를 모르고선 그들이 생각하는 '아름다움'을 알 수 없다. 일본을 이해하기 위해선 일본인이 '안에서 보는 가치'를 찾아가야 한다. 일본인의 '안'에 대한 연구는 곧 일본인이 스스로 추구하고 믿는 '아름다운 일본'에 대한 연구다.

작은 '와'가 움직이는
소학교의 교실

일본인이 인공적인 '와'를 배우는 곳인 소학교(한국의 초등학교)의 교실은 '와의 세계'가 어떤 방식으로 움직이는지를 보여준다. '와의 세계'는 '1:다'의 구조다. '1'(원의 중심)에 대해 다수가 균등한 대우를 받는다. 일본인의 평등은 일반적인 평등보다 달라, 평등을 넘어선 균일을 추구

한다.

일본 소학교, 특히 1학년 과정에선 거의 예외 없이 담임선생님이 교실의 '1'이며 30명의 소학생은 '균일한 다(多)'이다. 다(多)는 똑같은 대우를 받을 권리와 함께 스스로가 눈[目]으로서 '와'의 질서를 깨는 이를 찾아 교실의 질서를 위해 이런 구성원을 '와의 세계'에서 배제할 책임이 있다.

다들 시험 점수가 낮은데 혼자만 100점 맞았다고 잘난 체 하면 모두가 균일해야 하는 '와의 질서'를 깨는 이가 되고 배제되어야 할 대상이 된다. 그리고 종종 '이지메'(집단 왕따)의 대상이 된다. '안의 세계'를 어지럽힌 이에 대한 배제는 나머지 소학생에게 '질서의 무서움'을 일깨워주는 역할을 한다. 30명은 모두가 서로를 주시하는 눈[目]이다. 질서를 깨는 행동은 메이와쿠이며 '와의 세계'에서 가장 나쁜 행동이다. 메이와쿠의 기준은 각각의 '안의 세계' 내부 구성원이 스스로 정한다. 이지메를 당하는 학생을 돕는 행위도 메이와쿠로 여겨지는 경우가 적지 않다. 처벌받아 마땅한 자를 처벌하는 행위를 방해하기 때문이다. 각 반별로 메이와쿠의 내용은 달라질 수 있다. 30명의 반 학생과 한 명의 담임선생님이 내용을 정하기 때문이다.

예컨대 '학교에선 친구에게 편지를 전달해선 안 된다'라는 소학교의 룰(가정통신문에 이런 내용을 고지하는 학교가 있음)이 있다. 룰을 모른 한 학생이 "네가 좋다. 친하게 지내자"는 내용의 편지를 친구에게 준다. 주변의 눈[目]은 이를 보면서 반응하기 시작한다. 다른 학생이 이를 질서를 깨는 행위로 보아 선생님한테 고자질을 하고, 선생님이 이를 확인 후 그 학생에게 주의를 준다. 이때부터 '학교에서 친구에게 편지를 주는 행위'는 메이와쿠로 정해지며, 이를 어기는 이는 교실의 '와'를 해치는 이가 되고, 반복되면 이지메의 대상이 된다. 그러나 반대로 처음 이런 일이 생겼을 때 다른 학생도 이것을 묵인하고 따라하면서 같은 일이 반복되면 이 같은 행위는 더는 메이와쿠가 아닌 질서 안의 행동이다. 누구도 이런 행동을 이상하게 생각하지 않는다. 학교의 정해진 룰을 넘어선 교실 안의 공기(空氣)가 형성되는 것이다. 이런 질서가 구축되는 과정에서 하나의 교실 '와'가 만들어진다. 튀는 행동은 안 된다. 교실의 '와'에서 모두 균일해야 하기 때문이다. 이것이 일본식 집단주의다. 모두 똑같은 책가방(란도셀이라는 일본 특유의 디자인을 갖춘 가방)을 메야 한다. '다르다'는 것이 어디까지 용인되는지 일본의 소학생은 이때부터 차근차근 배워나가기 시작한다.

이상적인 '와의 세계'는 담임선생님(기준 '1')이 모두를 평등하게 대하며 30명의 학생 중 누구도 배제되지 않고 모두가 사이좋게 지내며, 다른 점은 최소화하고 모두 똑같아지는 것이다. 30명의 소학생은 단짝을 만들기보다는 나머지 모두와 다 친하게 지내는 게 이상적으로 여겨진다. 담임선생님(원의 중심)과 소학생(균일한 다수) 간 거리가 좁아질수록 이상적인 '와'이며, 담임선생님과 30명의 학생이 생각과 행동에서 전혀 불협화음 없이 일치하는 상태, 즉 원이 점점 작아져 하나의 점(點)으로 수렴하는 것이 이상적이다.

일본인은 3명 이상 모이면 하나의 '와'를 만든다. 그것이 회사든 동호회이든 야쿠자와 같은 폭력조직이든 마찬가지다. 일본은 수많은 '와'의 집단이 모인 셈이다. 이를 일본 전체로 확대하면 덴노(天皇: 천황)를 '1'로 두고 나머지 일본인이 다(多)로 존재하는 일본이란 이름의 큰 '와'가 성립하는 것이다.

'와' 그리고 '전'의 세계

일본인이 바라보는 '밖의 세계'는 어떨까. '밖의 세계'는 '와'의 바깥이다. 밖의 세계는 안의 질서가 통하지 않는 세계다. 눈〔目〕의 지배가 통용되지 않는 곳이다. '밖의 세계'는 양(洋), 전(戰), 차(差)로 설명할 수 있다.

양,
큰 바다 저쪽의 세계

일본인의 잠재의식 속에선 '안의 세계'인 일본은 섬나라이기 때문에 '밖의 세계'는 '양'(洋: 큰 바다)의 저쪽에 위치한다. '양'의 존재는 일본의 '안의 세계'를 '밖의 세계'와 구분 짓는 절대적 요소이자 '밖의 세계'가 쉽게 '안의 세계'에 근접하지 못하게 막는 고마운 장벽이다.

　예컨대 원나라와 고려의 연합군이 일본을 공격했을 때 큰 바다에서 태풍이 불어와 이들의 배를 침몰시켰다는 '가미가제'(神風: 신의 바람)는 '양'이 '안의 세계'의 방패 역할을 수행한 실제 사례였다. '안의 세계'

를 지켜주는 게 바로 가미가제였으며, 제2차 세계대전 말기 패색이 짙어진 일본군이 썼던 자살특공대(전투기째로 미국 함선을 들이받는 공격 방식)의 이름을 가미가제로 붙인 것도 일본인의 이런 의식에 기인한다.

'밖의 세계'를 규정하는 가장 중요한 요소였던 '양'은 근현대로 넘어오면서 조금씩 약화된다. 물리적 거리가 점차 의미를 잃어갔기 때문이다. 외부 문물이 자유롭게 오가는 현대 사회에서 '양'이 실질적인 장벽 역할을 하긴 어려워졌다. 그럼에도 여전히 일본인의 의식엔 밖은 '양'이란 큰 바다 저쪽 멀리 있는 곳으로 받아들여진다.

큰 바다 저쪽의 세계는 안의 질서가 통용되지 않는 곳이며, 안의 질서를 훼손할지 모르는 '힘'이 존재하는 곳이다. 일본 '안의 세계'는 2천 6백 년 역사에서 한 번도 외부의 직접적 침략에 의해 무너지거나 훼손된 적이 없다. 정확하게는 한 차례 있었는데, 바로 태평양전쟁 때 미군의 일본열도 공습과 원자폭탄 투하 그리고 전후 미군에 의한 일본열도 점령이다. '밖의 세계'는 안의 입장에선 '전'(戰: 전쟁)의 세계인 셈이다.

전,
위협적인 힘과 공포의 세계

'안의 세계'는 '와'와는 무관한 '밖의 세계'에 무관심하거나 때론 무시하기도 하지만 '와'를 깨뜨릴지 모를 잠재적 공포의 대상으로 여기기도 한다. '안의 세계'에서 볼 때 '밖의 세계'의 힘이 커지면 불안해지고 위협을 느낀다. 외부의 힘이 '와'의 인공석 균형을 깨뜨릴 위험이 있기 때문이다. '밖의 세계'에서 안을 위협할 정도의 큰 힘이 존재할 때 '안의 세계'

24

는 민감하게 반응한다. 단결을 통해 힘을 키우고 때론 적극적으로 먼저 밖으로 나가 위협의 싹을 없애야 한다는 주장이 나온다. 19세기의 '정한론'(征韓論: 일본이 무력으로 한반도를 공격해야 한다는 주장)이 이런 배경에서 나왔다. 19세기 이전의 '밖의 세계'는 주로 한국과 중국이었고, 서양의 쿠로후네(흑선) 출현 이후엔 전 세계로 넓어졌다.

'전'(戰)의 논리는 일본인이 '밖의 세계'를 구분 짓는 기준이기도 하다. 힘으로 일본의 '안의 질서'를 굴복시킨 전례가 있는 '미국 등 서양의 힘'과 '안의 세계'를 위협할 정도의 힘을 갖춘 '중국' 그리고 '안의 세계'보다 힘이 현저하게 작아 '와'를 위협할 가능성이 전무한 아프리카, 중동, 동남아 등이다.

차,
차별과 무질서의 세계

'밖의 세계'는 균일하고 평등한 '와'와는 다르다. 균일하지 않고 차별이 횡횡하는 '차'(差)의 세계다. '안의 세계'는 서로가 서로를 주시하는 눈〔目〕에 의해 질서가 조화롭게 유지되는 데 반해 '밖의 세계'는 이런 눈〔目〕에 의한 지배가 통용되지 않는다. '안의 세계' 구성원에겐 이것처럼 불편한 것이 없다. '밖의 세계'는 '1:다'의 균일한 균형이 존재하지 않는, '차'(差: 다름, 차별)의 세계다.

일본인의 의식에서 '밖의 세계'는 무질서한 혼란이 존재하는 곳이며 차별이 있어도 어쩔 수 없는 공간이다. '안의 세계' 구성원의 입장에선 '안의 세계'의 질서를 깨뜨렸을 때 외부로 추방되어 이러한 '밖의 세계'

일본인이 보는 '안과 밖의 세계'

밖의 세계
양(洋), 전(戰), 차(差)

안의 세계
근(近), 화[和, 와(わ)]
균(均)

에 나가야 하는 잠재적 공포가 있는 셈이다. 현대엔 이런 '밖의 세계'로
의 추방 공포는 상당히 낮아졌다. 그럼에도 여전히 일본인은 해외에 나
가서도 일본인끼리 공동체를 만들고 그 안에서 일본에서와 똑같이 '1 :
다'의 원칙이 적용되는 '안의 세계'를 만들어 생활하는 경향이 강하다.

'밖의 1세계'는
안을 굴복시킨 밖의 힘

'와'의 밖은 무질서하고 힘이 횡행하는 세상이다. 모두가 평등하고 균일
한 '안의 세계'는 바깥을 바라볼 때 힘의 우열을 통해 시선과 태도를 달
리한다. '밖의 세계'는 전(戰), 즉 그 힘의 세기에 따라 3개의 세계로 나
뉜다. '안의 세계' 질서를 훼손할 가능성이 얼마나 큰지가 기준이다.

'밖의 1세계'는 미국으로 대변되는 '서양'(미국, 영국, 프랑스, 이탈리아 등 서유럽 선진국. G7 국가에 대략 일치한다. 일본인의 잠재의식에서 미국은 서양을 대표하는 힘이다) 이다. 압도적 힘으로 '안의 세계' 질서를 송두리째 뒤집은 전례가 있어 '안의 세계'가 '와'를 유지하기 위해선 '밖의 1세계'의 질서나 요구를 무시해선 안 된다. 쿠로후네의 출현과 제2차 세계대전 이후 백인으로 대변되는 서구와 미국은 '와'의 상위 세계로 군림했다. '안의 세계'를 압도하는 힘을 증명한 만큼 언제든지 자신을 간섭하거나 지배할 수 있다는 인식이 일본인의 잠재의식에 남아 있다.

'밖의 1세계'는 두 차례에 걸쳐 '안의 세계'에 충격을 가했다. 1853년 쿠로후네의 출현은 중세 막부 체제가 유지되던 '안의 세계'에 충격을 줬으며 질서를 송두리째 바꾸게 했다. 봉건주의 일본을 무너뜨리고 근대화된 일본제국을 만든 메이지유신은 '밖의 세계'가 안의 질서를 붕괴시킬 것이란 공포감에 대한 반작용으로 새로운 안의 질서를 즉 밖의 공포에 대응할 정도의 힘을 키우기 위해 새로운 '안의 세계'를 만들려는 혁명이었다. '안의 세계'의 응집력을 저하시키는 이질적 힘인 막부를 제거하고 '기준 1'인 덴노를 보다 강화해 '1:다' 간의 균일한 거리를 좁히는 작업을 했다. 이는 일사불란하게 근대화로 진군하는, 구심점을 향해 응축되고 단단한 '메이지 일본'을 만드는 데 성공했다. '안의 세계'는 쿠로후네 출현의 공포를 준 서양을 철저하게 따라 배우는 형태로 새로운 '와의 세계'를 갖춰나갔다. 메이지유신 체제는 이후 근대화와 제국주의의 길을 걸었고, 전쟁으로 내달렸다가 다시 '밖의 1세계'인 미국과의 전쟁 패배로 이어졌다.

1945년 미국 맥아더 장관이 이끈 연합국군 총사령부[GHQ(General Headquarters), 정식 명칭은 연합국군 최고사령관 총사령부(連合國軍最高

司令官總司令部) 이다]가 도쿄에 위치해 일본을 점령했다. 1951년 샌프란시스코 조약과 미일 안보조약이 체결되고, 1952년 일본이 주권을 회복할 때까지 군 점령은 약 7년 정도 이어졌다. 연합국군 총사령부는 일본의 무장 해제와 전범 재판은 물론이고 일본 '안의 세계'를 뜯어고치기에 나섰다. 평화헌법(전쟁을 금지하는 헌법 9조)으로 상징되는 '전쟁하지 않는 일본'이 이때 탄생했다.

전후 일본은 점령국인 미국의 사고와 행동을 따르고, 미국의 요구를 받아들여 새로운 '전후 민주주의'라는 '안의 세계'를 만들었다. 전후 민주주의와 침략 전쟁의 부정 및 전쟁 금지 등이다. 〈아사히신문〉은 종전 직후 침략 전쟁에 대한 철저한 반성문을 발표하고 탈바꿈하며 평화헌법 유지 세력으로 자리 잡았다. '아사히적 사고'의 새로운 '와의 세계'가 '메이지유신적 세계'를 대체한 것이다. 전쟁을 경험한 패전세대 (1945년 이전 출생)와 연합군 점령 기간에 태어난 단카이 세대(1945~1949년 출생, 베이비붐 세대)는 문화적 지식인이자 양심적 세력으로 아사히적 사고를 지지하는 목소리를 내며 새로운 세계의 기틀을 잡았다. 문화적 지식인, 양심적 세력으로 지칭되는 지식인 좌파의 기반 위에 아사히적 사고는 새로운 메시지[뒤에 설명할 메센(目線)]를 가진 힘으로 컸다. 때때로 반전(反戰)의 아사히적 사고는 반미(反美)의 목소리와 겹쳐졌다. 미국이 아사히적 사고에 씨앗을 뿌렸지만 새로운 '와의 세계'를 장악할 순 없었다. '밖의 1세계'와 '전후 새로운 안의 세계' 간 동거는 이렇게 시작됐다.

하지만 일부에선 '밖의 세계'에 의해 훼손되고 상처를 입은 '구(舊) 와의 세계'에 대한 향수와 복원을 바랐다. 전후 일본을 이끈 중추인 패전세대는 대동아전쟁이 침략 전쟁으로 규정되는 순간 표면적으론 아사히적 사고를 지지하는 주요 세력이 됐지만 외부의 힘에 의한 '와의 세계' 훼손을 목도한 세대였다. 내면에선 유년과 청년 시절의 '메이지유신적 와'의 세계'에 대한 향수와 회귀 의식을 갖고 있었다.

베스트셀러 작가이자 우익 정치인인 이시하라 신타로(1932년생으로 패전세대이다) 전 도쿄 도지사는 1989년 출판한 《노(NO)라고 말할 수 있는 일본》에서 미국의 힘을 평가 절하하는 방식으로 예전의 '와'인 '메이지유신적 안의 세계'에 대한 복귀를 은연중에 내비치기도 했다. 하지만 메이지유신적 세계에 대한 향수는 반전(反戰)의 메시지로 '안의 세계'를 지배하는 아사히적 사고(침략 전쟁의 반성)에 메이와쿠로 여겨졌다. 줄곧 일부 우익 인사들의 돌발적 언사는 이어졌지만, 아사히적 사고를 뒤집을 정도의 힘은 없었다.

하지만 최근 상황이 바뀌었다. 2000년대 들어 단카이 세대의 은퇴와 '잃어버린 세대'(1970년 이후 태어나 불황기에 사회에 나온 세대)의 부상은 시대 변화를 낳고 있다. 2000년대 고이즈미 총리와 아베 총리는 새로운 '와의 세계'를 모색하기 시작했다.

'밖의 2세계'는
잠재적인 적이자 제거해야 할 위협

'밖의 2세계'는 '안'의 삶을 무너뜨릴 수 있는 힘을 가진 '밖'이다. 잠재적인 적이다. 중국이 그런 존재다. 위협과 공포의 존재다. 임진왜란과 청일전쟁에서 보듯, 일본 '안의 세계'는 내부의 힘이 응집될 때마다 잠재적인 위협인 '밖의 2세계'를 제거하려고 움직였다.

‘안의 질서’의 항구적 유지를 위해선 언젠가 밖으로 나가 제압할 필요가 있는 잠재적 적이 바로 ‘밖의 2세계’다. 중국은 일본 역사에서 항상 ‘밖의 2세계’였다. 과거 나당 연합군과 백제 간 전쟁에서 일본이 적극적으로 백제를 도와 참전했던 것도 유사한 행위로 볼 수 있다. 20세기 초엔 남하 정책을 펴던 러시아가 ‘밖의 2세계’였고 러일전쟁을 통해 이를 제거했다.

앞서 ‘밖의 1세계’로 서양을 설명했지만, 큰 틀에서 볼 때 서양도 ‘안의 삶을 무너뜨릴 힘을 가진 밖’이란 점에서 같은 카테고리다. 단지 서양은 실제로 힘을 앞세워 ‘안의 세계’를 굴복시키고 질서를 바꿨기 때문에, 바꿔 말하면 ‘안의 세계’에 자신들의 논리와 의식을 심어놨기 때문에 ‘안의 세계’에서 이들을 바라보는 시선이 달라진 것뿐이다.

‘밖의 3세계’는
무관심의 대상

‘밖의 3세계’는 ‘안의 세계’를 훼손할 만한 힘이 없는 ‘밖’이다. 내부의 ‘와’를 위협하지 못하는 약한 세계다. 무관심의 대상이다. 중동, 아프리카, 동남아시아, 중앙아시아, 남아메리카 등 1, 2세계에 포함되지 않은 대부분의 지역이 ‘밖의 3세계’다. 종종 보살피고 시혜를 베풀어야 할 존재로 여겨지기도 하고, 때론 2등 국민이자 열등 국민(일본이 1등 국민이며, 밖의 1세계와 2세계는 일본과 힘이 대등하기 때문에 같은 계급)으로 취급된다. 이런 시혜의식은 일군만민론(一君萬民論: 덴노 아래 만민은 평등하다는 메이지유신시대의 사고)에 바탕으로 ‘와’를 밖으로 확대하려는 시도로 이어진다. 대동아공영권(大東亞共榮圈: 동아시아, 동남아시아를 유럽 열강의 식민지 지배에서 해방시키고 이 지역에 일본을 맹주로 하는 공존공영의 새로운 세계를 만들자는 주장으로 대동아전쟁을 명분으로 지원하는 논리)은 '밖의 3세계'에 대한 '와'의 확대다.

'와의 세계'를 선(善)으로 보는 일본인에게 이런 '와'의 확대는 시혜라는 인식이 강하다. 현재도 일본 우익은 대동아전쟁(태평양전쟁)의 정당성을 대동아공영권에서 찾는다. 전쟁을 반대하는 진보적 문화인 중에서도 침략 전쟁을 '악'(惡)으로 보면서도 '와'를 못사는 나라 국민에게 주려던 행위 자체는 나쁜 게 아니라는 인식을 보이기도 한다.

한 줄 더 …

1989년 모리타 아키오 소니 회장과 정치인 이시하라 신타로가 같이 쓴 에세이인 《'노'(NO)라고 말할 수 있는 일본》은 당시 일본은 물론이고 미국에서도 화제를 불러일으켰다. 책의 주장을 보면 일본은 존중받아야 할 강국이며, '밖의 1세계'인 미국과의 관계에서도 보다 명확하게 일본의 의견을 말해야 한다는 것이다. 그리고 일본이 더욱 높이 올라가기 위해 어떻게 행동해야 하는지를 이야기한다. 예컨대 전 세계가 일본의 반도체 기술에 의존해야 할 정도로 일본의 기술력은 강하며, 이런 기술 우위를 무기로 일본은 미국과 대등한 입장에서 모든 문제를 교섭해야 한다는 식이다. 일본은 미일 안보보장조약을 끝내고 실질적인 독립을 이뤄 스스로의 군대로 국가를 보호해야 한다는 주장도 했다. 1980년대 버블 시기에 일본이 세계 최고라는 자신감 속에서 나온 논리다.

눈[目]이 지배하는 일본

'안의 세계'는 어떤 원리로 돌아갈까? 동일본 대지진 때 암흑으로 변한 그랑티아 아키타 호텔 로비에서 서로 우동 한 그릇을 양보하는 일본인의 행동을 엔료라고 한다. 엔료는 친구나 지인의 집에 갔을 때 차나 술을 들겠냐는 배려의 말에 '괜찮습니다' 하고 친절하게 거절하는 행동이다. 이는 남을 배려하는 마음에서 비롯한 태도로 자신이 남에게 피해를 주면서 이득을 취하면 안 된다는 것이다.

'와'의 행동 방식이 엔료이며 일본인은 이 엔료 정신을 매우 귀하게 여긴다. 엔료를 하지 않으면 일본인이 아니다. 반대로 엔료하지 않는 외국인을 보면 일본인은 매우 당혹스러워한다. 뒷부분에서 다시 한 번 엔료에 대해 다루겠다.

엔료라는 행동도 흥미롭지만, 그보다 '그랑티아 아키타 호텔에서 일본인 50명은 어떻게 일제히 엔료를 할 수 있었던 것일까'가 먼저 우리가 풀어야 할 질문이다. 어떤 힘이 이들을 엔료하도록 만들었을까? 1만 8천 명이 목숨을 잃은 동일본 대지진 대참사 때 한국뿐만 아니라 전 세계 언론들은 놀랐다. 참사를 겪은 일본인이 보여준 질서의식 때문이다. 일반인의 상식을 훨씬 뛰어넘는 질서의식과 엔료는 충격이었다. 어떻게 이것이 가능할까? 일본인이 다른 민족에 비해 월등하게 '착한 DNA' 를 갖고 있어서일까?

주변의 일본인에게 이 사례를 이야기했더니 모두 예외 없이 자신이 거기 있더라도 그렇게 행동했을 것이라고 했다. 대부분 "남을 먼저 배려해야 한다"는 식의 답변 일색이다. 한 번 더 물어보면 "주변의 시선이 있는데 어떻게 그걸 먹을 수 있겠냐"고 답했다. 조금 솔직하겐 "나머지 40명이 먹지 못하는데 거기서 먹으면 소수가 되는 거 아니냐. 그건 껄끄럽다"는 대답이었다. 주변의 눈[目]이 개인의 욕망(식욕)을 억누를 정도로 강하다는 말인가? 소수가 되는 게 그렇게까지 두려운 일인가?

후지모토 도시카즈(藤本敏和) 씨는 〈조선일보〉와의 인터뷰에서 이를 이렇게 설명했다. 후지모토 씨는 NHK에서 아나운서와 프로듀서를 했고 1995년 고배 대지진 때는 현장에서 직접 보도를 한 경험이 있다.

그 상황에서 내 앞에 온 우동을 먹으면 어떻게 되나?
일단 일본 사람들은 그렇게 하지 않는다. 일본에는 '세켄'(世間)이란 말이 있다. 사회의 시선이라고 할까, 늘 이를 의식하며 살고 있다. 자신의 욕망과 행동을 제약한다. 한국식으로는 눈치를 본다고 할까. 항상 주변의 공기를 읽는다. 슬픈 일이 닥쳐도 너무 과도하게 울지 않는다. 남의 시선을 의식하는 것이다.

나는 인간의 욕망이 크게 다르다고 보진 않는다. 그럼에도 일본인이 다르다면 이는 후천적 교육의 힘인가?
한국은 대륙에 붙어 있어 갈 데가 있다. 일본은 도망칠 수 없는 섬나라다. 그 안에서 사이좋게 지내지 않으면 살아남을 수 없다.

살다 보면 남에게 신세를 질 수도 있다. 이는 자연스럽지 않은가?

우리에게는 그것이 몸에 배여 있다. 가령 교실에서 선생님이 질문한다. 우리는 알고 있어도 손을 안 든다. 남들도 다 아는 것을 내가 손들면 잘난 척하는 것처럼 되기 때문이다. 이는 분위기를 깨는 것이다. 고2 때 미국에서 공부하고 온 친구가 들어왔다. 선생님이 '아는 사람?' 하자 이 친구가 손을 들었다. 그래서 왕따가 됐다. 우리 질서를 이상하게 만들었기 때문이다.

이번 재난 지역에서는 생수 한 통을 사려고 슈퍼마켓에 줄이 길게 이어졌다. 주유소에 약간의 기름을 넣는 데 한두 시간씩 기다렸다. 참을 수 없을 것 같은데 '폭발'하지 않는다. (…) 만약 새치기를 한다면 어떤 상황이 벌어지는가?

새치기하는 사람이 없겠지만, 만약 있다면 지탄받을 것이다. 그 자리에서 때리는 사람도 있을지 모른다. 우리는 질서를 파괴하는 사람에 대해 벌을 줬다. 옛날 마을에서는 '무라하치부'(村八分)라는 말이 있었다. 공동체 규칙을 어기는 사람이 있다면 단지 불이 났을 때와 장례식 때만 도와줬다. 다른 8가지에서는 왕따를 시켰다. 새치기하는 사람도 질서를 파괴하는 사람이니까 집단 왕따를 당할 것이다.

"최보식이 만난 사람-NHK 출신 후지모토 도시카즈 경희대 초빙교수,
순응은 몸에 전해온 DNA … 일본인이 갑자기 진화한 것 아니다"
(〈조선일보〉, 2011. 3. 21, 33면)

일본인을 지배하는 건 주변의 시선, 눈[目]이다

눈[目]의 지배를 받는 일본 사회에서는 '우동'을 받았다고 바로 자기 것으로 보고 먹으면 안 된다. 받자마자 엔료 없이 냉큼 먹으면 후지모토 씨가 말한 "질서를 파괴하는 사람이니까 집단 왕따를 당할 것이다. (…) 우리는 질서를 파괴하는 사람에 대해 벌을 줬다"에 포함되는 것이다. 주변의 시선을 무시하고 자기 마음대로 행동했기 때문에 '왕따'가 된다.

영국 〈파이낸셜 타임스〉가 '인류의 진화'라고 했던 일본인의 행동은 본인의 선택이라기보다는 사회의 시선이 주는 압력에 따른 것이다. 주변의 시선, 즉 눈〔目〕이 정한 '다른 사람과 함께 사는 법'인 셈이다. 눈〔目〕이 개인의 욕망을 억제하고 제어하는 것이다.

일본의 나쁜 문화를 일컬을 때 거론되는 이지메는 '안'에서 배제된다는 뜻이다. 이지메는 주변의 눈을 의식하지 못해 자신도 모르게 메이와쿠를 끼치거나 엔료하지 않는 사람을 대상으로 한다. 물론 주변의 눈을 의식하면서도 이를 무시하고 행동하는 사람도 대상이지만 이지메를 각오하면서까지 남과 다른 행동을 하는 경우는 일본에서 매우 드물다. 인터뷰에서 후지모토 씨가 설명한 방식으로 보면 "선생님이 '이것 아는 사람?' 하고 물었을 때 다들 알고 있지만 손을 안 드는데 이런 '사회의 시선'(주변의 눈〔目〕)을 모르고, 질문대로 정말 손을 드는 친구"가 이지메의 대상인 것이다.

앞서 거론했던 것처럼 '노숙자를 살인한 청소년'들도 만약 그랑티아 아키타 호텔에 있었다면 그들도 주변의 눈〔目〕을 읽고 우동을 양보했을 것이다. 노숙자를 살인한 청소년들은 노숙자는 일본의 '안'이 아니기 때문에 어떻게 대해도 된다는 일본의 숱한 눈〔目〕이 보여준 생각을 몸으로 알고 있었고, 이는 그들도 '사회의 시선'을 잘 읽을 줄 안다는 뜻이다. 그랑티아 아키타 호텔에서 멋모르고 덥석 우동을 먹는 행동을 안했을 것이다.

사회의 시선, 주변의 시선이 왜 무서울까? 목숨이 걸린 일이 아닌 이상 주변의 눈〔目〕에 따라야 하는 게 일본인이다. 우동 한두 그릇을 안 먹는 배고픔이 주변의 눈〔目〕을 배신했다가 안에서 배제된 인간이 되는 것보다는 훨씬 덜 위험하다. 섬나라에서 같이 살 수 없는 즉 배제된 인간이 된다는 건 단순히 친구가 없어진다는 정도의 의미가 아니다. 경우에 따라선 단순한 배제가 아니라 직접적으로 응징의 대상이 되기도 한다. 후지모토의 말을 빌리자면 "공기를 제대로 읽지 않고 질서를 어긴 이에 대해서는 지탄을 하고 그 자리에서 폭력으로 응징하는 사람이 있었을 것이다. 주변의 시선을 따르지 않는 이에 대해선 벌을 줬다"는 것이 그것이다.

즉, 일본인이 특별히 다른 국가나 민족에 비해, 본질적으로 착한 DNA를 갖고 있다기보다는 사회적 맥락에서 그 같은 행동을 하도록 '압력'을 받는 것이다. 동일본 대지진 때 보여준 이런 '사회의 시선'[目]은 매우 긍정적인 것이다. 실제로 이런 눈[目]의 지배는 사회의 질서 유지 측면에선 매우 효율적이다. 1억 명이 넘는 개별적 인간에게 똑같은 생각과 행동을 하도록 규제할 수 있기 때문이다. 일사불란하게 그리고 예측 가능하게 말이다.

에어컨을 안 켜고 목숨을 잃은
일본 노인

최근 3~4년간 일본에서 여름 더위를 견디다가 노인들이 수십 명씩 열사병으로 목숨을 잃었다. 세계 2위 경제대국 일본에서 열사병 사망이 속출하는 건 기이한 일이었다. 2011년 동일본 대지진으로 후쿠시마 원전에 문제가 터지면서 일본 전역의 원자로가 앞 다퉈 점검에 들어가면서 54기 가운데 40여 기에 달하는 원자로가 가동 중단되었다. 전력업계는 원전 가동 중단으로 인해 지역에 따라 최고 15%의 전기 부족을 예상했다. 전력 사용량이 공급량을 넘어서면 그 순간 블랙아웃(해당 지역의 모든 세대가 정전에 빠지는 것)이 된다.

일본 정부는 관공서, 학교, 기업 등 모든 곳에 절전을 촉구하는 포스터를 붙이고 방송에서는 절전을 호소했다. 그 결과 30도가 넘는 더위 속에서도 2011년 이후 2014년 여름까지 한 번도 블랙아웃이 발생하지 않았다. 오히려 자발적 절전 덕분에 무더위가 피크에 달한 시점에도 도쿄의 경우 10%의 예비 전력이 확보될 정도였다. 그러나 그 대가는 더위에 약한 노인들의 열사병 사망이었다.

예컨대 2012년 8월 도쿄 위쪽에 위치한 사이타마(埼玉) 현 교다(行田) 시에 거주하는 80세 남성이 자택에서 숨졌다. 사인은 열사병. 집에 에어컨과 선풍기가 있었지만 둘 다 사용하지 않았다. 그해 여름 사이타마 현에서만 열사병으로 숨진 사람이 6명에 달했다. 일본 전역에서 2012년 7월 한 달 동안 열사병으로 병원에 응급 수송된 사람이 2만 1,060명이었다. 역대 최대였다. 여기서 눈여겨볼 대목은 사이타마 현은 강제 절전이나 절전 목표 설정지역이 아니라는 것이다. 그런 사이타마 현에서 이렇게 사망자가 많이 나온 것이다.

심지어 일본 정부는 초기엔 블랙아웃의 위험성을 알리다가 막상 노인 사망자가 속출하자 "노인이 있는 가정은 에어컨을 틀어야 한다"고 홍보했다. 방송에서도 보도 방향을 절전 호소에서 "노인들은 열사병 위험성이 크니 에어컨을 켜야 한다"고 바꾸었다. 하지만 소용없었다. 노인들은 에어컨을 안 켰고 열사병으로 죽었다. 에어컨을 안 켠 건 노인들만 아니라 일본인 모두의 일사불란한 행동이었다. 양판점에선 선풍기를 구입하려면 주문 후 몇 주를 대기해야 하는 기이한 일도 벌어졌다. 2011년 8월, 전자대국 일본에서는 선풍기를 구입하기 어려웠다.

더운 여름에 에어컨을 켰다고 범죄로 잡아가진 않는다. 경찰이 확인하러 돌아다니지도 않는다. 하지만 일본인은 일제히 에어컨을 껐다. 정부의 방침이 바뀐 다음에도 3년 동안(2014년부터는 절전 분위기가 덜했다) 일본인의 행동은 변하지 않았다. 정부 방침과 무관하게 주변의 눈〔目〕이 여전히 절전을 주장했기 때문이다. 주변의 시선은 여전히 '남들은 더위를 참으면서 절전하는데 자기만 시원하려고 에어컨을 켜는 행위는 전력을 낭비하는 메이와쿠'라는 것이었다. 반드시 따라야 할 정도의 강한 눈〔目〕이었다. 이런 일사불란함이 부정적 방향으로 흐를 땐 어떻게 될까? 눈〔目〕의 지배가 외부에 대한 침략이나 배척의 모습으로 갈 때는 어떨까? '특정 민족을 배척'(예컨대 한국을 배척) 할 때도 일본인은 일사불란하게 움직이면서 강한 공격을 할 것이다. 눈〔目〕의 지배가 강한 만큼 외부에 대한 배척도 강하다.

물론 일본뿐만 아니라 한국이나 여타 서구 국가에서도 주변의 시선을 의식하는 현상은 있다. 하지만 정도의 차이다. 어느 나라에서도 단지 절전을 위해서 수십 명의 노인들이 에어컨을 안 켜서 죽어나가는 일은 생기지 않을 것이다. 하지만 일본인은 '열사병 노인 사망' 뉴스를 TV로 보면서 안타까워하면서도 노인들의 행동에 '납득한다'는 반응이었다. 모두가 절전하면서 나름대로 희생하기 때문에 노인 몇 명 정도 죽어도 그건 감내해야 하는 일이란 것이다. 일본이라는 '안'의 세계, 즉 '와의 세계'에선 모두가 균등하게 대우받으며 노인들도 마찬가지다. 눈〔目〕의 지배 앞에선 모두 평등하고 균일한 존재일 뿐이다. 예외를 인정하는 눈〔目〕은 없다. 주변의 눈〔目〕은 그만큼 무서운 존재다. 남과 마찬가지로 자신도 남을 주시하는 눈〔目〕이기도 하다.

눈[目]의 어휘

'안의 세계'를 유지하는 힘은 눈〔目〕이다. 서로가 서로를 바라보면서 일종의 팽팽한 균형을 맞추는 게 바로 눈이다. '안의 세계' 질서를 훼손하는 행동을 억누르는 것은 구성원이 서로의 행동을 바라보는 '눈'〔目〕이 있어 가능하다. '와의 세계'를 유지하는 눈〔目〕과 관련한 일본어는 일본인의 의식 단면을 보여주는 좋은 사례다. 언어는 민족의 가치관과 습관, 습성, 행동 방식 등을 반영하기 때문이다.

'눈' 아랫사람과
'눈' 윗사람

첫째, '눈'은 '안의 세계'에서 자신의 위치를 확인하는 준거이자 기준이다. 일본에선 눈〔目〕이 인간관계의 위아래를 정하는 기준이다. 눈〔目〕을 기준으로 '메우에'〔目上〕는 '윗사람, 연장자, 지위·계급·연령 등이 자신보다 위인 사람'을, '메시타'〔目下〕는 자기보다 아래인 사람을 뜻한다. 앞서 말한 대로 '안의 세계' 구성원은 기준의 1인에 대해 같은 거리를 둔 균일하고 평등한 관계이다. 하지만 계급의식이 전혀 사라진 상태는 아니며 연령이나 지시를 내리거나 받는 사회적 지위 등에 의해 위아래가 정해진다. 이를 표현하는 기준이 바로 눈〔目〕인 것이다.

둘째, '눈'은 인간의 행동을 설명하는 기원이다. 눈〔目〕이 하는 행위는 '미루'(みる: 보는)다. '미루'는 여러 가지 용례를 보인다. '見る, 視る, 觀る'는 자신의 눈으로 직접 확인한다는 뜻이다. 일본어의 '미루'는 보는 행위를 통해 할 수 있는 일들을 거의 다 표현한다. 단순히 '눈으로 다른 사물을 본다'는 정도가 아니라 '보는 행위'를 통해 이뤄지는 것까지도 '미루'로 표현한다. 예를 들면 '사람을 만나다', '부부의 언약을 맺다', '어떤 일에 맞닥뜨리다', '잘 눈여겨 관찰하다', '진찰하다'(診る), '조사하다·알아보다', '시도해보다·시험하다', '사물을 (보고) 판단하다', '점치고 판단하다', '눈에 들어온 글자의 의미를 알다'(읽다), '(물건의 가치를) 감정하다', '취급하다·행하다', '살아갈 수 있도록 조력하다·돌보다·보살피다', '간병하다'(看る) 등이다.

일본어에서 '뵙고 싶다'는 표현은 '오메니 카카리타이'(お目にかかりたい)인데 이를 직역하면 '상대방의 눈〔目〕에 자신이 걸리고 싶다'는 뜻이다. 두 사람이 서로 바라보는 게 아니라 상대방 시야에 내가 들어가 보이는 형태이니 그만큼 자신을 낮추는 겸양이 나타난다. 눈〔目〕이 높으면(高い) '사물을 보는 감식력이 있다'는 뜻이다. 세상에서 가장 가까운 거리는 '눈과 코 사이'(目と鼻の間)다. 한국어에선 지척지간과 같은 뜻이다.

미마모루(見守る)와 미누쿠(見拔く)도 일본어에서 자주 쓰이는 표현이다. 미마모루는 '보다'와 '지키다'가 합쳐져 주변의 눈〔目〕이 쭉 지켜보는 행동이다. 예컨대 어린 아이가 걸어갈 때 행여 넘어질까 하고 옆

에서 지켜보는 것이다. 미누쿠는 겉에서 보기에 메이와쿠가 아니지만 속내에선 메이와쿠일지도 모르기 때문에 그 속내를 꿰뚫어보는 것이다. 일본인은 미마모루의 시선을 좋아하는 반면 미누카레루(속내를 들키는 것)를 두려워한다.

'메쿠바리'(目配り)는 '눈을 나눠주는'(쿠바리) 것인데 '이것저것 신경 써준다'는 뜻이다. 이루고자 하는 목표는 '눈으로 보는 곳'(目当て)이라 표현하며, 목표를 향해 정진할 때는 '눈으로 목표를 가리킨다'(目指す)는 표현을 쓴다. 눈엣가시와 유사한 표현은 '目障り'(보는 것을 방해하는 것)가 있다. 이밖에도 '메시로'(目代)는 감독·후견인·감시자를 뜻하며, '메지루시'(目印)는 표지·표적·안표·발견하기 위한 표시·기억하기 위한 표시·목표·기준을 뜻한다. '메다츠'(目立つ)는 남의 이목을 몹시 끌다·눈에 띈다는 뜻이다. '메쯔키'(目好き)는 보고 마음에 들어 한다는 뜻이며, '메다마'(目玉)는 눈의 둥근 부분 즉 가장 중심이 되거나 대표가 되는 물건 등을 뜻한다.

시선과 메센 …
남을 바라보는 시선과 남의 입장에 돼서 세상을 보는 메센

세 번째, 눈〔目〕이 향하는 방향을 지칭하는 시선(視線)과 메센이다. 눈〔目〕의 지배 방식을 표현하는 단어다. 다른 사람을 주시하는 눈빛은 시선(視線: 시센)이다. 시선은 눈이 바라보는 방향을 뜻한다. 일본인은 흔히 '다른 사람의 시선을 느낀다'(人の視線を感じる)는 말을 자주 한다. 예컨대 '와'의 질서를 깨는 행위로 즉 '와'에 어긋나는 일, 메이와쿠

일지도 모르는 행동을 할 때 주변에서 누군가 자신을 본다는 '시선'을 느끼는 것이다. 시선은 '안의 세계'에 사는 사람을 감시하는 눈〔目〕인 셈이다. '안의 세계'에 사는 모든 구성원은 스스로가 남을 바라보는 '시선'인 동시에 반대로 남의 시선을 의식하면서 살아가는 대상이다.

메센은 시선과 유사한 의미이면서도 본질적인 차이점이 있다. 시선은 개인이 자신의 입장에서 남을 보는 것이라면, 메센은 자신의 입장이 아닌 다른 주체의 입장에서 사물을 보는 행위다. 메센의 어원은 '눈〔目: 눈으로 본다〕+ 선〔線: 방향〕'이다. 본래 영화나 연극에서 쓰이는 용어였으나 지금은 '대상이 되는 다른 사람의 사고방식'이란 뜻이다. 즉, 자신이 어딘가를 보는 시선이 아니라 '누군가의 시선'이 되어 사물을 본다는 뜻이다. 일본어에선 '어린이 메센'(子供目線)이나 '위에서 내려다보는 메센'(上からの目線) 등의 표현이 흔히 쓰인다. 어린이 메센은 어린이의 눈으로 사물을 바라보는 것을 일컫는다. 건축가가 집을 설계한다고 할 때 30대 신혼부부가 살 집인지, 70대 장애인을 위한 주택인지에 따라 설계는 완전 달라질 것이다.

'안의 세계' 구성원은 '안의 세계' 메센으로 세상을 바라본다. 각 개인의 입장이 아닌 집단의 입장에서 사물을 본다는 뜻이다. 시선이 주로 '안의 세계'에서 메이와쿠가 생기지 않도록 규제하고 지배하는 역할이면, 메센은 '안의 세계' 구성원이 같은 메시지를 공유하고 같은 행동을 하도록 균일성을 유지하는 역할을 한다. 집단의 입장에서 사물을 본다는 것은 모두가 같은 관점에서 판단한다는 뜻이다. 같은 관점에서 세상을 보면 행동과 사고도 같아진다. 반대로 보면 메센은 '안의 세계' 구성원에게 같은 행동을 하도록 압력을 가하는 이른바 '행동지침'이다.

'와의 세계'를 사는 일본인의 생활 태도에 시선과 메센은 어떤 형태로

영향을 미칠까? 일본인은 다른 사람의 눈을 의식하며(시선을 느끼며),
'와의 세계'가 지향하는 방향(메센)으로 따라간다. 일본인은 한 번 집단
의 방향이 결정되면 그것에 대해 좀처럼 반대 의견을 말하지 않는다.
이미 '안의 세계'의 방향(메센)을 정했으면 따라야 하며, 만약 반대 의
견을 표현하면 그것은 '와'의 세계 질서를 어지럽게 하는 메이와쿠일지
모른다고 생각하기 때문이다. 즉, 반대 의견이 있어도 말하지 않는 것
이 '와의 세계'를 인정하는 방법이자 균일한 다수의 일원으로 남고 배제
되지 않아 이지메의 대상으로 전락하지 않는 상책이다.

　'와의 세계'에서 균일한 다수로 평화롭게 살아가려면, 다른 사람들의
눈(目)에 띄지 않는 게 가장 편한 선택이다. 눈에 띄는 행동을 하면 주
변의 눈(目)을 끌고, 그 시선은 해당 행동이 '와'에 맞는지 다른지를 평
가한다. 아예 이런 평가 대상이 안 오르는 게 유리하다. 일본어에서 '눈
에 띄다'는 의미의 '메다츠'는 다른 사람의 눈(目) 앞에 내가 서 있는 것
이다. 한국어나 다른 언어권에서 '눈에 띄다'가 특출하고 우수하다는 의
미인 데 반해 일본어에서 '메다츠'는 부정적 뉘앙스가 강하다.

일본인의 삶을 감시하는
2억 5천만 개의 '눈'[目]

시선과 메센이 지배하는 사회는 룰의 사회이자 매뉴얼 사회다. 시선과 메센의 지배 방식은 상호 보완적이다. 시선은 다른 사람의 행동을 지켜보는 '눈'[目]이다. 남이 나를 바라보는 시선을 느끼면서 행동하며, 나 역시도 다른 이의 행동을 바라본다. 메센은 누군가의 입장에 서서 세계를 바라보는 방식이다. 대부분 경우엔 '안의 세계'라는 공간과 조직의 입장에 서서 세상을 바라보는 게 메센이다. 여기엔 '메시지'와 '행동지침'이란 의미가 내재된다. 즉, 나(자기)의 입장에서 세계를 바라보는 게 아니라 '일본'이란 나라 안에 사는 구성원으로, 일본의 입장에서 세계를 바라보는 것이다.

시선과 메센의 관계는 밀접하다. 주변의 시선을 느끼기 때문에 자신의 눈으로 세상을 보기는 부담스럽고, 다수 시선의 입장에 서서 즉 '와의 세계' 입장에서 세상을 바라보는 메센을 선택한다. 고베 대지진 때 무너진 건물에 자신의 아들, 딸, 손자가 깔려 있다가 시신으로 구조되었을 때 일본인은 구조대원들에게 고개를 숙이며 '스미마셍데시타'(죄송합니다), '아리카토 고자이마스'(감사합니다)를 연발했다. 아들, 딸, 손자를 잃은 나(자신)의 슬픔에 앞서 구조대원으로 대변되는 '안의 세

44

계'의 입장을 우선하는 것이다. '와의 세계'(집단)의 입장에서 바라본 것이다. 이런 메센은 행동지침이 된다. 일본이란 나라의 입장에서 보는 메센일 때, 나(자신)는 어떻게 행동해야 하는가를 고민하는 순간, 1억 2천 5백만 명의 일본인이 모두 같은 행동을 할 수 있는 배경이 된다.

동화책에 낙서하지 않는
일본의 일곱 살짜리에게 느끼는 불편함

일본에서 시선의 지배를 보여주는 사례는 도서관 책이었다. 일본 유명 사립대학인 게이오대학에 방문연구원으로 있으면서 20여 권의 책을 대출했다. 몇 권째 읽다가 묘한 감정이 들었다. 한 장도 모서리가 접혀 있지 않은 것이다. 보통 도서관 책이라면 책갈피가 없거나 혹은 나중에 한 번 더 읽고 확인하고 싶어서 대출자가 살짝 한 번쯤은 접었을 법도 한데 말이다. 낙서 한 줄도 없었다. 밑줄이 있나 찾아봤지만 없었다. 도서관에 다시 가서 손에 잡히는 대로 밑줄과 낙서, 모서리를 확인했지만 없었다. 대출 도서 중에는 30~40년씩이나 된 책도 있었다. 대여 기록에는 수십 개의 반납일자 도장이 찍혀 있었다.

　일본의 요코하마 시 히요시에 있는 지역도서관에 갔다. 어린이 코너에서 소학교 1학년 딸이 읽을 법한 동화책을 빌리기 위해서다. 어떤 동화책은 워낙 오래 되어서 넘기는 부분이 낡고 찢어져 스카치테이프로 한 장 한 장씩 붙여놨을 정도였다. 하지만 어느 동화책에서도 낙서는 찾아볼 수 없었다. 한두 시간을 들여 어린이 코너를 샅샅이 뒤졌다. 어림잡아 1천 권 정도 중에 낙서가 있는 동화책은 한 권도 없었다. 모서리가 접힌 자국도 찾을 수 없었다. 불편했다. 어딘가 부자연스러웠다. 몇십 년 동안 일본 어린이들이 본 동화책이다. 유치원생과 소학교 1학년생이 주로 읽는 동화책이다. 낙서가 있는 게 자연스럽지 않을까?

흔히 친절하고 룰(질서)을 잘 지키는 일본인을 칭송한다. 일본은 매뉴얼 사회라고 한다. 이런 룰이나 매뉴얼은 메센이 관습이나 관행으로 굳어진 것이다. 일본인은 정해진 질서를 잘 지키며 매뉴얼을 어기는 법이 좀처럼 없다. 식사를 하기 전에는 항상 '이타다키마스'(いただきます: 감사히 먹겠습니다)를, 먹은 다음엔 '고치소오사마데시타'(ごちそうさまでした: 잘 먹었습니다)를 말한다. 심지어 "혼자서 밥 먹을 때도 '이타다키마스'와 '고치소오사마데시타'를 말한다"고 이야기한다. 라면집에서 라면을 먹고 나오면서도 주인이나 종업원에게 '고치소오사마데시타'라고 말하고 나온다.

친절하기 때문인가? 그렇다. 하지만 그것만은 아니다. 그것이 '룰'이기 때문이다. 2011년 동일본 대지진 당시 쓰나미에 모든 것을 잃은 이재민들이 굶주림 속에서도 식량 배급 때는 모두 차분히 줄을 섰던 게 그하나의 예이다. 약탈도 없었다. 일본인은 왜 룰을 정확하게 지키는가? 본성이 착해서인가? 답은 간단하다. 누군가 자신을 지켜보기 때문에 룰을 어기면 응징을 당할 것이기 때문이다. 감시받는 이가 어떻게 감히 약탈을 할 수 있겠는가?

도쿄 미나토 구에 있는 미나토 도서관 2층 열람실. 책상에 콜라를 올려놓았다. 20분 후 도서관 직원이 와서, "여기는 음식물 금지예요. 신경 써 주세요"(ここでは飮食禁止なのでそれだけ氣をつけてください)라고 주의를 준다. 도서관 내 휴대전화 사용금지 지역에서 휴대폰을 귀에 대고 있으면 직원이 이를 발견한 즉시 주의를 준다. 편의점에서는 한줄

46

서기 (계산대가 2~3개이지만 줄은 하나로 같이 서는 것) 를 하는데 이를 모르고 실수로 빈 계산대로 가면 직원은 반드시 "죄송하지만 저쪽에 뒤로 가서 줄을 서 달라"며 주의를 준다. 일본인은 자신이 룰과 관련된 담당자라면 룰을 어긴 사람에게 항상 거리낌 없이 주의를 준다. 일본인에게 룰은 그 자체로, 어긴 이를 주의를 줄 권력이다. 일본에서 물건을 사거나 식당에 들어가는 줄에 새치기는 없다. 담당 점원은 새치기를 보면 반드시 와서 주의를 주고 뒤로 돌려보낸다. 실수로 줄을 잘못 섰더라도 점원은 그를 줄 가장 뒤로 보낸다. 점원이 없다 하더라도 새치기에 대한 주위의 시선은 견디기 어려운 압력이다.

도서관 책들도 마찬가지다. 대출 도서엔 누가 책을 빌렸다는 증거가 남아 있다. 일본인은 책을 손상하면 그에 대한 주의가 주어지리란 것을 염두에 두는 것이다. 일본인은 태어나 초·중·고등학교를 거치며 룰을 어기고 주의를 받는 경험을 몇 번이나 되풀이하며 성장한다. 또 주변 모두가 자신에게 주의를 줄지도 모르는 잠재적 '눈'이란 것을 안다. 주변의 모든 눈을 다 피할 수 없기에 룰을 지키는 게 훨씬 편한 선택인 셈이다. 일본어엔 '태양이 보고 있다'(天道様が見てる: 아무도 안 보고 있는 것 같지만, 태양이 보고 있다) 라는 표현이 있다.

낙서가 없는 도서관 책 이야기에 대해 일본인 지인은 "만약 내가 책을 빌렸는데 밑줄이 그어졌다면 책 뒤편의 대출자 명단을 보고 직전에 빌린 사람이 누군지 이름을 봤을 것이다. 그런 행위는 메이와쿠다"라고 말했다. 밑줄을 그은 사람은 그 다음 빌린 사람에 의해 '눈으로 주시해야 할 대상'(悪いことをすると目をつけられる) 이 되는 셈이다.

눈[目]이 지배하는 사회의 모습은
매뉴얼 사회, 룰의 사회

'안의 세계'에서 룰(매뉴얼)을 어기고 피할 곳은 없다. 모두가 눈을 가지고 있다. 일본에는 2억 5천만 개(일본의 인구는 약 1억 2천 5백만 명이다)의 눈이 있다. 항상 자신의 행동이 누군가의 눈에 노출되는 것이다. 일본의 문화의존 증후군인 대인공포증도 이 같은 룰을 어겼을 때 당할 응징에 대한 공포가 단적으로 드러난 사례다. 일본인으로서 살아남기 위해서는 룰을 지켜야 한다. 모두가 룰을 어긴 사람을 감시하는 눈[目]이기도 하기 때문이다. 매뉴얼과 룰을 지키는 일본인은 항상 주변의 '눈'을 의식한다. 룰을 어긴 행위는 탈선이며 주의의 대상이다.

일본인의 눈[目]은 친절하게 웃지만 무섭다. 일본에 처음 온 관광객들은 도쿄 지하철에서 휴대전화를 꺼내들고 통화하면서 아무런 불편함을 못 느낀다. 누구도 주의를 주러 오지 않기 때문이다. 하지만 실은 주변 모든 일본인이 전화 통화에 불편함을 느끼며 흘낏흘낏 관광객을 쳐다본다. 룰을 어긴 이는 주의를 받아야 하며, 지하철 담당자가 주의를 주지 않는 데 불편함을 느낀다. 일본에 1년쯤 살면 스스로 지하철에서 전화를 안 받는다. 눈[目]을 의식하기 때문이다.

그런데 지하철 안에서 전화는 절대 안 하면서 친구들과 잡담은 꽤나 큰 소리로 떠들곤 한다. 다른 승객에게 끼치는 피해는 전화나 잡담이나 비슷하다. 단지 룰은 '지하철 안에서 전화 통화를 하면 안 된다'는 것이다. 룰은 옳고 그름의 문제가 아니다. '안의 세계'에 사는 일본인에게 시선의 지배는 이처럼 절대적 압력인 셈이다.

시선의 지배는 구성원이 집단의 입장에서 세상을 보도록 강제하는 역할을 한다. 메센은 '안의 세계'를 지배하는 생각인 셈이다. '와의 세계'의 메센을 읽을 수 있다면 일본 외부의 사람들도 '와의 세계'가 앞으로 어디로 향할지 미뤄 예측할 수 있다.

한 줄 더 …

고용 없는 성장 정체를 더욱 가속화하는 일본인의 매뉴얼 집착

IT(Information Technology)의 진화는 스스로 의사소통하는 똑똑한 기계의 시대(Internet of Everything: 만물인터넷)에 접어들었다. 똑똑한 기기는 저비용으로 인간의 일을 대체한다. 버스터미널의 자동발매기, 공항의 셀프 화물적재기, 자동주행 자동차, 우편물 자동분류기, 도서 자동대출기 등은 현실화되었거나 곧 우리 눈앞에 나타날 것이다. 기기의 등장은 인간 일자리의 감소로 이어진다. 매뉴얼대로만 처리하는 일은 이론적으론 똑똑한 기기가 모두 대체할 수 있다. 이것이 일본 경제가 안고 있는 부담 중 하나다.

일본의 직원은 매뉴얼대로만 움직인다. 매뉴얼만 지키면 결과가 잘못되더라도 자신의 책임이 아니다. 똑똑한 기기는 이런 직원의 일을 대체할 수 있다. 하지만 똑똑한 기기도 현장에서 고객의 요구와 애로를 들으면서 곧바로 판단해 고객 편의를 향상시키는 일은 할 수 없다. 미래 현장의 책임과 권한을 갖는 인공지능 로봇이 등장한다면 모를까, 현재의 IT 기술로는 여기까진 불가능하다.

올 초 서울 삼성동의 도심공항터미널에서 공항버스를 탈 때 일이다.

버스 탑승이 막 시작되고 줄이 길게 늘어섰을 때 도착했다. 서둘러 자동판매기에서 티켓 구매를 하려는데 기기는 이미 30분 후의 다음 차편의 티켓만 팔았다. 분명 프로그래머는 탑승 시각이 되면 자동으로 30분 후의 차편 티켓을 팔도록 프로그램을 짰을 것이다. 그게 안전한 매뉴얼이기 때문이다. 하지만 줄이 길어 지금 사도 충분히 탈 수 있는 상황이었다. 마침 옆에 있던 직원에 문의했다. 직원은 상황을 보면서 30분 후 티켓을 구매하고 줄을 서라고 했다. 그리고 "혹시 지금 버스가 만석이면 다음 차편을 타야 합니다"라고 말한 뒤 10m쯤 떨어진 곳에서 개표를 하는 버스 기사에게 "여기 손님이 다음 차편 티켓인데 자리 남으면 이 차표로 그냥 가게 태워주세요"라고 말했다. 일본의 매뉴얼 문화에선 현장에서 이런 판단을 하는 직원을 찾아보기가 쉽지 않다.

'눈'[目]과 멀리 보는 생각(엔료)

'눈'〔目〕의 지배를 받는 일본인의 행동 양식은 엔료와 메이와쿠라는 표현에 나타난다.

소학교에서 배우는
엔료와 메이와쿠

일본의 한 소학교 1학년 국어 수업 시간. 한 학생이 "1교시 국어 시간을 시작하겠습니다"(一時間目の國語の授業を始めます) 라고 큰 소리로 말하자 31명의 학생들이 입을 모아 "시작하겠습니다"(始めます) 라고 따라했다. 수업이 시작되었다는 신호다. 선생님은 아무런 지시도 하지도 않았는데 두 명의 학생이 이 신호에 맞춰 손을 들고 있다. 담임선생님이 "하이, ○○○상"이라고 호명하자 호명된 학생이 자리에서 일어났다. "국어 교과서를 잊고 가져오지 않았습니다. 죄송합니다."(國語の教科書を忘れました。ごめんなさい。) 담임선생님이 다른 학생의 이름을 불렀다. 그 학생도 똑같은 사과를 했다.

급식시간. 급식 담당 친구들이 개인의 기호와 무관하게 똑같은 양을 배식했다. 배식 도중에 '더 달라'거나 '조금만 달라'는 이야기는 오가지 않는다. 배식이 끝나고 모두에게 골고루 모두 나눠진 뒤 학생들은 '밥과 반찬 줄이기'(減らし)를 했다. 배식의 양은 모두 똑같으며 각자 스스로 자신의 양에 맞게 양을 줄이는 것이다. 배식에 실패하는 경우도 있다. 특정 반찬을 앞에 많이 줘서 뒤에 줄 양이 모자라는 것이다. 이럴 경우의 '줄이기'는 앞서 받은 학생이 스스로 반찬을 반납하고 뒤의 학생에게 모자란 양을 보충한다. 담당 선생님은 가장 마지막에 급식을 받아간다.

일본인은 어려서부터 엔료와 메이와쿠에 대해 배운다. 어른들의 행동을 보면서 따라하거나 유치원, 소학교 때부터 직접적으로 이에 대해 가르침을 받는다. 일본 소학생이 배우는 나쁜 행동은 주변에 메이와쿠를 끼치는 것이다. 복도에서 뛰면 안 된다. 왜냐하면 뛰다가 다른 친구와 부딪치면 그 친구에게 메이와쿠를 끼치는 것이기 때문이다. 부딪치지 않더라도 다른 친구가 걸어가는 데 불편을 주기 때문에 복도에서 뛰면 안 된다. 교과서를 가지고 오지 않으면, 자기 교과서를 가져온 옆 친구와 같이 봐야 한다. 교과서를 안 가지고 온 행위는 친구에게 불편을 초래하는 메이와쿠이기 때문에 스스로 수업 시간 전에 모든 친구들 앞에서 사과하고 시작해야 하는 것이다.

흥미로운 대목은 자신의 행동으로 불편을 당한 옆 친구에게만 사과하는 게 아니라 모든 학급 친구들에게 사과해야 하는 것이다. '안의 세계' 즉 '와의 세계'의 질서를 훼손하는 메이와쿠를 했기 때문에 모든 구성원에게 사과해야 한다는 논리인 셈이다. '안의 세계' 질서를 지키기 위해서다.

역시 엔료도 배운다. '밥과 반찬 줄이기'는 엔료를 배우는 데 기본이다. 한 학급에 주어지는 급식의 양은 정해져 있다. 모두가 적당한 양을 나눠 먹어야 모두가 아무런 피해도 없이 즐거운 급식을 할 수 있다. 자신이 많이 먹고 싶다 해서 많이 먹어선 안 된다. 모두 공평하게 먹어야 하며 '줄이기'라는 엔료를 하는 게 안의 질서를 유지하는 방식이다. 교실의 모든 구성원은 평등하고 균등한 대접을 받아야 하기 때문에 누군가 자기가 좋아하는 반찬을 특별히 더 담는 절차는 없다.

남과 다른 대접을 받으려는 시도는 어떠한 경우에도 용납되지 않는다. 담임선생님도 '안의 세계' 일원으로서 교실에서 학생과 함께 급식을 먹는다. 이런 '스스로 엔료하는 행동'과 '메이와쿠를 자제하는 압력'은 '안의 세계'를 평화롭게 유지하는 근본적 힘이다. 일본의 소학생은 이런 '일본의 세계'를 살아가는 법을 배우는 것이다.

엔료는
안에서 배제되지 않기 위해 멀리 내다보는 행동

남을 배려해 자신의 몫을 양보하는 의미인 엔료는 본래 중국에서 온 단어다. 중국에서 들어온 엔료란 표현은 현대 일본인의 용례와는 사뭇 다르다. 본뜻은 '먼 미래까지도 살펴본 깊은 생각'이다. 일본어에선 '타인을 의식해 선뜻 행동하지 않거나 스스로 물러나는 것'을 뜻한다.

遠慮 … '中國語の「エン(遠い) + リョ(慮 おもんぱかり)」が語源。遠い
將來までも見通した深い考えです。日本語では他人に對し、ひかえた

り、辞退することの意'.

마쓰이 카네노리(增井金典), 2010, 《일본어원광사전》

본래 말 그대로 멀리(遠) 바라보는 생각(慮)인 셈이다. 《논어》에 "인무원려 필유근우"(人無遠慮 必有近憂: 멀리 보고 미리 염려하지 않으면 반드시 근심을 가까이 불러들이는 법이다)라는 문구가 있다.

이런 뜻이 일본에선 어떻게 엔료로 바뀌었을까? '안의 세계'를 상정해 보면 그 과정을 쉽게 꿰뚫어볼 수 있다. 《논어》의 가르침처럼 '멀리 생각하지 않고 섣부르게 행동하면, 곧 안 좋은 일이 닥칠 수 있다'는 생각으로 일본인은 자신의 행동이 '안의 세계'에서 메이와쿠로 비춰지거나, 또는 너무 튀어서(메다츠), 다른 사람들의 이목〔目〕을 끌지 않을지 고민한다. 이런 위험을 방지하기 위한 행동이 바로 엔료다. 멀리 바라보는 행동이 곧 엔료인 것이다.

스기모토 츠토무(杉本つとむ)는 2005년 《어원해》(語原海)에서 엔료에 대해 "일본에선 모든 일에 대해 한발 물러서서 조심스럽게 행동하는 태도를 뜻한다. 이런 의미는 일본만의 독특한 것으로 여겨진다. 이런 현대적 용법은 16세기부터 파생됐으며 에도시대에는 한학자 등이 본래의 의미로 사용했다. 또한 에도시대에 무사나 승려가 죄를 지으면 자택에서 못 나오고 그 안에서만 살도록 했는데 이런 연금 상태를 엔료라고 불렀다"고 설명한다.

본래의 원려(遠慮: 먼 생각)와 일맥상통하는 부분이 적지 않다. 일본인은 멀리 보고 미리 염려한 결과, 무슨 행동을 하더라도, 일단 한발 물러서 조심스럽게 행동하거나, 양보하는 자세를 취한다는 것이다. 이것이 일본인의 원려인 것이다. '안의 세계'에서 균일한 구성원으로서의 자격을 빼앗기지 않을까 하는 근심이 그 바탕에 있다.

일본의 엔료가 본래의 '먼 생각'이란 의미와 일맥상통하지만 분명하게 다른 점이 있다. 본래의 뜻은 지위고하를 막론하고 오히려 높은 자리의 사람일수록 원려를 해야 한다는 뜻이며 또한 원려한다는 것은 항상 긍정적 사고방식이다. 이에 반해 일본의 엔료는 그렇지 않다. 현대 일본어의 엔료는 부정적 뉘앙스도 있다. 일본의 엔료는 매우 가까운 관계, 예컨대 부모 자식 간엔 하지 않아도 된다. 일본어에서 상대방을 배려하는 가장 따뜻한 표현은 "사양하지 않아도 돼요"(遠慮しなくても大丈夫です)이다. '엔료 없는 관계'는 가장 가까운 인간관계인 셈이다.

일본론을 대표하는 저서 중 하나인 《어리광의 구조》('甘え'の構造, 1971년)를 쓴 정신분석학자 도이 다케오(土居健郎: 1920~2009)에 따르면 서로 엔료하지 않아도 되는 관계, 즉 어리광을 피워도 되는 관계를 '우치'(ウチ: 안)라고 보고, 엔료해야 하는 또는 어리광을 부릴 수 없는 관계를 '소토'(ソト: 밖)라고 분석했다. 앞에서 말한 '안과 밖'하고는 용어의 혼동이 있겠으나 다른 영역 구분이다.

'안의 세계'에선 모두가 주변의 눈[目]을 의식하면서 엔료해야 하지만 부모 자식 간에는 서로의 눈[目]을 의식하지 않아도 되는 것이다. 예컨대 부모에게 엔료하지 않는다고 해서 부모가 이를 메이와쿠라고 인식해 '안의 세계'(가정)에서 자식을 배제하지 않기 때문이다. 반대로 말하자면, 부모 자식 간, 즉 '가족'은 눈[目]이 지배하는 공간이 아닌 셈이다. 단, 형제는 또 달라서 경우에 따라 엔료를 해야 한다는 의식도 일부 일본인에게선 보인다. 일본인은 부모와 자식을 한 구성단위로 인식하기 때문에 부모 자식 간의 엔료와 메이와쿠는 '안의 세계'를 위협하는 행위가 아니다. '안의 세계' 입장에서 볼 때 부모 자식 간의 메이와쿠는 그 안에서만 문제가 해결되는 이상 '안의 공간' 질서를 훼손할 힘이 아니라는 인식이다.

일본인도 이렇게 남을 배려해서 양보하는 엔료가 편치 않고 '엔료가 없는 상태'를 선호한다. 하지만 주변의 눈[目]을 의식하면 남(타인, '안의 세계'를 구성하는 다른 구성원)에겐 엔료할 수밖에 없으며, 반대로 그들도 자신에게 엔료하길 원하는 것이다.

'안의 세계'가 부모 자식을 한 구성단위로 보는 사례는 범죄에 대한 보도 태도에서도 쉽게 드러난다. 흉악범죄가 벌어지면 일본의 언론사는 거의 예외 없이 범법자의 부모를 찾아간다. 범법자가 30~40대의 어른이든 10대 청소년이든 관계없다. 부모는 자식을 대신해 사죄를 한다. 부모가 제대로 사죄를 하지 않으면 '안의 세계'는 부모를 자식과 마찬가지로 배제할 개연성이 적지 않다. 피해자의 경우에도 마찬가지다. 테러조직인 IS(이슬람 국가)에게 일본인 두 명이 살해당했을 때 일본 언론은 부모에게 사죄의 말을 전했고 일부 네티즌은 사죄가 제대로 이뤄지지 않았다며 피해자의 부모를 비난하기도 했다.

엔료를 이해하는 데는 일본 '안의 세계'에서 친구에 대한 인식을 보는 것이 도움이 된다. 일본어에는 친구를 지칭하는 단어가 많다. 대표적인 단어로 '토모'(とも・友), '나카마'(なかま・仲間), '신유'(親友)가 있다. 먼저 가장 일반적으로 쓰이는 토모는 '항상 함께 있는 사람'(いつも一緒にいるひと)을 일컫는다. 복수형인 '토모다치'(友達)도 자주 쓰이는 표현이다. 일본에서 외국인이 일본인 친구(토모다치)를 만드는 일은 쉽지 않다. '안의 세계'에 익숙한 일본인은 외국인을 대할 때도 무의식적으로 경계하는 눈[目]으로 바라보기 때문이다. 대개 외국인은 일본인을 알게 되면 그를 친구(friend)로 여기지만, 정작 그 일본인은 외국인을 토모다치가 아닌, 그 전 단계인 '시리아이'(しりあい・知り合い: 서로 아는 관계)로 본다. 일본에선 몇 년째 알고 지내면서 만나면 반갑게 인사하는 관계가 적지 않다. 하지만 몇 해가 흘러도 그 이상의 진전은 없다. 일본인에겐 토모다치가 아닌 시리아이인 셈이다. 이렇게 만들기 어려운 토모다치 관계이지만, 친구 사이에서도 엔료와 메이와쿠는 존재한다.

일본인 지인과 대화를 나누다가 놀란 적이 있는데, 그 지인은 "고등학교 때부터 줄곧 친하게 지낸 친구(토모다치)가 있는데, 최근에서야 그 친구가 몇 달 전에 여자 친구와 헤어져 매우 힘든 나날을 보냈다는 걸 알게 됐다. 뭔가 도와주고 싶은데 어떻게 해야 할지 모르겠다"고 말했다. 두 사람은 대학교에 와서도, 한 달에 몇 번씩 만나서 식사를 하거나 줄곧 전화 연락을 하는 사이라고 했다. 지인에겐 그가 가장 친한 친구 중 한 명이라고 했다. 하지만 몇 달 전 여자 친구와 헤어진 사실을 까맣게 모르고 있었다. 그 친구는 엔료를 했던 것이다. 친구 사이이긴 하지만, 자신의 실연을 말하면 그게 메이와쿠일 수도 있다고 생각한 것이다. 엔료가 필요 없는 친구 관계는 일본에선 없을까?

부모 자식 간까지는 아니지만 엔료하지 않아도 될 정도의 친구를 '親友' 또는 '心友'(발음은 모두 '신유')라고 한다. 신유는 '친한 친구' 또는 '마음에서부터 친한 친구'라는 의미로 마음까지 허락할 수 있는 친구란 뜻이다. 일본인은 섣불리 누군가를 신유라고 말하지 않는다. 자신은 신유라 믿어도 상대방은 그렇게 여기지 않고 있을 수 있기 때문이다.

친구는 항상 같이 있는 사람,
나카마는 같은 공간에 들어와 있는 사람

친구를 뜻하는 단어 중에 '안의 세계'를 가장 잘 나타내는 게 '나카마'이다. 마쓰이 카네노리(增井金典)가 쓴 《일본어원광사전》에 따르면 나카마의 어원은 '안에 함께 있는 사람'이다. 외부에 있는 사람과 비교해 안에 함께 있는 사람들이란 뜻이다.

나카마는 토모다치보다 훨씬 강한 의미다. 토모다치는 둘 사이의 관계에 방점을 찍는다면 나카마는 둘의 관계가 아닌 같은 공간을 공유하는 것을 뜻한다. '안의 세계'에 들어와야만 나카마가 된다. 외국인이 일본에 와서 토모다치를 만드는 일은 어렵긴 하지만 불가능하지는 않다. 항상 같이 있을 정도로 친하게 지내는 것은 가능하다. 하지만 나카마는 다르다. '안의 세계'에 들어와서 균일하고 평등한 대우를 받는 구성원이 되어야 하기 때문이다. 일본으로 이민 와서 사는 이민 1세대는 물론이고, 그런 이민자의 자녀들도 일본 사회에서 나카마의 소속감을 느끼기는 쉽지 않다. 나카마가 되기 위해선, '안의 세계'에 들어가야 하는데 어디에서도 '입장권'을 팔지 않는다.

일본인의 나카마 의식을 가장 잘 드러내준 만화로는 〈나루토〉가 있다. 1999년 연재만화로 첫선을 보였고 지금까지 70권 이상의 시리즈 단행본이 1억 1천만 부 넘게 팔린 2000년대 이후 일본 만화를 대표하는 작품이다. 2002년부터 TV 도쿄에서 동명의 애니메이션으로 제작·방송되었다. 그 내용은 닌자의 세계를 그린 애니메이션으로 주인공 우즈마키 나루토는 자신의 마을인 코노하(나뭇잎마을)에서 이웃 사람들에게 차별대우를 받는 존재였지만 이를 극복하고 마을 사람들로부터 인정받는 최고의 닌자로 자란다. 나루토는 나카마를 소중하게 여긴다. 닌자의 세계는 목숨을 거는 임무이기 때문에 룰이 매우 엄격하다.

물론 룰이나 결정(약속)을 지키지 않는 녀석은 쓰레기라 불린다. 하지만, 나카마를 소중하게 여기지 않는 녀석은 그것 이상의 쓰레기다(確かにルールや掟を守れないやつはクズ呼ばわりされる. けどな、仲間を大切にしない奴はそれ以上のクズだ!).

이는 《나루토》에서 하나의 메시지와 같이 여러 차례 나오는 대사다. 이는 나루토의 스승인 하타케 가카시가 가르쳐준 말이며, 또한 가카시는 과거 자신의 나카마였던 우치하 오비토에게 들은 말이다.

나카마는 '안의 세계'에 함께 사는 동료로서 목숨을 걸고 외부의 적과 싸우는 동지다. 나카마를 가장 소중하게 여기는 나루토는 일본인의 '안의 세계'가 염원하는 소중한 의식이다. 역으로 일본인의 의식에선 '안의 세계에서 소중한 나카마가 되고 싶다'는 강한 집념이 숨어 있다. 나카마는 엔료와 메이와쿠를 의식해야 하는 사이지만 그와 동시에 '미마모루'(見守る: 보면서 지켜준다는 뜻으로 즉 같은 편으로서 상대방의 행동을 끝까지 지켜보고 응원하는 행동이다)가 통하는 사이다. 자신에게 어떤 일이 벌어졌을 때 적극적으로 그 일에 관여해 도움을 주는 존재이다.

나카마 의식이 강해지면 '나카마를 위해서라면 가령 외부의 세계에 나쁜 일, 예컨대 '침략 전쟁'을 하더라도 이는 용서할 수 있는 행위'로 받아들여질 수 있다. 나카마를 소중히 여기는 친절한 일본인이 역설적으로 '밖의 세계인'에게 위험한 잠재적 위협일 수 있는 이유다.

'나카마 의식'에서 각각의 개인이 가장 두려워하는 것은 '나카마하쯔레'(仲間はずれ: 나카마에서 배제되는 일)이다. 이는 곧 '안의 세계'에서

배제되는 대상이 된다는 뜻이기 때문이다. 나카마에서 배제되는 일은 곧 '안의 세계'에서 배제이며, 이를 피하기 위해 엔료와 메이와쿠 의식이 발동해 주변의 시선을 의식한다. 나루토의 배경이 되는 코노하는 '안의 세계'이자 '와의 세계'이다. 이곳 역시 '호카게'(火影: 불의 그림자)라는 1인을 중심으로 다(多)의 마을 사람들이 균일하게 살아가는 곳으로 그려진다.

눈[目]과 메이와쿠

메이와쿠는 현대 일본어에선 '남에게 불편함이나 피해를 끼치는 행위'를 지칭하는 뜻으로 '迷(まよう: 마요우) + 惑(まどう: 마도우)'가 합쳐진 말이다. '마요우'와 '마도우'는 마음이 하나를 정하지 못하고 헤매거나 갈피를 못 잡고, 방향을 잃어버리거나 또 안 좋은 것에 혹한다는 의미로 둘 다 비슷한 뜻이다.

'마요우'의 어원에는 두 가지 설이 있다. 첫 번째는 'マ(目) + ヨウ(醉)'설이다. 눈[目]이 취해서 방향을 확실하게 모르고 헤맨다는 뜻이다. 두 번째는 'マ(織物の目) + ヨウ(醉)'설이다. 옷감의 실 간격이 성기거나 균일하지 못한 상태를 뜻한다. 눈이 취했기 때문에 방향을 알 수 없고, 균일해야 할 옷감의 실이 그렇지 못하기 때문에 갈팡질팡하고 안 좋은 유혹에 빠지는 것이다. '마도우'의 어원은 '目(目쓸) + 問う'다. 어디로 가야 할지 마음속으로 물어본다는 뜻이다.

메이와쿠는 '눈'이 취해 갈팡질팡하며 '눈'이 어느 방향을 봐야 할지 스스로 물어보는 그런 혼란 상태에 빠졌다는 뜻이 된다. 메이와쿠라는 의식은 이런 어원에서 볼 수 있는 것처럼 남에게 피해를 끼치는 행위를 포함해 훨씬 넓은 범위에 해당한다. 눈[目]의 지배하는 '안의 세계'에서 이 눈[目]을 취하게 하는 모든 행위가 바로 메이와쿠인 셈이다.

　메이와쿠는 엔료와 함께 '안의 세계'의 사고 및 행동을 규정하는 원칙이며 '밖의 세계인'의 상상을 뛰어넘는 강한 힘이다. 이를 방증한 사례가 IS에게 일본인 두 명이 살해당한 사건이다. 시리아 지역에서 활동하는 IS가 일본인 두 명을 사로잡고 참수를 경고하는 동영상을 인터넷에 올렸다. 그들은 유카와 하루나, 고토 겐지였다. 고토 겐지는 분쟁 현장을 취재하는 프리랜서 저널리스트였다. 일본인에겐 '자국민의 생명이 위험하다'는 동정론에 앞서 메이와쿠라는 반응이 훨씬 빨리 드러났다.

　칼이 겨누어져 무릎 꿇은 두 명의 동영상을 보면서 "왜 저런 위험한 곳에 갔다가 잡혀서 일본에 메이와쿠를 끼치냐"는 것이었다. 유카와 하루나에 대해선 '동성연애자'(이름이 여성적이어서), 고토 겐지에겐 '재일 교포 출신'(생모가 인터뷰에서 한국을 언급했기 때문)이라는 비난이 인터넷에 올라왔다. 두 사람이 동성연애자이건 한국인의 피가 섞였건 이에 앞서 '자국민의 생명이 걸린 일'인데 말이다. TV에선 고토 겐지가 시리아에 들어가기 직전 남긴 "모든 책임은 저에게 있습니다"라고 한 동영상을 여러 차례 보여줬다. 은연중에 '자기 책임이니까 죽더라도 어쩔 수 없다'라는 복선을 굳이 숨기지 않았다. 유카와 하루나의 가족은 누구도 TV나 신문 앞에 나와 '우리 아들 살려 달라'고 울지 않았다. 유카와 하루나의 가족은 아들의 행동을 메이와쿠라 여기고 숨을 죽이고 있었던 것으로 보인다.

　고토 겐지의 어머니는 기자회견에서 "아들을 살려 달라"고 했다. 그녀는 생중계된 기자회견에서 횡설수설했다. 원전을 반대한다든가, 아들과 상관없는 이야기가 여러 차례 돌발적으로 나왔다. 온전히 제 정신은 아닌 것으로 보였다. 하지만 기자회견 후 일본의 반응은 동정론이 아닌 메이와쿠론이었다. 막말로 유명한 인도네시아의 수카르노 전 대통령의 셋째 부인 일명 '데비 부인'(일본명은 네모토 나오코로 일본인이라면 모두 알 정도의 유명인사다)의 블로그 내용이다.

처음부터 살해 위협을 당한 유카와 하루나 씨와 고토 겐지 씨가 이슬람 국가에게 붙잡히지 않았다면 이런 일은 일어나지 않았습니다. 일본 정부는 과거에 몇 차례나 위험지역에 가지 말라고 경고했습니다. 유카와 씨는 무기를 팔아서 이익을 얻으려고 위험한 시리아에 발을 들여놓은 것입니다. 고토 씨는 부인이 막 출산했는데도 유카와 씨를 구하겠다고 갔습니다. 더구나 '나에게 무슨 일이 일어나더라도 시리아 사람들을 비판하지 말아주세요. 자기책임을 지겠습니다'라는 메시지까지 남겼습니다.

  저널리스트인 고토 씨는 지금까지 비참한 전장의 모습이나 희생된 어린이들의 모습을 세계에 알리기 위해 열심히 목숨을 걸고 일을 해오신 분으로 훌륭하다고 생각합니다. 하지만 하루나 씨를 구하는 일이 어느 정도 의미가 있는 일이었을까요. 막 태어난 아이는 당연히 아빠가 필요합니다. (…) 종종 고토 씨 어머니가 언론에 나오는데 (…) 자신의 아들이 일본이나 요르단, 그리고 관계한 여러 나라에 크고도 크고도 크고도 큰 메이와쿠를 끼치는 것은 모른 체하고 계속해 아베 총리에게 "이제 24시간밖에 없습니다. 살려주세요"라고 호소하는 것은 좀 그렇다고 생각합니다. 계속해서 엎드려 사죄해 마땅한 것은 아닌가요. 그 후입니다. 엄마로서 안부를 기원하는 것은 (…) 삼가야 할 말이지만 고토 씨에게 전할 수 있다면 차라리 자결해 달라고 말하고 싶다. 내가 고토 씨 어머니였다면 그리 말하겠습니다.

데비 부인 블로그
(http://ameblo.jp/dewisukarno/entry-11983065803.html)

데비 부인이 블로그에 이 글을 쓴 날은 IS가 이미 유카와 하루나를 살해하고 고토 겐지에게 24시간 말미를 준 상황이었다. 결국 고토 겐지는 데비 부인이 앞의 글을 쓴 다음날 살해됐다. 외부 입장에서 보면 생명을 위협받는 이에 대한 데비 부인의 발언은 일방적인 비난을 받을 법하다. 하지만 일본의 인터넷 반응은 '너무 한다'는 비난 못지않게 '제대로 짚었다'는 지지도 많았다. 데비 부인은 생명에 대한 인류 보편적인 가치의 입장이 아닌 '안의 세계'의 입장에서 상황을 봤다. 즉, 메센의 입장에 충실하려 한 셈이다. 데비 부인의 생각을 정리하면 다음과 같다.

첫째, 일본 정부가 가지 말라 했는데 사적 이익을 취하려고 간 유카와 하루나는 일본에 명백하게 메이와쿠를 끼쳤다. 둘째, 메이와쿠를 끼친 유카와 하루나를 도우려는 행동은 의미 없었는데 그런 무의미한 행동을 하려고 시리아에 간 고토 겐지 역시 일본에 메이와쿠를 끼쳤다. 셋째, 메이와쿠를 끼친 아들의 어머니는 먼저 사죄해야 하는데 '살려 달라'고 동정론을 일으키려고 한 행위도 '안의 세계'를 곤란하게 하는 메이와쿠다. 넷째, 메이와쿠를 끼친 이가 '안의 세계'의 균일한 구성원으로서 인정받으려면, 그 메이와쿠를 스스로 해소해야 한다. 말하자면 자결을 선택해야 한다는 것이다.

개인의 슬픔보다 우선되는
메이와쿠 의식

'안의 세계'에서 가장 나쁜 행위는 '안의 세계'에 위협이 되거나 불편하게 만드는 행위이다. 유카와 하루나와 고토 겐지가 IS에 인질이 되어 살해 위협을 받는 상황은 일본으로선 매우 불편한 상황이었다. 메이와쿠의 어원처럼 '눈이 취해서 방향을 모르고 갈팡질팡하는 상황'이다. 평온한 삶의 유지를 깨는 사건이다. 그런 불편한 상황을 만드는 행위는 모두 메이와쿠다. 유카와 하루나의 아버지는 이를 잘 알았다. 아들이 살해당한 다음날 그는 언론에 처음 나와 이렇게 말했다.

오전 0시, 외무성에서 아들이 살해당했다는 연락을 받았습니다. 결국 올 것이 왔다고 슬픈 감정이 가득합니다. 이게 거짓말이었으면 좋겠다고 마음으론 생각합니다. 재회할 수 있다면 힘껏 안아주고 싶었습니다. 이번 사건 탓에 모든 분들께 크게 메이와쿠를 끼쳤습니다. 정부를 비롯해 관계자 분들이 전력을 다해준 점, 깊이 감사드립니다.

인터넷에 횡횡하던 유카와 하루나에 대한 비방 글은 이 인터뷰로 수그러들었다. '아버지가 훌륭하다'는 글도 올라왔다. '안의 세계'의 룰을 지켰기 때문이다. 고토 겐지의 형은 동생이 살해된 이후 NHK 취재에 응해 이렇게 발언했다.

지금까지 여러 측면에서 고생해주신 일본 정부의 모든 분들과 외무성 분들, 그리고 일본의 모든 분들, 세계의 모든 분들이 응원해주신 점, 매우 감사하게 생각합니다. 결과가 이렇게 되서 형으로서 매우 유감스럽게 생각합니다. 겐지가 살아와서 모든 분들께 감사의 인사를 하게 되길 기원했었는데 이게 이뤄지지 않게 돼서 매우 유감스럽게 생각합니다. 형으로서 이번 일은 (동생의) 경솔한 행동이었다고 생각합니다.

사실 고토 겐지의 어머니도 첫 기자회견에서 '죄송하다'고 했고 이후 여러 번 '죄송하다'고 했다. 하지만 일본인에게는 자식의 안위만을 우선해 동정을 바라면서 '안의 세계'의 입장을 경시한 태도로 보였다. 인질 사건에 대한 이런 의식은 이번이 유일했던 것은 아니다. 2004년 이라크에서 자원봉사자 3명이 납치됐다가 풀려났을 때도 같은 반응이었다.

2004년 이라크에서 자원봉사를 하다 납치된 인질 3명이 풀려나 일본 공항에 도착하자 '세금도둑'이라는 플래카드를 든 시위대가 기다리고 있었다. 위험지역에 스스로 찾아가 인질이 돼 국가에 폐를 끼쳤다는 이유에서다. 일본 정부는 항공료는 물론 버스 요금까지 청구했다. 인질은 물론 가족까지 비난받았다. 당시 프랑스 〈르몽드〉지는 "해외에서 자원봉사하다 인질이 된 젊은이를 자랑스러워하기는커녕 무책임만 강조하고 비용까지 청구했다"고 비판했다.

"인질로 잡힌 건 自己 책임"이라던 日여론, 언론인 희생에 돌아섰다"
(〈조선일보〉, 2015. 2. 3, A8면)

일본에서 지진과 같은 재해로 인해 가족 중 누군가 죽었을 때 부모가 TV 앞에서 고개 숙이며 '고맙습니다', '죄송합니다'를 연발하는 모습은 일본에서 자주 볼 수 있는 장면이다. 재해 현장에서 사망자를 수습하는데 자기 아들의 시신이 나오면 시신을 붙잡고 오열하는 모습이 아니다. 시신을 앞에 두고 주변의 소방대원들에게 고개를 깊이 숙이고 '죄송합니다'를 외치는 아버지의 모습은 숙연하기까지 하다. '안의 세계'에서 메이와쿠 의식은 개인의 슬픔보다 우선하는 힘인 셈이다.

남에게 피해를 안 끼쳐도
'와'의 훼손이면 메이와쿠

메이와쿠는 주변에 피해를 끼치는 행동만을 의미하는 게 아니다. 정해진 룰을 지키지 않는 행위는 그것이 실제 메이와쿠를 끼치는지 여부와 상관없이 메이와쿠다. 한국을 포함한 다른 나라 사람들도 주위에 불편을 끼치지 않으려고 노력한다. 하지만 남에게 불편을 초래하지 않는다면, 나의 편함을 추구하는 게 메이와쿠라고 생각하지 않는다. 일본은 어떨까?

도쿄 지요다 구에 있는 히비야 도서문화관의 4층 열람실에서 책을 읽을 때의 일이다. 이용자가 별로 없어 열람실은 텅텅 비어 있었고 읽을 책이 좀 많아 몇 권을 옆자리에 놓았다. 잠시 후 이를 발견한 도서관 직원이 오더니 "다른 이용자에게 메이와쿠를 주는 행위이니 옆 자리의 책을 치워 달라"며 주의를 줬다. 주변에 빈자리가 많았기 때문에 혹시 다른 이용자들이 열람실에 들어오더라도 이런 행동(옆자리에 책을 놓은 것) 탓에 불편을 겪지 않을 것이다. 하지만 일본인은 그런 행동도 메이와쿠라고 생각한다. 도서관 직원의 주의를 들으며 주변의 몇몇 일본인의 시선을 느꼈다. 주변에 떨어진 열람석을 이용하는 일본인은 자신이 손해 보는 일은 아니지만 빈자리에 책을 놓는 사람을 메이와쿠라고 여기고 불편함을 느꼈던 것이다. 이런 행동이 열람실의 '와' 상태를 훼손했다고 보기 때문이다.

일본의 메이와쿠에는 남에게 불편을 끼치는 행위는 물론 '와의 상태'를 훼손하는 모든 행위가 포함된다. 사실 '와의 상태' 훼손이 메이와쿠의 본질에 더 가깝다. 그러나 남에게 불편을 끼치는데 메이와쿠로 여겨지지 않는 행동도 있다. 일본인은 지하철의 노약자석이 비어 있으면 별다른 부담감 없이 앉는다. 메이와쿠를 끼치는 걸 끔찍이 싫어하고 룰을 철저하게 지키는 일본인에겐 의외의 모습이다. 노약자가 자리가 없어 앞에 서 있어도 별로 개의치 않고 노약자석에 그대로 앉아 있는 일본인이 적지 않다. 여기엔 메이와쿠라는 인식이 별로 없는 것이다. 그리고 '와의 세계'를 훼손한다고 보지 않기 때문이다. '와의 세계'는 누구나 평등하고 균일한 상태다. 그런데 '노약자석'은 균일하지 않은 차별적 대우인 셈인데, 이를 어긴다고 메이와쿠로 연결되지 않는다.

메이와쿠 의식의 또 다른 특징은 '균일성'이다. 일본인은 무의식에선 '남과 다르다'는 그 자체를 하나의 메이와쿠로 받아들이는 경향이 있다. 일본의 소학생은 모두 란도셀이라는 같은 디자인의 가방을 멘다. 란도셀을 메지 않으면 남과 다른 사람이 되어 메이와쿠가 된다.

한 줄 더…

개인주의를 절대악으로 설정한 일본 애니메이션

〈프리큐어〉(プリキュア)는 일본은 물론 한국 등 아시아 여러 나라의 여자 어린이에게 선풍적인 인기를 얻은 TV 애니메이션이다. 세계를 파멸로 몰고 가는 악(惡)에 맞서 소녀 전사들이 싸운다는 내용이다. 2004년 이후 무려 12개의 시리즈물이 나올 정도로 공전의 히트를 쳤다. 시리즈 중 하나인 "도키도키 프리큐어"는 8대 프리큐어 소녀 전사 5명이 이야기를 만들어간다. 여기서 소녀 전사들이 맞서 싸우는 '절대악'은 다름 아닌 '지코추'(じこちゅう·自己中: 자기중심주의 또는 개인주의)다. 예컨대 방송 기자가 유명인사의 인터뷰를 하고 싶지만 메이와쿠를 끼치면 안 되니까 엔료하며 참는데 '지코추'가 방송기자의 마음을 파고들어 거대한 괴물로 만든다. 이 괴물이 자기 마음대로 인터뷰를 요청하고 질문을 하는 식이다.

"도키도키 프리큐어"의 소녀 전사에게 현실세계의 모든 기자는 '절대악'일지 모르겠다. 기자들은 '독자의 알 권리', '시청자의 볼 권리'를 내세워 누구에게나 마이크를 들이대고 껄끄러운 질문을 던지는 게 일이다. 논란의 중심에 있는 정치인이라면 집 앞에 찾아가 인터뷰를 요청하니 이만저만한 '지코추'가 아니다. 언젠가 프리큐어가 사랑의 공격으로 이런 '지코추'에서 해방시켜주면 예의바른 기자들로 탈바꿈할지 모르겠다. 인터뷰를 거절하는 이에겐 예의바르게 질문을 던지지 않고 듣기 싫은 질문은 알아서 거르는 기자들만 존재하는 사회가 정말 프리큐어가 원하는 세상일까? 사랑의 세상일까? 정답과 무관하게, 지금도 〈프리큐어〉는 일본의 여자 어린이들에게 '안의 세계'의 원칙인 엔료와 메이와쿠 의식을 조용히 가르친다.

'스미마셍'의 화법

일본인이 하루에도 수십 번 이상 쓰는 말이 "스미마셍"(すみません)이다. 통상 '죄송합니다'(I'm sorry)로 번역된다. 하지만 일본인은 남의 집에 들어갈 때도 '스미마셍'이고, 선물을 받을 때도 '스미마셍'이다. 길을 가다 누군가와 부딪쳐도 '스미마셍'이다. 미나토 구의 한 돈부리집 주인아줌마는 계산대에서 돈을 받으면서 '스미마셍'이라고 말한다. '스

미마셍'은 엔료와 메이와쿠 의식을 대표하는 표현인데 외국인이 이해하기 어려운 단어다.

그 어원은 '澄'(맑을 징)이다. 일본어 원광사전에 따르면 스미마셍에서 스미는 '스무'(澄む)가 어원이다. 흙탕물을 휘저으면 시간이 경과함에 따라 침전되어 물이 깨끗하고 맑아진다. '맑은 상태의 마음이 맑지 않은 상태'가 스미마셍의 어원이다. 다른 사람에게서 은혜를 입으면 마음이 휘저어져 탁한 상태가 된다. 언제까지나 마음이 맑아지지 않고 안정하지 않은 상태가 '스미마셍'이다. 즉, '고마움의 탁함'이 오랫동안 마음에 있다는 설명이 된다. 돈부리 식당 주인아줌마는 "돈을 받아 그 고마움이 언제까지나 가라앉지 않고 마음에 담겨 있다"는 뜻으로 '스미마셍'이라 말한 셈이다. 몇 번 가면서 얼굴을 기억하자 "이츠모 스미마셍네"(언제나 미안하다)고 말했다.

일본인은 '안의 세계'의 다른 균일한 다수와 함께 살면서 서로 접촉할 때마다 '스미마셍'의 마음가짐을 갖는다. 균일한 다수를 대할 때 이렇게 항상 '스미마셍'하는 태도가 바로 엔료와 메이와쿠 의식인 셈이다.

란도셀과 균일성

일본인은 사회를 배우는 첫 번째 입구인 소학교에 모두 똑같은 가방을 메고 들어간다. '란도셀'이다. 천연가죽이나 인조가죽을 이용해 수작업으로 만들며, 1백 개 정도의 부품으로 견고하게 만든 가방이다. 일곱 살짜리 소학교 1학년이 들기엔 조금 커 보이는 가방이다. 게다가 매우 비싸서 대략 3만 엔(약 30만 원) 정도 상품이 흔하며 비싼 제품은 수십만 엔에 달한다. 대개 할아버지나 할머니가 손자의 입학을 축하하는 의미로 선물해주곤 한다.

게이오대학 방문연구원 1년짜리 단기연수로 일본에 오기 전, 딸이 마침 1학년이 될 나이여서 일본 소학교의 교감선생님과 이메일로 상담을 했다. 일본 소학생은 모두 란도셀을 멘다는 사실을 아는 터여서 교감선생님에게 물었더니 "대부분 란도셀을 쓰긴 하는데 강제도 아니니까 편한 대로 하셔도 된다"고 했다. 걱정이 앞서서 "그래도 다들 란도셀을 메면 우리도 란도셀을 준비하겠다. 남들과 다르게 튀어보이게 하고 싶지 않다"고 재차 물었으나, 교감선생님은 "1년만 있다 갈 텐데 란도셀은 조금 비싸니 그럴 필요까지는 없다"고 했다. 이에 안심하고 신경 쓰지 않았다.

그런데 일본에 와서 입학식을 준비하는데 조금 이상했다. 아는 일본인 후배에게 물어봤더니 "안 된다. 꼭 란도셀을 사야 한다. 아마 혼자만 란도셀이 아닐 거다. 가뜩이나 외국인이라서 일본 친구들이 '다르다'고 느낄 텐데. 달라선 안 된다. 란도셀을 사는데 색은 빨간색으로 골라라. 남자는 검정색이고 여자는 빨간색이다"라고 말했다. 그 후배는 '이지메'라는 단어가 입가에서 맴돌았을 테지만 거기까진 말하지 않았다.

눈〔目〕이 지배하는 '안의 세계'인 교실에서 '남과 다르다'는 것은 메이와쿠다. '안의 세계'에서의 배제 그러니까, '1:다' 세계에서 '균일한 다'의 일원에서 배제된다는 뜻이다. 이지메는 배제된 인간에게 주어지는 독특한 환경이다. 이지메는 대상을 괴롭힌다기보다 말을 걸지도 하지도 않으며 같은 동료로 인정하지 않는 형태가 일반적이다.

서둘러 주변의 백화점과 인터넷을 뒤졌지만 이미 3월에는 란도셀 판매가 끝난 시점이었다. 겨우 물어서 한두 곳을 찾았는데, 문제는 '빨간색' 란도셀이 없었다. 어쩔 수 없이 빨간색 느낌이 매우 강한 '진한 핑크' 란도셀을 샀다. 입학식 날 모든 소학생이 란도셀을 메고 왔다. 란도셀을 메지 않은 학생은 전무했다. '일본 소학생은 란도셀을 멘다'고 했을 때 외국인은 으레 '꽤 많은 소학생이 란도셀을 메고, 10명 중 7~8명 정도 메나 보다'라고 지레짐작한다. 그렇지 않다. '모두'다. 란도셀을 메지 않는 곳은 일부 사립 소학교뿐이다. 입학시험을 치고 비싼 수업료를 내는 사립 소학교에선 아이들에게 교복을 입히고, 별도의 전용 가방을 만들어 메게 한다. 결국 '안의 세계'는 균일하고 똑같아야 한다는 일본인의 발상이 유지된다.

다행히 여자 아이가 빨간색 란도셀이 아닌 것은 문제가 되지 않았다. 갈색 란도셀을 멘 여자 아이도 있었다. 후배는 "우리 때는 모두 검정색과 빨간색이었는데 그건 조금 자유로워진 것 같아 다행이다"고 했다. 소학교의 학부형 아줌마는 "도쿄에선 지역에 따라 여전히 란도셀 색에 민감한 곳도 있다"고 전했다. 60대 일본인에게 물었더니 "우리 땐 책가방도 그렇고 필통, 책받침 등도 모두 같은 것을 썼다"고 했다. "학교에서 기본적인 학용품을 지급하는데 자신이 좀 부유하다고 좋은 학용품을 쓰면 교실 분위기가 안 좋지 않겠냐. 그래서 그땐 모두 같은 것을 썼는데 이젠 그런 부분은 별로 크게 개의치 않는 모양이더라"라고 했다.

란도셀 …
남과 달라선 안 되는 '와'

란도셀은 '안의 세계 구성원은 모두 똑같아야 한다'는 '균일론'을 바탕에 깔고 있다. 덴노 일가가 다니는 것으로 유명한 가쿠슈인 소학교가 시발점이다. 가쿠슈인 소학교는 1885년 '교육의 장은 평등해야 한다'는 이념으로 모범적인 관립 소학교의 사례로 만들어졌다. 1887년 일본의 초대 총리인 이토 히로부미(한국인에겐 한국을 강제 병합하고 침략에 앞장서다 안중근 열사에게 살해된 인물이지만, 일본에선 메이지유신 이후 일본의 근대화를 이끈 우국지사로 평가받는다)가 당시 소학생이었던 황태자에게 일본제국 육군 보병이 쓰는 견고한 가방을 선물했다. 일본의 전쟁을 배경으로 한 영화나 드라마에서 소총을 들고 등에는 가방을 메고 전장을 뛰어다니는 육군 보병의 모습이 보이는데 이때 보병용 가방이 바로 란도셀의 시초다. 란도셀의 어원은 네덜란드어의 'ransel'에서 유래했다.
　이후 란도셀이 일본 전역으로 퍼져나갔고 지금은 균일한 소학생의 상징이다. 한 해 소학교 입학생이 1백만 명 정도인데 란도셀의 평균 판매가는 대략 3만 엔, 시장 전체 규모는 3백억 엔대다. 고가의 학비를 내는 사립 소학교나 일부 지역 혹은 특수한 사정이 있는 경우 란도셀을 안 메는 경우도 있지만, 일부 예외 상황을 빼면 일본 소학교에선 거의 란도셀을 멘다고 볼 수 있다. 란도셀의 색은 앞에서 일본인 후배가 이야기한대로 2000년 이전까지만 해도 남자는 검정색, 여자는 빨간색이었다. 이외에 핑크, 파란색, 갈색 등 여러 가지 색의 란도셀이 있었지만 거의 팔리지 않았고, 2000년대 들어와서야 점차 색의 획일성이 사라졌다.

일본의 교통안전협회에선 어린이들의 교통안전을 위해 입학생을 위해 해당 지역이 적힌 노란색의 란도셀 커버를 선물하며, 1학년들은 1년 동안 이것을 란도셀에 씌워야 한다. 멀리서도 노란 커버의 란도셀을 보면 1학년이란 걸 알 수 있다. 반대로 이야기하자면 교통안전협회 입장에선 모든 입학생이 란도셀을 멘다는 사실을 매우 의심할 여지없이 받아들이고 이런 선물을 준비하는 것이다.

귀국자녀들의
균일론

'안의 세계'의 구성원은 모두 균일해야 한다는 일본인의 믿음은 곳곳에 묻어 있다. 외국인은 때때로 이를 이해할 수 없는 획일성으로 보지만, 일본인 스스로는 획일화가 아닌 균일하고 평등한 모습으로 여긴다. 즉, 인공적으로 잘 조화롭게 이뤄진 '와의 세계'인 것이다. 일본인은 소학교 입학과 함께 부유하든 빈곤하든 상관없이 모두 같은 디자인의 가방을 메고 교실에 와서 같은 식사(소학교 입학과 동시에 급식이 시작된다)를 하고, 크게 편차가 안 나는 노트와 필통으로 공부하며, 체육 시간에는 운동복을 입는다. 균일(均一)이 '차'(差)의 의식이 커지는 걸 막는 분위기 속에서 소학생은 '안의 세계'에서 각각의 눈〔目〕으로 살아가는 훈련을 시작한다.

남과 다른 것은 이질적인 것으로 여겨져 종종 배제되는 일이 발생하기도 한다. 예컨대 '영어를 쓴다'는 것은 '안의 세계'에서 '다르다'로 여겨질 수 있다. 일본에선 한때 귀국자녀(부모를 따라 외국에 나갔다가 일본 학교에 돌아온 학생)에 대한 이지메가 사회 문제가 된 적이 있다. 일본의 학생들에겐 이들은 남과 달랐기 때문이다. '안의 세계'에서 균일하지 않은 다른 것은 메이와쿠 또는 엔료하지 않고 잘난 체 하는 행동으로 비춰질 수 있기 때문이다. 현재는 30대 중반인 귀국자녀 출신의 회사원은 "일본에 돌아온 뒤, 어머니는 나에게 영어를 쓰면 안 된다고 몇 번이고 주의를 줬다"며 "란도셀의 색부터 입는 옷까지 귀국자녀인 나를 일본 학생들과 똑같이 하기 위해 많이 노력했다"고 말했다.

'균일성' 의식은 일본 사회의 어느 곳을 둘러봐도 쉽게 찾을 수 있다. 친한 친구 둘이 점심을 먹고 자신의 몫을 따로 지불하는 '와리깡'(割り勘)도 한 예다. 지위, 연령, 빈부 등과 무관하게 와리깡은 일본에서 기본적인 사교 원칙이다. 일본의 레스토랑은 여러 명이 함께 식사를 해도 각각 계산해주는 것이 관행이다. 기준 '1'과 똑같은 거리를 유지하는 일원이란 인식에서 와리깡은 당연하다. 일본의 자동판매기는 500엔 동전을 넣고 130엔짜리 음료수를 구입하면 곧바로 잔돈이 나온다. 대부분의 자동판매기가 그렇다. 500엔을 넣고 두 개를 산다는 발상 자체가 설

계자에게 없는 것이다. 와리깡과 같은 맥락이다.

1980년대까지 일본 경제의 상징과 같았던 연공서열은 균일론의 한 측면이다. 같은 회사 직원이면 모두가 균일하게 차근차근 승진하고 올라가야지 능력 있다고 더 빨리 가선 안 되고 똑같이 가야 한다는 의식이 연공서열이다. 상사의 모자란 부분은 부하직원이 메워서 실력을 균일하게 만드는 방식으로, 부서가 조화롭게 움직여야지 부하직원이 상사를 누르고 올라서선 안 된다는 정서다.

균일성의 일본 소비자 ⋯
집단주의적인 소비와 유행

균일성은 주변에 나를 맞추려는 의식과 남과 같은 행동을 취하는 형태로 나타난다. 이런 집단주의적 성향은 일본 소비자를 쉽게 남의 영향을 받도록 만든다. 다른 사람이 사는 것을 자신도 사야 안심이 되는 심리다. 이러한 균일성과 함께 일본인에게 절대적인 옳고 그름의 규범의식이 약하다는 점도 일본 소비자를 유행에 민감하게 만든다. 일본인에게 옳은 행동이란 '안의 세계'의 입장에서 사물을 보고 판단해 '안의 세계'를 보호하는 것이다. 옳은 행동은 상황과 시점에 따라 변화하며 상대적이란 뜻이다. 일본 소비자는 주변의 공기 변화에 민감하며 그만큼 유행에도 민감하다.

하지만 유행에 민감하다는 게 통상적으로 다른 나라에서의 민감함과는 조금 다르다. 다른 나라의 경우 유행에 민감한 소비자는 남과는 다른 한발 앞선 선택을 원한다. 튀는 선택이 유행의 선도자이기 때문이다. 일본은 조금 다르다.

　동그란 원에서 서로 기준 '1'을 향해 다가가듯 서로 보조를 맞춰 유행을 따라가는 행태가 일본 유행이다. 남과 튀는 선택은 유행의 선도가 아니라 남과 다른 위험한 판단이다. 앞에서 언급한 란도셀의 경우 지금은 색에 대한 강제는 없어졌지만, 여전히 도쿄 일부 소학교에선 남자는 검정색, 여자는 빨간색이란 인식이 남아 있다. 1960년대까지만 해도 검정색과 빨간색 이외엔 핑크색 란도셀도 거의 팔리지 않았다고 한다. 갈색, 핑크, 파란색 등 다른 색이 조금씩 팔리기 시작한 건 2000년 이후의 일이다. 란도셀 색의 유행은 남과 보조를 맞춰 진행하는 것으로 남과 다른 색을 택하는 행동은 유행 선도가 아니라 남과 다른 행동일 뿐이다. 즉, 일본의 유행은 남들보다 앞서가기 위한 게 아닌 남과 같은 속도로 나가기 위한 소비 행위다. 세상의 흐름과 같은 템포를 유지하며 뒤처지지 않는 게 소비자들이 바라보는 유행이다. 일본인이 인기 있는 가게에 줄을 서는 것도 같은 맥락이다.

한정판에 목맨 일본인 …
도쿄역 개업 100주년 기념 수이카 사건

그렇다면 균일성의 세계를 사는 일본인은 남과 다르고 싶은 과시욕을 어떻게 소비할까? 이른바 한정판에 대한 과도한 구매욕이 다른 나라의 유행 소비욕과 닮았다. 도쿄역 개업 100주년 기념 수이카(Suica) 폭동 사건이 단적인 사례다. 사건의 발단은 JR동일본이 도쿄역 개업 100주년을 기념해 100주년 기념 지하철 패스권인 수이카를 판매했다. 2천 엔짜리 1만 5천 장을 1인당 3장씩 선착순 판매하기로 했다. 일반 지하철 패스의 다른 기능은 모두 똑같고 디자인만 달랐다. 2014년 12월 20일이 판매일이었는데 판매일 전날 점심부터 도쿄역에 사람들이 줄을 서기 시작했고, 20일 새벽 4시엔 1천 5백 명이나 줄을 섰다. 판매는 당초 예정된 8시보다 앞당겨 7시 14분에 시작되었다. 하지만 벌써 9천 명이 8백 m가 넘는 긴 줄을 섰고 우왕좌왕하면서 사고 위험성이 있다고 판단해 JR동일본 측은 9시 40분에 판매를 중지했다. 이렇게 되자 구매를 못한 일본인이 역내로 들어와 소란을 피웠고 일부 집기를 파손했다. 이날 오후엔 인터넷에서 2천 엔짜리 기념 수이카가 10만 엔으로 올라왔다.

이날 폭동과 같이 일본인이 소란을 피운 이유는 룰을 지켰는데 손해를 보았기 때문이다. JR동일본 측은 당초 철야를 해서 줄을 서지 말 것을 포스터에 기재했다. 그런데 이를 지켜 첫차를 타고 온 사람들은 아무도 기념 수이카를 사지 못했다. 룰을 어긴 철야족에 주의를 주고 판매하지 말아야 할 JR동일본이 오히려 이들에게 유리한 행동을 한데 불만이 컸던 탓이다. 룰을 지킨 사람이 손해 보는 것을 용납할 수 없었던 것이다.

이 사건은 일본인이 얼마나 한정판에 집착하는가를 보여주는 사례다. 일본인은 이렇게 자기만의 수집품이나 한정판을 모으는 경우가 적지 않다. 남과 다른 소비에 대한 욕구를 이런 방식으로 해소하는 것으로 볼 수 있다.

사회주의와
역평등주의

세계 경제계에서 '미스터(Mr.) 엔'으로 불리는 사카키바라 에이스케 전 (前) 대장성 재무관이 일본 경제를 '사회주의적 시스템'이라 정의하며 개인의 능력차를 인정하지 않는 역평등주의라고 지적하는 것도 이와 무관하지 않다.

차이보다는 균일을 강조하는 사회가 강화되면서 개인 능력차에 따른 차별이 당연시되는 글로벌 경쟁에서도 균일성의 논리가 작용하기 때문이다. 일본의 전후 풍요는 사회 전체에 충분한 부(富)를 공급했으며, 이는 '1:다' 구조에서 균일한 다수를 만드는 물질적 토대가 됐으며 '와의 세계'를 만드는 데 크게 기여했다. 하지만 '잃어버린 20년'으로 일컬어지는 성장의 정체기에 접어들면서 공급할 부(富)가 부족한 현상이 나타났다. 사카키바라는 이를 역평등주의라고 주장하며 타파의 대상이라 했다. 공급할 부의 감소가 인공적인 '와의 세계'에 균열을 만드는 요인이 된 것도 사실이다.

일본 사람들은 예나 지금이나 계층의 상하, 신분의 차이에 상관없이 공통의 생활 철학을 갖고 있으며, 어딜 가나 서로들 공통의 화제(話題)에 궁하지 않다. 따라서 일본 사람은 누굴 붙잡고 말을 해도 어쩌면 그렇게 획일적인 사고방식과 행동양식으로 규제(規制)되어 있는가 싶을 정도로 일본인 공유(共有)의 특성을 지니고 있다. 작년 여름 경협(經協) 문제로 방일(訪日)했던 이범석(李範錫) 외무장관도 여야(與野)를 막론하고 일본인의 말이 이구동성(異口同聲)인 데 놀랐다고 말했지만, 그만큼 일본인은 일본 이외의 세계에 대해 자폐적(自閉的)이고 획일적(劃一的)이다. 그것은 결과적으로는 민중을 획일적으로, 일정 방향으로 몰고 가는 공산주의자들의 끊임없는 학습과 훈련의 소산 같기도 하다. 하지만 결정적으로 다른 것은 일본인에게는 공산주의적 이데올로기나 조직 또는 계획에 의한 강제가 작용되지 않는 데도 공산주의 사회와도 비슷한 매스 엑스터시(대중망아: 大衆忘我)적 사회 성향이 늘 존재하고 있다는 사실이다.

"克日의 길 日本을 알자 시리즈 1회: 日本中心주의 …
'東洋제일' '世界최고'의 우월감"
(〈조선일보〉, 1983. 1. 1)

'안의 세계'에서 '와'의 질서를 추구하는 일본인의 모습은 외부인에겐 자폐적이며, 획일적으로 보일 수 있다. 우려스런 대목은 '안의 세계'에서 균일한 삶의 태도를 추구하는 일본인이 외부, '밖의 세계'와 충돌할 때다. 앞에서 말한 바와 같이 공산주의 사회와도 비슷한 매스 엑스터시적 사회성향으로 모두 집단 최면에 걸려 일사불란하게 외부 세계와 충돌 일변도로 흐를 가능성을 배제할 수 없기 때문이다.

혼네와 다테마에에 대한 오해

일본 니혼 TV의 프로그램 〈네브와 이모토의 세계 순위 정하기〉(ネブ&イモトの世界番付け)의 2013년 3월 15일 방송이 논란을 일으켰다. 이 프로그램에서는 '거짓말 잘 하는 나라 순위'를 발표했다. "당신은 거짓말을 자주 합니까?"라는 질문을 39개국의 3천 9백 명에게 물어보고 그 비율로 순위를 매겼다. 1위는 페루(38. 1%), 2위는 아르헨티나(33. 6%), 3위는 멕시코(32. 7%) 등 남미권이 독식했다. 여기에 일본이 31. 8%로 4위에 올랐다.

남미권을 제외하면 일본이 가장 거짓말 잘 하는 나라가 된 셈이다. 버라이어티 프로그램이기 때문에 웃으면서 넘어가고 논란거리가 되지도 못할 내용이다. 그러나 한국이 15위(20%)로 '거짓말을 잘 안 하는 나라'로 나오면서 시청자 반응은 조금 달라졌다. '근면성실한 일본인'이란 일본의 정서가 다쳤다. 웃자는 프로그램인데 이후 시청자 반응은 조사가 잘못되었다는 식의 공격이 적지 않았다.

일본의 사고 및 행동방식을 거론할 때 가장 먼저 나오는 용어가 '혼네'(本音: 속마음)와 '다테마에'(建前: 드러내는 행동과 말)이다. 니혼 TV의 조사결과는 혼네와 다테마에에 영향을 받았을 것이다. 세계인들은 겉과 속이 다른 일본인을 묘사할 때 흔히 혼네와 다테마에로 설명하고 이해한다. 하지만 일본인의 의식에서 다테마에는 단순히 속마음을 숨긴 거짓말이나 거짓 행동과는 다르다.

다테마에는 속마음을 숨긴 거짓말이 아니라
혼네를 전달하는 '와'의 대화법

다테마에는 '안의 세계'가 옳다고 인정한 말과 행동을 따라가는 자세로 즉 메센의 표현 방식이다. '안의 세계'에선 주변에 자신과 균등한 다른 다수와 불화 없이 살아가야 하며, 이를 서로의 눈〔目〕으로 주시하다가, 이를 어긴 이를 발견하면 '안의 세계'에서 배제시킨다. 이런 눈〔目〕의 지배가 만든 행동 방식이 엔료와 메이와쿠다.

다테마에는 이러한 '안의 세계'를 따르는 삶이다. 앞에서 말한 동일본대지진 당시 다들 상대방을 먼저 먹으라며 우동을 양보한 게 그렇다. 남을 위해 내 몫을 엔료하는 행동이자, 내가 먹으면 먹고 싶은 다른 사람이 못 먹으니 메이와쿠를 끼치는 것이라는 생각이 깔려 있다. 물론 이는 공간을 지배하는 다른 사람의 눈〔目〕을 의식한 것이며, 냉큼 먼저 엔료 없이 먹었다가는 다른 이들로부터 배제당할 것이란 두려움에 따른 것이다. 예컨대 다테마에는 '먹고 싶다'는 혼네를 숨기고 '먼저 드세요'라고 말하는, 드러난 행동이다.

일본에 사는 한국인 엄마의 이야기다. 한 일본인 엄마가 길에서 마주칠 때마다 "다음에 같이 밥 먹자"거나 "다음에 차 한잔 하자"고 먼저 권해서 그때마다 "그렇게 하자"고 답을 했지만 더는 진전이 없었다. 한 번은 "전 괜찮으니까 언제가 편한지 시간 정해서 연락 달라"고 말했다. 하지만 연락은 없었다. 다테마에였던 것이다.

흔히 외국인의 시각에서 일본인과 만난 뒤 혼네와 다테마에가 다른 경우에 대한 불만이 많다. 한 한국의 중소기업 사장은 일본 대기업과 납품을 위해 회의를 가진 뒤 그쪽 담당자가 "제품이 괜찮긴 한데 지금 당장 뭐라 말하기 어렵습니다. 다음에 다시 보시죠"라는 말을 듣고, 한 달 넘게 연락을 기다리다가 "왜 전화를 안 주냐"고 했더니 그쪽 담당자가 매우 당혹해했다고 한다. 그쪽 담당자는 그날 회의에서 자신이 거절했다 생각했고, 한국의 중소기업 사장은 '다음에 보자'고 들었으니 추가로 검토해서 연락 준다는 뜻으로 받아들인 것이다. 일본인이 거절을 할 때 직접적으로 'No' 하지 않고 돌려서 말하는 것도 다테마에다. 일종의 상대를 배려한 거절 방식인 것이다. 말하자면 '안의 세계'에서 '와'의 대화법이다. 즉, 혼네를 남에게 메이와쿠를 끼치지 않고 드러내는 방식이 다테마에란 뜻이다.

예컨대 지인의 집에 놀러갔을 때 "커피를 내 올까요"라고 했을 때 "괜찮습니다. 신경 쓰지 마세요"라고 거절하는 건 엔료하는 행동이다. 그런데도 "금방 내올 수 있으니까 가져올게요" 하는 말 또한 '엔료하는 행동'이다. 상대방이 마시고 싶은데 집주인이 귀찮을까 봐 엔료하는 말을 했다 생각하고 다시 권하는 행동이기 때문이다. 그러나 정말 차를 마실 생각이 없다면 "방금 커피를 마시고 와서요. 정말 괜찮습니다"라고 답하면 된다. 그럼 상대방은 혼네를 이해하고 차를 내오지 않는다. 경우에 따라선 다시 한 번 "그럼 (커피 말고) 차를 내 올까요"라고 권하기도 한다. 그러면 웃으면서 "괜찮습니다"라고 하면 된다.

이런 반복을 통해 안의 질서를 충실하게 따르는 구성원으로 인정받는 셈이다. 냉큼 받거나, 한 번 엔료했다고 두 번째 권하지 않으면 메이와쿠에 해당하는 행동이다.

다테마에와 혼네의 관계를 서로 정반대의 경우만을 상정하기 쉽지만 일본 '안의 세계'에선 이 같은 다테마에의 반복을 통해 혼네를 주고받는다. 중요한 대목은 혼네를 숨기기 위해 다테마에를 거짓으로 꾸미는 경우는 그런 경우도 물론 있을 수 있지만 오히려 흔치 않은 경우라는 것이다. 대부분은 혼네를 가장 조화롭게 상대방에게 전달하기 위한 방법이 다테마에이다.

무례한
다테마에

다테마에에는 중요한 함의가 숨겨져 있다. 다테마에는 메센을 담고 있다. 다테마에는 항상 '예의바른 행동'이라는 믿음이 강하지만 그렇지는 않다. 다테마에는 엔료와 메이와쿠의 의식을 담기 때문에 남에게 피해를 주지 않고 배려하는 예의바른 행동으로 보이지만, 엔료할 필요가 없는 대상이나, 메이와쿠를 끼쳐도 무관한 사람에겐 다테마에가 무례해질 수도 있다.

한 대학교 1학년생 A에게 중학교 당시 이지메 경험을 들었는데 이는 이지메의 일반적 사례다. 친구 B가 이유 없이 이지메 대상이 되었고 교실의 모두가 B를 무시하고 대화하지 않았다. 보다 못해 A가 B편에 서서 B와 대화를 했고 친구들에게 이지메를 풀 것을 요구했다. 그러자 이번엔 A가 이지메의 대상이 됐고, B에 대한 이지메는 풀렸다. 하지만 이지메가 풀린 B는 A와의 대화를 거부하고 무시했다.

부모가 이 사실을 알고 담임선생님과 상담했을 때 돌아온 답은 "따님은 정신적으로 강한 학생이고 학급 친구들의 무시(대화하지 않는 상태)를 충분히 견딜 수 있으니 가만히 시간을 보내는 게 가장 좋은 방법입니다"라고 했다는 것이다. 충고대로 가만히 참았고 3~4개월이 지나자 이지메도 소멸됐다.

교실에서 이지메가 발생했을 때 이지메 대상과 대화를 하지 않는 게 메센이고 이를 깨는 행위는 메이와쿠다. 이때 다테마에는 이지메 대상을 무시하거나 비하하는 말을 하는 것이다. 즉, 다테마에가 항상 예의 바른 행동은 아닌 셈이다. B도 이지메 상태인 자신에게 말을 걸어준 A가 고마웠을 것이다. 하지만 그런 혼네에도 B는 메센에 따라 이지메 대상이 된 A를 무시했다. 다테마에는 '안의 세계'가 향하는 방향과 행동지침인 메센에 충실하게 따르는 표현 방식이다.

최악의 사례여서 언급하기 조금 과하지만 관동대지진 당시 조선인 학살 사건을 이런 관점에서 보면 해석이 가능하다. 예의바른 일본인(군인이 아닌 민간인)이 어떻게 갑자기 죽창을 들고 조선인(조센징, 현재의 한국인)을 색출해 이유 없이 두들겨 패고 6천 명 이상을 죽이는 사건이 가능했을까? 차 한잔 마실 때도 그런 번거로운 권유와 거절을 반복하는 일본인이 말이다.

관동대지진으로 '안의 세계'의 다수가 일제히 입은 피해는 '안의 세계'를 흔드는 나쁜 행동이었다. 일부만 죽는 '나만의 피해'였다면 균일한 개개인은 "내 피해를 떠벌리면 이는 '안의 세계'에 대한 메이와쿠"라며 분노의 표출을 엔료했을 것이다. 하지만 '나만의 피해'가 아닌 '안의 세계'가 인정한 다수의 피해이자, '안의 세계'의 피해였기 때문에 균일한

다수는 일제히 분노를 표출했다. 물론 분노가 '지진을 일으킨 자연'을 향할 순 없는 노릇이다. 대체재가 필요했다. 그 분노는 결국 '안의 세계'에서 배제된 존재를 향했다. 그것이 당시 도쿄에 거주하던 조선인이었다. 당시 조선은 일본의 일부였기 때문에 조선인도 엄연한 일본 국적이었지만 일본 '안의 세계'에선 배제된 이들이었다. 그리고 '조선인이 우물에 독을 넣는다'는 식의 유언비어가 퍼졌다. 조선인은 나쁘므로 이를 처단해야 한다는 메센이 굳어졌다. 6천 6백 명에 달하는 조선인이 전장의 군인이 아닌 일본인 이웃에게 살해당했다. 당시 '조선인을 죽여야 한다'는 하나의 메센이었으며, 이를 따른 조선인 살해는 다테마에였다. 다테마에의 광기(狂氣)다.

다테마에는 메센을 따르는 행동이다. 일부 일본인은 '왜 조선인을 죽여야 하지?'라는 의문을 품었을 것이다. 하지만 이런 혼네를 숨기고 다테마에로 조선인 살해에 직·간접으로 참여했거나 묵인했을 것이다. 문제 제기를 한다면 자신도 '안의 세계'에서 배제돼 조선인과 같은 처지가 될지 모른다는 공포가 있었을 것이다.

다테마에는
메센이 바뀌지 않는 한 지속된다

관동대지진 당시 조선인 대학살이 '혼네의 폭주'라는 설명도 있다. 조선인을 싫어하던 혼네를 예의바른 다테마에가 눌렀는데, 대지진을 계기로 혼네가 폭주해서 뛰쳐나왔다는 식이다. 혼네와 다테마에가 다르다는 전제에선 이런 해석도 가능하다.

하지만 이는 '혼네의 폭주'가 일시적이고 순간적이란 의미를 내재한다. 냉정을 찾은 일본인은 다시 다테마에의 예의바른 모습으로 돌아올 것이란 기대가 깔려 있다.

　하지만 다테마에가 '안의 세계'가 택한 메센이라면 해석이 달라진다. 대부분의 경우 다수의 혼네가 모여서 메센을 이루기 때문에 혼네와 다테마에는 일치히는 경우가 많다. 메센과 다른 생각을 하는 소수는 혼네를 감추고 메센을 따르는 다테마에를 택한다. '안의 세계'에서 배제된 사람에 대한 공격은 끊임없고 지속적이다. 공격의 성격이나 과격성이 달라지긴 하지만 배척하고 적의를 드러내는 데는 다를 게 없다. 이지메도 마찬가지다. 한 번 대상이 되면 이것이 해제될 때까지 '이지메의 상태'가 지속된다. 대상을 괴롭히고 무시하는 행동은 다테마에다.

　지금까지 극단적인 사례를 들었지만 대부분의 경우 다테마에가 그같이 잔인하지는 않다. '안의 세계'에서 배제된 사람을 향한 행동은 대개 무시와 경멸 정도에 그친다. 그들은 이미 '안의 세계'를 위협할 만한 힘을 갖지 않아 위협이 아니기 때문이다. 배제는 '안의 세계'를 보호하기 위한 조치다. 위협의 대상이 아니면 굳이 정도를 벗어난 공격을 할 필요는 없다.

　일본의 학교에서 기업에까지 폭넓게 벌어지는 이지메는 대부분 일상적이며 폭력적이지 않다. 단지 '안의 세계'에 배제됐다는 상실감과 주변의 눈〔目〕이 보여주는 무시에 따른 공포와 억압에 대한 피로감이 크다. 관동대지진의 조선인 대학살은 '안의 세계' 전체가 피해를 당해 내부의 분노가 축적된 데다, 조선인을 '안의 세계'를 위협할 '전'(戰)으로 인식했기 때문에 잔인한 메센과 다테마에가 형성된 것이다. 하지만 이를 '혼네의 폭주'라는 식의 일시적 사건으로 치부할 수는 없다. 조선인에 대한 차별의식과 그들을 위협으로 느끼는 의식이 '안의 세계'의 메셴으로 이미 존재했었고, 조선인 대학살 후에도 이런 인식은 한동안 이어졌다. 조선인에 대한 메셴 자체가 변화하지 않는 한 낮은 수준의 약한 차별(무시와 경멸의 발언)은 지속된다. 일본이란 이웃과 지내기 위해 이들의 메셴을 알아야 하는 이유다.

한 줄 더 …

일본인 죄의식의 기준은 '안의 세계'의 보호

관동대지진에서 학살을 자행하거나 방조한 일본인은 죄의식을 느낄까? 현재 일본인의 태도를 보면 침략 전쟁에 대한 사죄를 주저하듯 관동대지진의 조선인 대학살에 대해서도 사죄하는 마음은 찾기 어렵다. 일본인이 죄의식을 못 느끼는 이유는 '안의 세계'를 지키기 위한 어쩔 수 없는 선택이라고 스스로 믿기 때문이다. 그들에게 '안의 세계'를 위협하는 행위는 악이며 죄다. '안의 세계'를 지키는 모든 행위는 그 목적만으로 죄가 아닌 정당한 행위가 된다. '안의 세계'를 사는 일본인의 의식 세계는 밖의 사람들이 들여다보기엔 이해하기 어려운 저 너머에 있다.

　이지메의 역시 가해자가 죄의식이 없다는 데 큰 문제가 있다. 대상에 대한 폭력 행위가 동반되지 않고 단순히 집단으로 말을 걸지 않고 없는 사람처럼 대하는 형태가 대부분인데 이런 경우 소극적 가담자는 대상이 왜 배제되어야 하는지 이유도 모른 채 말을 걸지 않는 행위에 동참한다. 죄의식도 없다. '안의 세계'의 메셴에 따랐을 뿐이기 때문이다.

죄의식과 수치

일본론의 고전으로 꼽히는 《국화와 칼》을 쓴 루스 베네딕트는 인류를 죄의식과 수치의 문화로 나누고, 일본을 전형적인 '수치의 문화'라고 보았다. 죄의식은 남에 대한 잘못이며, 수치는 자기 스스로 느끼는 부끄러움이다. 둘은 비슷해 보이지만 전혀 다르다. 예컨대 남의 물건을 훔쳤다면 이것은 발각되든 아니든 죄가 되며, 따라서 죄의식이 동반된다. 하지만 수치는 다르다. 스스로 느끼지 않는 한 수치는 발생하지 않기 때문에 걸리지만 않으면 괜찮다는 논리가 성립된다.

일부에선 왜 일본이 군국주의 전쟁에 대해 한국과 중국에 진정한 사죄를 하지 않는가에 대한 설명으로 베네딕트의 설명을 통해 '죄의식이 없으니 사죄도 하지 않는 것'이란 시각이 있다. 하지만 그 설명에 따르더라도 일본의 전쟁은 패전함으로써 죄가 발각되었다. 발각된 죄에 대해 일본은 수치를 느껴야 한다. 물론 그들은 침략한 사실에 대한 수치를 느끼지 않고, 이기지 못하고 졌다는 패배 그 자체에 대해서만 수치를 느낀다고도 할 수 있겠다. 한국은 '태평양전쟁'의 전승국이 아니며, 일본 입장에선 한국에 패배하지 않았다는 것이다. 또 일본이 오직 태평양전쟁(대동아전쟁)의 패배에 대해서만 수치를 느끼고, 조선의 강제병

합이나 만주사변을 별개로 여긴다고도 할 수 있겠다.

한국은 태평양전쟁의 전승국이 아니었지만 중국은 상대방이면서 전승국이었기 때문에 패배에 대한 수치의 대상이다. 또 종군위안부 문제나 난징대학살과 같이 태평양전쟁 중에 벌어진 모든 사태는 패배에 대해 수치를 느낀다면 함께 거론되어야 할 사죄와 책임의 대상이다. 독일과 달리 진정한 사죄를 하지 않는 일본을 설명하기엔 《국화와 칼》만으로는 부족하다. 전후 70년이 지났어도 독일이 끊임없이 유대인에게 사죄하고 책임지는 것처럼 말이다. 독일이 프랑스와 화해했던 것처럼 왜 일본, 한국, 일본과 중국은 화해할 수 없을까?

일본 학자의 베네딕트 비판 …
일본인도 서양인처럼 똑같이 죄의식 가져

일본의 정신분석학자 도이 다케오는 1993년 그의 책 《응석의 구조》(甘えの構造)에서 일본이 수치의 문화라는 베네딕트의 주장을 두 가지 관점에서 반박한다. 하나는 베네딕트의 주장처럼 "죄의식의 문화는 내면적인 행동 규범을 중시하고, 수치의 문화는 외면적인 행동 규범을 중시한다고 할 때, 여기엔 전자가 뛰어나고 후자는 열등하다는 베네딕트의 주관이 명확하게 드러난다"는 점이다. 두 번째 문제점에 대해 "그녀(베네딕트)는 죄의식과 수치의 감정이 전혀 관계없는 것처럼 전제했는데 실제는 다르다. 왜냐면 두 의식은 동일 인물이 동시에 의식하는 감정이며 서로 매우 밀접한 관계로 보이기 때문이다. 즉, 죄를 범한 인간은 죄를 범한 자신을 부끄러워하는 것 아닌가"라고 지적했다.

또한 그는 일본인도 죄의식을 갖고 있다 전제하고 오히려 서양인의 눈에 왜 이런 일본인의 죄의식이 잘 보이지 않는지 연구해야 한다며 그 이유를 설명한다. 일본인의 죄의식은 자신이 속한 집단을 배신한다는 자각에 의해 선명하게 드러나는데, 이런 집단에 대한 배신을 서양인이 놓쳤다는 주장이다. 한발 더 나아가 서양인의 죄의식에도 실은 배신의 심리가 근저에 있지만 그들은 이를 거의 인식하지 못한다고 보았다. 이는 몇 세기에 걸쳐 그리스도교에 교화되면서 신(神)이 집단을 대체했고, 지금은 그 신이 사라지고 오직 개개인만이 중요한 대상으로 남았기 때문이라는 주장이다.

일본인의 죄의식은
통상적인 죄의식과 다르다

도이 다케오의 주장처럼 서양인의 죄의식 근저에 '집단에 대한 배신'이 있는지는 의문이다. 하지만 최소한 일본인에 한정짓는다면 그의 주장은 납득할 만한 타당성이 있다. 그의 지적처럼 죄의식과 수치는 어느한 쪽이 우월하거나 열등한 감정이 아니며, 또한 매우 밀접한 관련이 있는 감정이다. 하지만 한 가지 다른 점이 있다. 죄의식이란 개념이다. 일본을 수치가 아닌 죄의식의 문화라고 일본인이 주장할 때의 죄는 통상적인 죄의 개념과 일부 다르다.

예컨대 전철 안에서 자기 아이가 뛰어다니거나 소란을 피우면 서양의 엄마는 "공공장소에서 떠들면 안 된다"며 잘못에 대한 절대적 규범을 들어 타이른다. 일본의 엄마는 "저기 있는 아저씨가 너 쳐다보고 있어.

그러니까 조용히 앉아 있어"라고 말한다. 상대적 잣대다.

주변의 다른 사람을 폭력으로 구타하는 행위에 대해서는 죄의식을 느껴야 한다. 일본이 아닌 다른 나라(밖의 세계)에선 이는 절대적인 규범으로 죄가 된다. 하지만 도이 다케오가 설명한 일본인의 죄의식은 집단(도이 다케오는 이를 '밖'(ソト) 또는 '중간지대'(中間帶)라고 정의한다)을 배신한 행위이기 때문이다. 반대로 다른 사람을 구타한 행위가 집단을 위한 행위였다면 죄의식을 느낄 필요가 없다는 뜻이 된다. 절대적 기준이 아니라 상대적 죄의식인 셈이다.

'안의 질서'를 해치는 행위가 바로 죄다. 폭력이 아닌 일상적인 행동이 죄가 되기도 한다. 예컨대 직접적으로 다른 사람에게 피해를 주지 않더라도 그것이 '안의 질서'를 해칠 가능성이 있다면 그것은 죄다. 예컨대 란도셀을 메지 않는 행위가 죄일 수 있다. 이지메를 당하는 학생과 친하게 대화하는 행동도 그렇다. 반대로 남을 구타해도 죄의식을 안 느끼는 경우도 있다. '안의 세계'를 지키는 행위라면 정당하다. 이지메의 가해자로 참여하는 학생들이 죄의식을 안 느끼는 것은 이런 영향으로 보인다.

가미가제는 일본인의 죄의식을 살펴보기에 흥미 있는 사례다. '안의 세계'에서 볼 때 가미가제는 올바른 행위인데 이런 올바른 행위를 제대로 수행하지 못하고 살아 돌아온 조종사는 오히려 죄의식을 느낀다. 베스트셀러 작가이자 NHK의 경영위원인 하쿠타 나오키(百田尙樹)의 소설 《영원의 제로》는 가미가제에서 살아서 돌아온 전투기 조종사가 평생 느끼는 죄의식을 그린다. 이 책을 읽는 일본인 독자들이 조종사의 죄의식을 수긍하는 것도 이런 인식의 공유가 있기 때문이다. 이렇게 일본인의 죄의식은 서양의 죄의식과 다르다.

사실 가미가제는 '안의 세계'를 지키는 가장 강한 방식으로 일본인에게 추앙받는 행동이기도 하다. 재미있는 대목은 가미가제가 상부의 결정에 따른 명령으로 추진된 공격방식이라기보다는 군대라는 공간에 있는 구성원이 스스로 만든 행위라는 점이다. 적을 이기고 '안의 세계'를 지켜야 한다는 강한 메센의 압박을 받는 상황인데 전력은 열위인데다 석유 등 모든 물자가 부족한 전장의 극한상황에서 유일한 선택이었던 셈이다. 야마모토 시치헤이의 《공기의 연구》에 따르면 공기(空氣)가 만들어낸 공격방식으로 볼 수 있다.

예를 들어 가미가제(神風) 자살공격비행단에 관한 부분을 보자. 상부에서 S가 명령을 내렸는지, 누가 구체적으로 계획을 했는지에 관한 문서나 자료가 애매하거나 아예 없다. 태평양전쟁 당시 군사작전을 담당하던 덴노 직속의 군령부(軍令部) 내 일개 관장이 남긴 문서가 전부다. 문서를 요약하자면 "상부의 명령에 의해 적들의 공격을 육탄으로 섬멸할 작전이 필요하다" 정도의 내용이다. 계란으로 바위 치는 식으로 이뤄진 2,550대의 가미가제가 어떤 경로에서 탄생했고 구체적으로 어떤 작전과 체계하에 이뤄졌는지에 대한 기록은 아예 없다. (…) 2005년 NHK는 종전(終戰) 60년을 맞아 가미가제 관련 특별 프로그램을 방영했다. 누가 가미가제를 만들라고 명령했는지에 관한 기록은 역시나 없다.

유민호, 2014, 《일본내면풍경》: 29~30

'와'를 보호하기 위한 전쟁은
죄가 아니라는 의식

처음의 문제 제기였던 '일본인이 군국주의 전쟁에 대해 죄의식이 없는 이유'는 전쟁이 안의 세계를 보호하기 위한 선택이었다는 메센이 일본에 뿌리 깊게 버티고 있기 때문이다. 예컨대 "당시 조선을 합병하고 중국과 전쟁하고 미국을 공습한 이유는 잠재적 위협인 '밖의 2세계'로부터 '안의 세계'를 지키기 위함이었다", "무관심한 대상이자 시혜를 베풀어야 할 '밖의 3세계'인 동남아시아가 서양의 침탈을 당하니 이를 도와주기 위한 행동의 산물이 대동아전쟁이다"라고 스스로 애국론자라는 일본 우익들이 주장하는 것이 그것이다.

반면에 군국주의 전쟁을 부정하며 죄의식을 느껴야 한다고 주장하는 일부 일본인도 당시 군국주의가 '안의 세계'를 전쟁으로 끌고 가 수많은 일본인이 죽었으며 일본열도가 연합국군에 점령되는 등 '안의 세계'에 위협적인 행동을 했다고 인식한다. '다른 나라를 공격해 인명의 피해를 입히는 행위는 죄'라는 절대적 명제가 아닌 상대적인 죄의식이다. 한 민족이 다른 민족을 점령해 식민지로 삼는 행위가 죄라는 절대적 명제 의식이 희박한 것이다. '안의 세계'를 보호 혹은 위협하는 행위인가라는 잣대가 죄의식의 기준이다.

이런 죄의식 속에선 종군위안부조차도 '안의 세계'를 지키는 전쟁을 위한 것이었으니 정당하다는 논리가 성립된다. 종군위안부를 매춘이라고 주장하는 일본 우익의 말을 빌리자면 '매춘이라고 해도 안의 세계를 지키는 데 쓰였으니 올바른 행동'인 셈이다. "종군위안부는 독일, 프랑스, 유럽 어디에도 있었다. 전쟁 지역에는 모두 종군위안부가 있었다"

는 모미이 가쓰토 NHK 회장의 발언은 이런 죄의식에 바탕을 둔다.

서양 학자들에게 일본의 문화는 여전히 '죄의식이 없는 문화'로 보일 뿐이다. 서양인의 죄의식 개념은 절대적 기준으로서 옳고 그름의 규범이 존재하고 그 규범에 어긋난 행위를 했을 때 느끼는 감정이다. 그런 죄의식 문화는 일본에 없는 셈이다.

기준 '1'과
'권위는 있지만 권력은 없다'

서양(밖의 1세계)의 시각으로 일본은 종적 사회다. '밖의 1세계'에선 군대가 아닌 일반 기업과 관료 조직 내에서도 상명하복이 존재하는 사회가 일본이었다. 연공서열을 중시하는 일본의 기업 문화를 보면서 미국과 유럽의 기업가들은 당최 이해가 안 간다고 했었다. 최근 일본도 연공서열이 꽤나 무너졌지만 여전히 유럽·미국보다는 강하다. 태평양전쟁 당시 일본군이 보여준 강한 상명하복 역시 서양인들의 이런 인식을 갖는 데 일조했을 것이다.

게이오대학 교수들과의 대화에서 주제가 종적 사회와 횡적 사회였던 적이 있다. 관료 경력을 가진 한 교수는 "권위는 있지만 권력은 없는 게 일본이 횡적 사회란 증거"라고 말했다. 그는 "관료 사회에서도 마치 내각 대신이 마음대로 정하는 것 같지만 실은 그렇지 않다. 검토를 거듭한 실무진들의 결정이 위로 올라가면 뒤집을 수 없다. 권위는 있지만 실무진의 결정을 뒤집을 권력은 없는 것이다"고 했다.

일본 기업도 마찬가지다. 대기업의 CEO가 자신의 선택을 강하게 조직에 강제하는 경우는 거의 없다. 오히려 밑에서 검토해 올라온 방안이 힘을 갖고 기업의 방향을 정한다. CEO가 절대적인 권력을 쥐는 건 일본보다는 오히려 미국 기업의 풍토다.

횡적 사회의 특성을 지닌
일본

이어령 교수는 《축소지향의 일본인》에서 "일본이 연령 서열을 존중하는 종적인 사회라는 것은 어디까지나 서양 사회와의 비교일 뿐 동북아시아 문화권과 견주어 보면 정반대의 결론에 도달하게 될지 모른다"고 지적했다. 일본에서도 유교적 문화권에 속하는 여러 나라와 유사한 특징이 드러났을 뿐이라는 것이다.

한국인의 눈으로 보면 부모뻘 되는 윗사람과 태연하게 앉아 맞담배를 피우는 일본의 20~30대의 모습에 충격을 받는다. 연령에 대한 예우를 두고 보면 한국이 일본보다 훨씬 종적 사회에 가깝다. 친구에 대한 개념도 마찬가지다. 한국은 같은 연령이어야 친구고 한 살이라도 많으면 선배라는 인식이 적지 않다. 하지만 일본은 아니다. 일본의 토모다치는 10살이 많아도 상관없다. 서로 마음이 통하는 관계면 나이와 상관없이 친구가 되며, 또 그렇게 부른다.

'밖의 1세계'인 서양에서 바라본 일본의 종적 사회는 겉모습에 불과할지 모른다. 조직을 우선하고 개인은 한발 물러나야 하는 엔료하는 태도가 종적 사회의 특성으로 비춰졌을 것이다. '1:다'의 조직을 지키기 위해, 다(多)의 구성원이 모두 한발 물러서 주장을 낮추며 조직을 잡음 없는 조화로운 '와의 공간'으로 만드는 모습은 마치 위의 지시를 밑에서 받아들이는 것으로 보인다. 하지만 조직의 결정은 총리나 장관, CEO,

담임선생님 등 1인이 정하는 게 아니다. '1'이 정한 것을 다(多)가 무조건 따르는 구조는 아니다. '1'은 어디까지나 균형을 유지하게 위한 무게 중심일 뿐이다. 그런 의미에서 일본은 횡적 사회다.

일본 정부나 기업의 결정 방식이 '업다운'(위에서 내린 결정을 밑에 일방적으로 지시함)이 아닌 '버텀업'(밑에서 수렴한 결정을 위에서 받아들임)에 가깝다. 대표적 사례 중 하나가 메이지유신이다. 일본 사회를 송두리째 바꿔버린 메이지유신이지만 '위'의 누군가가 일본을 이렇게 바꾸자고 지시한 것이 아니다. 개혁의 공기가 확산되고 이에 동조한 인재들이 일거에 들고 일어나 막부를 무너뜨린 것이다.[1]

공간에는 수많은 눈〔目〕이 서로를 주시하면서 균형을 맞추며 이런 눈〔目〕의 상호 견제 속에 도출한 결론은 하나의 메센으로 정해진다. 앞서 설명한 시선과 메센을 적용하자면 균일한 구성원이 서로의 시선을 느끼면서 균형을 맞춘 메센, 즉 '안의 세계'가 나아갈 방향을 만드는 것이다. 이렇게 정해진 메센은 조직 내의 어떤 개인도 뒤집거나 부정할 수 없다. 이를 거부하는 행위는 메이와쿠가 되는 것이다. '균일한 다'의 일원에서 배제될 각오 없이는 이를 뒤집을 수 없다.

하지만 횡적 사회라 하기엔 너무나 일사불란하다. 메이지유신도 그렇다. 누가 행동지침을 내린 것도 아닌데 수많은 사람들이 이견 없이 같은 방향으로 힘을 응집시켰다. 힘을 응집시키는 기준은 '1'이다. 메이지유신의 경우 '1'은 덴노였다. 권력이 아닌 권위에 의한 지배다. 권위

---

1 이 책 3부 "메센 전쟁"에서 메센의 형성에 대해 설명하겠지만, 메이지유신을 이끄는 '먼저 움직이는 하나'와 같이 다수의 열망을 읽고 그들의 혼네를 대변하는 인물이나 세력이 촉매제 역할을 하며 '버텀업' 결정을 만든다.

는 바로 메센의 역할과 같은 맥락이다. '1'이 정하는 게 아니라 '균일한 다'가 '안의 세계'의 입장에 서서 사물을 보고, 다른 눈[目]을 의식하는 과정에서 공기(空氣)를 읽으면서 점차 의견 수렴이 이뤄지는 것이다. 권위는 이런 일련의 과정을 유지하는 역할을 한다. 그리고 메센을 대표하는 역할과 책임은 '1'이 진다.

앞서 사례를 든 소학교 교실이라면, '1'에 해당하는 담임선생님이 책임자다. 일본의 이지메에서 종종 담임선생님이 이를 알면서도 묵인하는 경우가 비일비재하다. 묵인은 다른 말로 바꾸자면 '공간에서 배제할 대상을 정하는 것은 30명의 눈[目]이지만 정해진 행동지침(메센)을 인정하고 받아들인 균형의 중심인 '1'이 바로 담임선생님'이란 뜻이다.

덴노는 권력자가 아닌
집단을 응집시키는 기준이자 무게 중심

결국 이지메 문제를 해결하는 데 가장 역할을 할 수 있는 존재는 '1'이다. 한계는 엄연하다. '1'이 권력으로 지시를 내려 나머지 다수를 바꿀 수는 없기 때문이다. 그럼에도 '1'이 가장 큰 잠재력이 있는 건 '와의 세계'에서 '1'은 '균일한 다'와는 다르게 배제할 수 없는 대상이기 때문이다. '1'을 부정하거나 배제하는 순간 '안의 세계'는 붕괴되고 '와'의 질서도 일단 모두 부정된다. 새로운 '1'을 찾아 '안의 세계'를 새로 구축해야 하기 때문에 다(多)가 쉽게 정할 수 없는 결정이다. 즉, '1'은 배제되지 않는 기준이기 때문에 '안의 세계'가 잘못됐을 때 이를 지적하고 바로잡을 수 있는 거의 유일한 존재인 셈이다.

일본 사회로 시야를 넓히면 일본이란 '와의 세계'에서 '1'은 덴노다. 덴노는 다른 국가나 민족의 황제나 국왕과도 다르다. 덴노는 권력자가 아니다. 예컨대 도쿠가와 막부 시대의 권력은 막부에게 있었고 덴노는 직접 권력이 없었다. 메이지유신으로 막부 체제를 붕괴하고 다시 덴노가 정치의 중심에 서서 형식적으로 최고 결정권자가 되었지만 역시 덴노가 마음대로 결정을 내리는 구조는 아니었다.

예컨대 만주사변은 덴노를 비롯한 도쿄의 결정권자들의 지시에 따라 생긴 게 아니라 관동군이 민족주의적 폭주를 하면서 터진 측면이 적지 않다. 물론 만주사변을 지지하는 일본 민족의 메센과 함께 이후 만주사변을 하나의 결정으로서 도쿄의 결정권자들이 밀고 나간 것 또한 사실이다. 덴노는 만주사변을 지시한 권력자가 아니라 '안의 세계'가 결정한 메센을 인정하고 그런 메센에 권위를 얹는 역할인 셈이다.

현대 일본에서 권력자는 내각총리이며, 덴노는 일본 정치에 직접적인 결정 권한이 없다. 하지만 덴노는 일본 2천 6백여 년의 역사에서 줄곧 '1'로서 일본인의 무게 중심이었다. '반세잇케이'(ばんせいいっけい・万世一系: 만세일계)는 일본 제국주의가 '안의 세계' 응집을 강화하기 위해 기준인 '1'을 더욱 확고하게 만들려는 의도에서 적극 활용한 개념이다. 기준 '1'이 탄탄하고 흔들리지 않을수록 집단의 응집이 더 수월하기 때문이다. 전후 미국 등 '밖의 1세계'는 덴노의 '아라히토가미'(あらひとがみ・現人神: 현인신) 지위를 박탈했다. 덴노는 1946년 1월 1일, 자신이 현인신이 아니라는 인간 선언을 했다.

짐과 그대들 국민 간 연대는 처음부터 끝까지 오직 서로에 대한 신뢰와 경애로 묶여진 것이다. 단순히 신화와 전설로 생겨난 게 아니다. 덴노를 살아 있는 신으로, 또 일본 국민이 다른 민족보다 우월하며 세계를 지배할 운명을 가졌다는 가공의 관념에 따른 것도 아니다.

朕ト爾等國民トノ間ノ紐帶ハ、終始相互ノ信賴ト敬愛トニ依リテ結バレ、單ナル神話ト伝說トニ依リテ生ゼルモノニ非ズ。天皇ヲ以テ現御神トシ、且日本國民ヲ以テ他ノ民族ニ優越セル民族ニシテ、延テ世界ヲ支配スベキ運命ヲ有ストノ架空ナル觀念ニ基クモノニモ非ズ

The ties between Us and Our people have always stood upon mutual trust and affection. They do not depend upon mere legends and myths. They are not predicated on the false conception that the Emperor is divine, and that the Japanese people are superior to other races and fated to rule the world).

쇼와 덴노가 1946년 1월 1일 발표한
"신일본건설에 관한 조서" 중 발췌

현인신임을 부정한 대목은 덴노를 현인신으로 보는 게 가공의 관념이란 해석에 따른 것이다. 직접적으로 '짐은 신이 아니다'라든가 '덴노는 신의 혈통이 아니다'라는 식이 아니다. 이 선언은 덴노가 권력과 결별하고 이후 상징적인 덴노제가 성립하는 흐름으로 이어졌다. 일본 국민의 대부분이 이를 받아들였고 혼란도 없었다(당시 여론조사에서 85%가 상징적인 덴노제를 지지했다).

덴노의 인간 선언은 '1'에게 간접적인 전쟁 책임을 물은 것이다. 패전으로 일본 제국주의 체제가 붕괴하고 밖의 군대가 '안의 세계'에 진주하면서 덴노에 간접적인 책임론만으로도 충분히 '안의 세계'를 제국주의에서 '전후 민주주의' 체제로 바꿀 수 있었다. '안의 세계'의 다수는 미국이 대변한 '밖의 1세계'를 내부의 힘으로 받아들였고 이를 따랐다. 메이지유신 때처럼 다시 '밖의 1세계'를 보좌하며 배웠다. 새로운 '안의 질서'가 급속하게 안정화되었다. 하지만 여전히 '안의 세계'의 '1'은 덴노였고 미국은 메이지유신 전에 존재했던 도쿠가와 막부와 같이 '와의 세계'에서 이상적인 응집을 막는 무력으로 존재했을 따름이다.

눈[目]의 지배를 만든 배경 …
섬[島]

태권도, 씨름, 권투, 유도 등 격투기의 공통점은 무엇일까? 바로 경기장 밖으로 나가면 '노 플레이'(*No play*)라는 점이다. 씨름이라면 안으로 들어와 재경기를 해야 한다. 우리가 알고 있는 거의 모든 운동경기가 그렇다. 운동경기를 하는 공간(안의 세계)에서 스포츠가 이뤄진다. 축구, 농구, 야구 등 공이 밖으로 나가면 재경기다. 다소 다른 경우는 테니스나 배드민턴인데 정해진 공간을 벗어나면 공은 '아웃'이지만, 크게 보면 운동경기를 하는 공간은 아웃라인까지를 포함하는 운동장이라고 보는 게 맞다.

섬 밖으로 밀려나면 패배하는
스모

그러나 경기장 밖, 즉 '밖의 세계'로 나가면 패배하는 경기, 보다 정확하게 말하자면 상대방을 경기장 밖으로 밀어내기 위한 스포츠가 있다. 스모다. 일본의 국기(國技)인 스모는 상대방을 넘어뜨리거나 지름

4.6m의 경기장 밖으로 밀어내면 이기는 경기다. 스모 선수는 '리키시' (역사)라고 부른다.

대부분의 국가에선 '안의 세계'에 불만이 있거나 '안의 세계' 질서에 순응할 수 없는 이들은 '밖의 세계'로 도망간다. 대륙이나 반도라면 가능한 발상이다. 하지만 섬나라인 일본의 특성상 섬 밖으로 밀려나가는 것 자체는 곧 '죽음'을 의미할 수 있다. 일본인으로선 '경기장 밖으로 밀려났다'면 곧 패배인 셈이다. 대륙이라면 나라 밖으로 쫓겨났다고 곧 죽음은 아니며 변방에서 조용히 숨어 지낼 수 있다. 패배한 자가 변방에 숨어 힘을 길러 다시 도전을 할 수 있는 권토중래(捲土重來)나, 곰의 쓸개를 핥는 심정으로 고난을 감수하면서 복수를 꿈꾸는 와신상담(臥薪嘗膽)은 일본이란 섬에선 불가능했을지 모른다. 이런 스모의 법칙이 통용되는 섬나라에 사는 일본인의 정서는 어떠했을까?

섬의 메센을 따르지 않으면 다른 선택 자체가 주어지지 않았기에 룰과 공기를 따라야 하는 절박함이나 압력은 반도나 대륙의 국가와는 차원이 달랐을 것이다. 주변의 공기를 읽고 이런 공기에 따른 행동방식이 무엇인지 메센을 읽는 일은 매우 중요했다. 일본어에서 '공기를 읽거나'(空氣を讀む), '세상의 흐름을 아는'(世間を知る) 일은 '안의 세계'에서 살아가는 데 중요했다. 이를 못하면 공기를 읽지 못하는 인간(空氣を讀めない), 세상일을 모르는 인간(世間知らずもの)으로서 '안의 세계'에서 배제되기 때문이다.

섬의 질서가 절대화된 일본,
상대화된 영국

섬나라의 특성은 영국도 마찬가지다. 그렇다면 일본과 영국은 무엇이 다를까? 일본과 영국은 같은 섬나라지만 대륙과의 거리가 다르다. 이는 오랜 역사를 통해 보다 더 험한 '고립과 폐쇄'라는 섬의 특성이 어느쪽이 더욱 강한가에 연관이 있다.

영국은 대륙(프랑스)과 거리가 고작 35.4㎞에 불과하다. 영국 도버와 프랑스 칼레 간 거리가 그렇다. 지난 1995년 유로터널이 뚫리면서 지금은 아예 영국이 대륙과 연결되었다. 반면 일본의 경우 후쿠오카와 부산 간 거리는 222㎞에 달한다. 물론 대마도 같은 중간의 섬부터 계산하면 거리는 더 좁겠지만 여기선 일본열도로부터의 거리를 따지는 게 섬나라가 느끼는 대륙 간의 거리감에 적확할 것이다. '안의 세계' 일본에서 봤을 때 그들의 거리감은 한반도보다는 중국이 더 맞는 대상이다. 일본인에겐 '안의 세계'를 위협할 물리력을 가진 '밖'은 한반도가 아닌 중국이었기 때문이다. 중국과의 거리는 훨씬 더 멀다.

대륙과 섬 간의 거리는 섬을 대륙으로부터 보호하는 역할을 했다. 영국은 줄곧 대륙으로 병력을 보내 전쟁을 일으키거나 반대로 대륙으로부터 침략을 당하고 점령당하기도 했다. 영국의 역사는 대륙과의 관계가 밀접하게 연동된다. 프랑스와의 100년 전쟁도 그 한 사례다. 영국이라는 '안의 세계'는 외부의 힘, 즉 '밖의 세계'에 의해 수차례 깨졌다. 영국내 질서는 안에서 사는 구성원에겐 절대적으로 군림하는 것처럼 보이지만 언제든 대륙의 군대가 침략해올 가능성은 존재했고 또 수차례 그런 침략에 의해 '안의 질서'가 한순간에 바뀐 것이다.

더구나 영국은 잉글랜드, 스코틀랜드, 웨일즈 등 뿌리가 다른 이질적 문화들도 서로 공생했기에 영국이라 해도 '고립된 하나의 안의 세계'를 오랜 기간 가졌다고 보기 어렵다. 영국인에게 섬의 질서는 언제나 대륙의 힘에 의해 바뀔 수 있는 것이었으며, 따라서 섬의 질서는 대륙의 존재에 의해 항상 상대적일 수밖에 없었다. 절대화하지 않은 섬의 질서는 공간 안에 사는 사람들을 지배할 정도의 힘을 갖지 못한다.

일본은 다르다. 세계에서 유례가 없을 정도로 자신들의 내부 질서가 외부의 간섭이나 압력에 의해 깨진 적이 없는 역사를 가졌다. 일본의 2천 6백여 년 역사 중 1945년 제2차 세계대전 패전이 한 번의 사례다. 끊임없이 외부의 힘과 전쟁을 겪어야 하는 반도나 대륙의 국가 그리고 같은 섬나라인 영국과는 판이하게 다르다.

앞에서 말했듯이 일본의 '밖'은 중국이었다. 이런 중국이 일본을 향해 힘에 의한 '안의 세계' 파괴에 나선 것은 한 차례밖에 없다. 13세기 원나라가 고려를 복속한 뒤, 고려와 함께 연합군을 만들어 두 차례 일본열도를 침략했다. 이때 일본의 가마쿠라 막부는 완강히 저항했고, 때마침 태풍이 연합군의 함선을 덮치면서 일본은 원나라 정벌에서 벗어날 수 있었고, 이후 중국의 남송의 반란으로 원나라는 더 이상 일본 침략을 진행하지 않았다. 일본인 입장에선 한 번도 내부의 공기가 외부에 의해 붕괴된 경험이 없다. 영국과 달리 일본 사회와 문화에서 섬의 질서와 시선, 메센은 절대적 개념으로 존재한다. 이를 상대적 개념으로 각인시킬 외부의 힘이 한 번도 일본에 들어오지 않았다.

'덴노를 정점에 둔 일본이란 고유 세계'는 일본인에게 절대적인 개념으로 수천 년간 학습되었다. 예컨대 앞에서 언급한 '반세잇케이'는 덴노가의 혈통이 단 한 번도 단절된 적이 없다는 뜻이다. 이런 고유 세계가

106

전부이며 절대적이고 다른 선택이 불가능한 상황을 고려하면 일본인이 주변의 눈〔目〕을 더욱 두렵게 느끼고 '안의 세계'가 정한 메센을 거스르지 않는 것은 어찌 보면 당연한 논리적 귀결이다. 한 번도 외부의 질서가 내부의 질서를 간섭한 적이 없는 독특한 역사를 가진 나라가 바로 일본이다.

새로운 외부 제품에 개방적인 일본 소비자와 일본 경제

'안의 세계'가 하나의 절대적 가치와 개념으로 자리 잡았다는 점은 외부의 문물을 받아들일 땐 오히려 도움이 된다. 내부의 절대적 준거가 있기 때문에 외부의 문물이 들어올 때 이를 자기네 방식대로 이해하고 흡수하는 데 거리낌이 없는 것이다. 외부 문물이 내부 준거를 흔드는 힘일 때는 반감으로 흐르지만, 그렇지 않을 때는 '안의 세계'를 강화해주는 중요한 자극이다. 폐쇄적 섬의 발전을 위해선 외부의 문물을 적극적으로 수용해야 한다.

일본은 헤이안 시대 때부터 '화혼한재'(和魂漢才: 화의 마음을 잊지 않고 중국의 문물을 받아들인다) 의 의식이 있었다. 메이지유신 때는 이것이 '화혼양재'(和魂洋才) 로 바뀌어 서양 지식을 적극적으로 흡수했다. 이런 정신은 현대 일본 소비자들이 새로운 콘셉트의 제품이라면 그게 무엇이든 일단 구매하거나 체험하려는 성향으로 나타난다. 도쿄 긴자에 새 점포가 들어서면 첫날 두 시간 전부터 긴 줄이 생긴다. 일본 소비자를 공략하려면 이 제품은 새로운 콘셉트라는 메시지를 던지는 게 주효하다.

예를 들어 애플이 아이폰을 일본에 내놓았을 때 일본 소비자들은 어느 나라 소비자보다 빠르게 아이폰을 구매해 받아들였다. 새로운 콘셉트였기 때문이다. 아이폰을 따라온 다른 제품들은 새로운 콘셉트가 아니기 때문에 관심을 끌지 못했다. 일본 브랜드와 같은 품질인데 더 저렴해도 팔리지 않는다.

새롭다와 다르다는 종이 한 장 차이다. 일본 소비자의 입장에서 해외에서 들어오는 상품은 모두 '다르다'에 속한다. 이 벽을 넘는 유일한 방식은 '새롭다'이다. 마케팅 메시지를 어떻게 포장하느냐에 따라 달라질 수 있다. 일본 시장 전략을 짤 때 '일본 소비자의 욕구(니즈)가 무엇인가'보다 '어떤 상품이 일본 소비자에게 새롭게 느껴질까'를 더 고민해야 한다.

섬에 들어온 외국 문물은
모두 일본화

일본 요리 중에 나폴리탄이 있다. 일본인 상당수는 나폴리탄이 이탈리아 요리라고 믿는다. 하지만 이탈리아엔 없는 요리다. 일본인이 '이탈리아 요리'라면서 만들어 먹는, 말하자면 '일본인이 만든 이탈리아 요리'다. 한국의 짜장면과 유사하다. 한국의 요리는 기무치(キムチ), 치게(チゲ), 가루비(カルビ)와 같은 식의 '일본식'이 되어 '안의 세계'에 들어왔다. 미국의 맥도널드는 일본에 오면, '마쿠'(マク)로 불린다.

일본에선 외래어를 표기하는 별도의 문자인 '가타가나'가 존재한다.

그 정도로 외부 문물 흡수에 열심이란 방증이다. 가타가나는 외부의 어떤 용어도 일본식으로 읽어서 들여온다. 경우에 따라선 개념이 바뀌어서 들어오고, 어떤 경우엔 단어의 뒤를 싹둑 잘라 축약시켜 버리기도 한다. 가타가나로 쓰인 외국의 문물은 이미 외국의 것이 아니라 '안의 세계'의 고유 문물이라고 봐야 한다. 외국에서 들어온 모든 문물을 '안의 질서'에 맞춰 재해석하는 과정에서 '고유의 정체성'이 약화되고 사라지는 것이다. 무엇이든지 '일본식'으로 만들어 '안의 세계'의 기준으로 소화해 버린다.

반대로 섬나라 일본에서 밖으로 전파시킨, '일본 발(發) 문물'은 거의 없다. 예컨대 일본이 주장에 따르더라도, 쥘부채(포개서 작아지는 부채) 정도가 일본이 만들어 세계로 퍼트린 사례가 아닐까 싶다. 외부에서 줄곧 받는 입장이었던 일본의 입장에선 잘 흡수하고 흡수한 문물을 자기네 문화로 동화시키고 개량하는 게 훨씬 중요한 일이었으리란 것은 쉽게 예측할 수 있다. 일본이 개국 이후 전 세계에서 유례가 없을 정도로 빠르게 서양의 문물을 받아들인 데는 이 같은 특성도 한 역할을 했다. 개량화해 받아들인 외국 문물은 이미 외국 문물이 아니라 '안의 세계'의 독특한 문물로 인식된다.

10여 년 전 로마에 갔을 때 이탈리아인 친구는 '피자와 일본' 이야기를 했다. 피자는 이탈리아가 본토인데 로마에 놀러온 두 일본인 여성이 피자를 맛보고 싶다고 해서 로마의 피자 가게에 함께 갔다고 한다. 이탈리아인들은 얇은 피자 한 판을 한 사람 몫으로 먹는다. 두껍고 큰 피자를 나눠먹는 문화가 아니다. 두 일본인 여성은 피자를 먹다가 맛이 없다며 중간에 남겼다. 일본 사람은 웬만한 음식은 으레 정한 말처럼 '오이시이'(おいしい: 맛있다)를 연발하는데 '맛이 없다'고 한 것을 보면

꽤나 입에 맞지 않았던 것이다. 이탈리아 친구는 "일본 친구들은 맛이 없다가 아니라 피자의 맛이 아니라는 식의 반응을 보였다. 원래 이게 진짜 피자 맛인데 일본 친구들의 입맛엔 도쿄의 피자가 진짜 피자고 이탈리아 피자는 이미 가짜가 되어버렸다는 느낌을 받았다"고 말했다.

'절대 기준을 가진 안의 세계'에 사는 일본인에겐 자신들이 흡수한 외부의 문물은 이미 '밖'의 것이 아니라 '안의 세계'의 것들이다. 앞의 두 여성들이 보여준 '맛없는 로마의 피자'는 이런 의식의 산물일 터다.

눈[目]의 지배를 만든 배경 …
흔들리는 땅 위에 사는 일본인

1990년 1월 1일부터 2015년 2월 28일까지 일본열도에서 진도 1 이상의 지진은 총 6만 7,413회 발생했다. 예컨대 2014년에는 진도 1 이상 지진이 2,052회가 있었는데, 하루에 5~6번꼴로 발생한 셈이다. 지진이 관측되지 않은 날은 1월 27일, 6월 5일과 23일 등 1년 동안 단 3일에 불과했다. 지진의 진도 1과 2의 경우는 대부분의 사람들이 진동을 감지하지 못하고 지진계로 탐지하는 수준이다. 인간이 진동을 알 수 있는 진도는 3 이상이다. 2014년에 진도 3 이상의 지진은 189회다. 이틀에 한 번꼴로 일본의 땅이 흔들렸다.

일본 대부분의 지역에선 최소한 한 달에 한 번 정도는 진동을 느끼며 살게 된다. 몇 년에 한 번씩 일본열도의 어디선가 큰 지진이 일어나고 누군가가 죽는다. 지진은 불안정한 상태이며 사람의 삶을 위협하는 존재다. 일본인은 삶의 모든 영역에 지진과 같은 자연재해를 단순한 변수(變數)로서가 아닌 항수(恒數)로서 안고 산다.

흔들리는 땅 위에 사는
일본인과 '닌겐'

'안의 세계'에서 눈〔目〕의 지배를 강화시키는 또 다른 환경적 기제는 '지진'과 같은 자연재해다. 일본의 지진을 경험하지 않고는 일본인을 이해할 수 없다. 일본인의 삶에 대한 태도에 지진이 어떤 영향을 미치는지는 말로 설명하기 어렵다. 자신이 발을 딛고 선 땅이 흔들리는 상황이 반복되면 땅을 절대적인 존재가 아닌 상대적인 존재로 인식한다. 삶의 공간이자 위험한 파괴자인 땅이 언제든지 생명을 앗아갈 수 있음을 한 달에도 서너 차례씩 깨닫는다. 자기 자신의 생명이 절대적인 가치라는 인식이 약화되는 것이다.

일본이라는 '안의 세계'에서 사람은 '개별적 개체'라기보다 '사람과 사람 사이의 관계'로서 존재한다. 자신의 생명이 절대적인 가치가 아니라는 인식은 자신의 가치를 스스로에게 부여하기보다 다른 사람과의 관계에서 찾으려 한다. 사람과 사람 사이의 관계에서 의미를 잃으면 개별 개체로서도 의미를 상실한다.

사람이란 뜻으로 쓰는 '닌겐'(にんげん・人間: 인간)이란 표현이 바로 일본인의 의식 단면을 보여준다. 일본의 심리학자인 에노모토 히로아키(榎本博明, 1955~)는 《위에서 내려다보는 메센의 구조》('上から目線'の構造)에서 닌겐에 대한 고찰을 했다.

우리(일본인)가 타인의 시선에 왜 과민하게 될지에 대해 생각해보자. 풍토론이나 일본 정신사 연구에 의해 일본인의 마음으로 생활방식의 문제를 날카롭게 분석한 철학자 와츠지 테츠로(和辻哲郎, 1889~1960)는 '인간'(人

間: 닌겐)이란 단어의 형성에 의문을 제시했다. '인'(人)에 '간'(間)을 일부러 붙인 인간(人間)이 왜 '인'(人)과 같은 의미를 갖는가? 지적대로 의문이 생긴다.

와츠지에 따르면 (…) 본래 인간이란 단어는 '세상'(よのなか・世間)이란 뜻이었다. 즉, 사람과 사람의 관계(人の間), 즉 인간관계를 의미하는 것이 '사람'이란 뜻으로 쓰였다. (…) 중국어에서도 인간은 어디까지나 세상을 의미하며 사람을 지칭하지는 않는다. 다른 언어에선 인(人)과 인간(人間 관계(關係))을 확실하게 구분지어 사용한다. 따라서 '인간'이란 단어에는 일본에서 사람(人)을 바라보고 인식하는 특징이 나타나 있다. 즉, 일본에서 사람은 곧 인간관계를 의미하는 것이다. (…) 일본어에선 사람과 인간관계를 구별하지 않고, 인간관계를 의미하는 인간을 사람의 뜻으로 쓰는 것이다. 여기서 일본적인 사람의 존재방식이 있다. 우리(일본인)에게 사람은 사회 그 자체이면서 개인인 것이다.

정신의학자인 기무라 빈(木村敏, 1931)은 일본에선 자신을 우선한 뒤 타인과 만나는 게 아니라 사람 간의 관계가 우선하며, 거기에서 자신이 자각되고 타자가 등장한다. 서구와 같이 불변하는 자아가 있고 그런 자아가 만나는 게 아니라 우선 상대와 자신의 관계가 있고, 이에 맞춰 자아를 형성하는 것이다. (…) 우리(일본인)는 '개인'으로서 존재하지 않고, '사람과의 관계'로서 존재하는 것이다. 이는 일본에 과민형 자기애가 많고, 시선공포 등 대인공포가 많고, 상대에 모든 걸 맡기는 마조히즘적인 자기애가 많은 것과 관련 있다. 개인이 개별로서 독립해 살아가는 게 아니라, 다양한 상대와의 관계 속에서 살아가는 것이다.

와츠지는 '일본인은 개인으로 존재하지 않고 사람과의 관계로서 존재한다'고 보았다. 인간이 사람이란 뜻으로 쓰이기는 한국어도 마찬가지지만 한국어의 인간은 본래 중국에서 온 인간이란 뜻 그대로 세상이었지만, 식민지 시대를 거치면서 일본어의 뜻이 덮씌워진 것으로 추정된다. 따라서 한국인이 '사람'을 바라보는 세계관이 '인간'이란 표현에 담겨져 있다고 보기는 어렵다.

일본어에선 세상을 의미하는 중국어의 '人間'이란 단어를 들여와서 이를 '사람'이란 뜻으로 바꿨다. 이는 일본인이 '사람이 무엇인가'를 인식하는 세계관이 그러했음을 의미한다. '사람'을 개별 개체로서가 아닌 '사람 간 관계', 즉 '세상'으로 인식했다. '안의 세계'에서 함께 살아가는 '균일한 다'와의 관계가 바로 '자신'인 셈이다.

닌겐은 자연재해라는 큰 혼란과 위협을 순식간에 맞닥뜨릴지도 모른다는 위기감에서 형성된 표현이다. 자연재해가 갑자기 터졌을 때 살아남을 수 있는 '와의 세계'의 구성원은 자신을 내세우는 사람(人: 개인으로서의 사람)이 아니라 닌겐(人間: 다른 사람과의 관계를 중시하는 사람)이다. 자연재해의 위기에서 '와의 세계'는 하나로 뭉치고 서로 엔료하고 메이와쿠를 끼치지 않으며 조화롭게 살려고 노력한다.

지진이란 위기 상황에서 혼자만 살겠다고 엔료하지 않는다면 집단 전체가 위험한 혼란에 빠진다. '자기개인주의'나 '이기주의'의 행동은 눈(目)으로 경계하고 주의를 주어야 하며 주의를 줘도 고쳐지지 않는다면 배제해야 '안의 세계'가 안전해진다. 반대로 지진과 같은 위기 상황에서 집단에서 배제되면 혼자선 살아남을 수 없다. 배제되지 않기 위한 행동인 엔료하기와 메이와쿠 안 끼치기는 더 중요해진다. 큰 지진이 났을 때 일본인이 보여주는 질서의식은 이런 눈(目)의 지배를 보여주는 증거인 동시에 눈(目)의 지배를 강화하는 기제이기도 하다.

완벽한 물건을 요구하는
일본 소비자

미국 월마트가 10여 년 전 일본 유통점과 제휴를 맺고 자사의 PB 상품을 팔았다가 실패한 적이 있다. 사진액자인데 싸고 디자인도 우수했다. 그러나 문제는 액자 뒷면 외부에 그대로 노출된 스테이플러의 침이었다. 일본 소비자의 눈엔 불완전한 상품으로 보였다. 일본 제조사였다면 침 위에 실을 붙여 안보이게 했을 것이다. 미국 소비자는 보이지 않는 뒷면의 스테이플러 침에 신경을 쓰지 않지만 일본 소비자는 달랐다.

세계에서 손꼽히는 건축가 안도 타다오(安藤忠雄)의 노출 콘크리트(exposed mass concrete)도 완벽성에 집착하는 일본인이었기에 가능했다. 노출 콘크리트는 예전에 건물 벽면에 시멘트를 바르고 그 위에 타일을 바르던 방식을 버리고 시멘트를 그대로 노출하는 방식이다. 몇 m씩 하는 벽면에 시멘트를 고르게 시공하는 것 자체가 매우 어렵다. 표면이 울퉁불퉁해지면 노출 콘크리트라는 건축 방식 자체가 성립되지 않는다. 완벽한 물건을 요구하는 일본 소비자는 완벽한 물건을 만드는 일본 제조사로 이어진다. 흔들리는 땅 위에 사는 소비자는 불완전한 제품에 대해 거부감이 강하다. 저가라도 완벽해야 한다. 일본 100엔숍에서 파는 저가 제품들도 싼 재료를 썼지만 제품 하나로서의 완벽성은 모두 갖추었다. 일본의 '와' 의식은 조그만 결함에도 불편함을 느낀다.

DIY(Do-It-Yourself) 가구를 디자인해 중국에서 만들어 일본에 파는 회사에 다니는 일본인 지인은 가장 큰 어려움이 중국 공장과 일본인 소비자 간의 인식 차이를 들었다. 그 지인은 "한 번은 일본 소비자가 클레임을 걸었는데, 가구를 다 조립했는데 나사가 하나 남았다는 것이었다.

알고 보니 나사 하나가 더 들어갔던 것이다. 하지만 그 소비자는 이를 큰 결함으로 여겼고 환불했다. 중국 공장에 전화해서 나사 숫자에 더 주의를 해달라고 했더니 중국인은 나사가 덜 간 것도 아니고 더 간 게 왜 문제가 되냐며 납득하지 않았다"고 말했다.

자연재해 속에 사는 일본인은 안전과 신뢰를 중시한다. 안전과 신뢰는 순간적인 마케팅으로 얻을 수 없으며 시간이 필요하다. 은행에서 전산서버를 도입할 때는 가격이 비싸도 전부터 쓰던 시장 1위의 제품을 선호한다. 한 번 서버를 도입하면 다음 교체 때 경쟁사가 저렴한 가격을 제안해도 비싼 기존 제품의 차기 버전을 사는 경우가 많다. 은행의 전산서버에 문제가 생기면 그 손해는 엄청나 전산 책임자가 책임을 져야 한다. 가격보다는 안정성을 우선할 수밖에 없다. 일본 소비자는 가구를 살 때도 마치 은행의 전산서버를 교체할 때의 마음가짐인 셈이다.

눈[目]의 지배를 만든 요소 …
단일민족 · 순수혈통의 허구

단일민족이 '우수한 민족'이란 주장도 허구에 지나지 않는다. 일본 군국주의가 내건 '만세일계'나 나치가 주장한 아리안족 우월론은 역사의 날조다. 그것이 두 나라를 불행하게 했다. 경쟁력 있는 문화란 이질 문화가 섞이고 융합할 때 태어난다. 인종차별 지도에 한국이 오른 것은 우리가 세계화 시대에 철 지난 구시대 외투를 아직 입고 있다는 경고다.

"만물상-인종차별 지도(地圖)"
(《조선일보》, 2013. 5. 20, A34)

일본이 왜 눈〔目〕이 지배하는 사회가 되었을까에 대한 그 세 번째 이유는 단일민족의 허구다. 이질적 요소를 찾아내 이를 배제시키는 눈〔目〕의 역할이 중요한 이유는 '순수하고 균일한, 같은 핏줄의 민족이 모여 있는 동일 운명체'라는 믿음이 기조에 깔려 있기 때문이다. 단일민족이란 관념은 서로 같은 혈통이기 때문에 하나라는 동질의식을 강조하며 서로 뭉쳐야 한다는 의식으로 나타난다. 반대로 혈통이 다른 사람이나 민족에 대한 배제, 배척, 무시 등의 의식을 강화한다.

딸이 다녔던 일본 소학교엔 일본인 아빠와 미국인 엄마를 둔 필립이라는 2학년생 혼혈아가 있었다. 미국인 엄마는 아들을 데리러 학교에 오고갈 때 영어를 쓰지 않았다. 영어로 말을 걸어도 다소 어색해했다.

몇 달 후 안면이 생겨 따로 카페에서 만났을 때야 비로소 영어를 썼다. 아들인 필립도 학교에선 좀처럼 영어를 쓰지 않아 엄마가 미국인이지만 영어는 잘 못하는 아이로 여겨졌다. 무엇보다 발음이 서투른 일본식 발음이었다. 필립은 자신의 이름을 '피리프'(ピリップ)로, "헬로"(hello)를 "하로"(ハロー: 가타가나에 따른 일본식 발음)라고 말했다. 그런 필립이 페이스북에 올린 영상을 볼 기회가 있었다. 유창한 영어를 썼다. 미국인 엄마는 "필립은 일본어보다 영어를 더 편하게 느낀다"고 했다. 아홉 살짜리 필립은 단일민족이란 의식이 강한 일본 친구들과 잘 지내기 위해 서투른 영어를 연기한 것이다.

국제비교지표(국제사회조사프로그램 ISSP)를 바탕으로 한국의 여성가족부가 2012년 조사 발표한 "국민의 다문화 수용성 조사"에 따르면 국민 정체성을 정할 때 '혈통'(血統)을 중시한다는 답변이 일본의 경우 72.1%(매우 중요 42.1%, 대체로 중요 30%)로 나타나 스웨덴의 30%, (매우 중요 14%, 대체로 중요 16%)나 미국의 56.2%(매우 중요 32.7%, 대체로 중요 22.5%) 등과 비교해 높은 수준을 나타냈다. 즉, 일본인의 72.1%는 일본 국민을 정할 때 '부모의 피가 모두 일본인이어야 일본 국민'이라고 생각한다는 뜻이다. 일본에 태어나 일본어를 쓰고 일본에서 일하고 세금을 내는 재일한국인은 '일본 국민'이 아니라고 믿는다는 뜻이기도 하다.

일본이 혈통을 중시한다는 건 예상했던 일이다. '반세잇케이'와 같은 사상이 바탕에 깔려 있기 때문이다. 일본뿐만 아니라 한국, 필리핀, 칠레, 베네수엘라 등 많은 나라들이 혈통을 중시한다는 답변이 높게 나타났고, 스웨덴, 네덜란드, 노르웨이, 스위스 등은 상대적으로 낮았다.

그럼 독일은 어떨까? 아리안족 우월론에 젖었던 독일이다. 이 조사에서 주목을 끄는 대목은 '독일-폴란드', '일본-한국'이다. '아리안족 우월주의'와 '반세잇케이'라는 혈통주의를 앞세워 침략 전쟁을 감행한 독일과 일본 그리고 두 나라의 이런 인종우월주의로 참담한 민족적 피해를 입은 폴란드와 한국의 경우다. 한국과 폴란드는 '혈통'을 국민 정체성으로 삼는 비중이 매우 높은 수준이었다. 한국은 86.5%(매우 중요 49.7%, 대체로 중요 36.8%)와 폴란드는 84.7%(매우 중요 48.5%, 대체로 중요 36.2%)였다.

폭행한 이보다 피해를 입은 자의 기억이 보다 오래 가는 법이다. 침략에 대한 경계심을 푸는 데는 보다 오랜 시간이 들어갈 것이고 피해의식은 곧 '민족적 자존심'의 훼손과 이에 대한 복원 의식으로 이어지고, 이것이 '자민족 우월주의'로 흐를 위험성을 쉽게 추정할 수 있다. 필리핀, 아일랜드 등 현대사에서 외국의 침략으로 민족적 자존심을 훼손당한 나라일수록 이같이 혈통 중시 비율이 높게 나왔다.

흥미로운 대목은 독일과 일본의 비교이다. 먼저 얘기하자면 영국이나 프랑스, 미국 등 구(舊) 제국주의 열강의 혈통 중시는 평균적이거나 그 이하였다. 독일(서독 지역)은 48.4%(매우 중요 20.8%, 대체로 중요 27.6%)로 이들 구 제국주의 열강에 비교해도 다소 낮은 수준이었다. 이에 비교한다면 일본은 구(舊) 제국주의 열강을 넘어서 피해국의 수준만큼이나 높았다. 일본의 혈통을 중시하는 비중 72%의 가운데 특히 주목할 대목은 '매우 중요하다'고 답한 비율(42.1%)이다. 독일(20.8%)의 2배에 달한다. 혈통 우월주의가 다시금 '주변 침략'으로 치닫는 상황을 가정할 때, '매우 중요'라는 인식 비율이 40%가 넘는 일본에는 과거만큼이나 잠재적 위험이 상존하는 셈이다.

또 이런 상황을 제어하고 반대할 세력, 즉 '혈통은 전혀 중요치 않다'

의 비율도 주목할 만하다. 독일은 '혈통은 전혀 중요치 않다'(20.2%)가 매우 중요(20.8%)와 대등한 비중으로 제어할 정도의 세력으로 존재했다. 반면 일본은 '혈통이 전혀 중요치 않다'는 8.1%에 불과하다. 매우 중요(42.1%)의 1/5에도 미치지 못했다. 바꿔 말하면 일본에서 민족적 내셔널리즘이 다시 폭주할 경우 일본 내부에선 이를 막지 못할 가능성이 크다.

패전 후 독일은 끊임없이 침략 전쟁에 대한 반성을 거듭했다. 독일 내에서 '나치 우호 발언'을 하는 것 자체가 타부(금기)였다. 일회성이 아니라 70년이 지난 지금도 독일 총리는 때가 될 때마다 '반성의 발언'은 물론이고 피해국에 대한 지원 방안을 발표한다. 이런 노력으로 한때 아리안족 우월주의가 세계를 뒤흔들었던 역사는 뒤안길로 물러났다.

그러나 일본은 다르다. 일본은 표면적으론 '사죄'했다고 하지만 실제 '안의 세계'의 생각은 전쟁의 피해자는 바로 일본 민족이란 생각이 적지 않다. 침략 전쟁을 일으킨 장본인임에도 독일과 다르게 전쟁 책임론을 반성하는 게 아니라 스스로를 피해자의 자리에 놓음으로써 여전히 혈통에 대한 중시, 곧 일본 민족의 우수성에 집착하는 문화가 뿌리 깊게 남아 있는 것이다. 군국주의에 반대하는 입장을 견지하는 미야자키 하야오(〈이웃집 토토로〉 등을 제작)마저도 일본인이 피해자라는 '안의 세계'의 메센을 따른다.[2] 일본 내 보수와 진보를 가릴 것 없이 이런 시각은 일본 전체에 스며들어있다는 말이 된다.

단일민족, 순혈주의 등이 강조되면 다른 민족이나 국가에 대해 배타

---

2 이 메센에 대해서는 뒷부분의 "전쟁을 보는 일본인의 눈〔目〕… 미야자키 하야오와 〈영원의 제로〉"부분에서 다시 설명할 것이다.

적인 자세가 되는 것은 당연한 흐름이다. 자국이 하나의 민족으로 구성되어 있고 세계적으로 인정받아 마땅할 정도로 뛰어난 혈통이라고 믿는 순간 이를 인정하지 않는 모든 세력은 적(敵)이며, 침략해 제압해야 하는 대상이 된다. 자신들이 순수한 1등 민족이란 주장은 주변의 다른 민족들은 '더럽혀진 2등 민족'이란 논리이기 때문이다.

독일과 일본이 행한 침략 전쟁이 이의 대표적인 사례다. 전쟁 당시엔 독일과 일본의 국민들은 자신들이 정당하다 믿었고, 추호도 우리가 침략하고 선량한 주변 민족을 괴롭히는 '악'(惡)이라는 생각에 이르지 못했다. 19세기 일본 내에서 일어난 정한론 역시 마찬가지다. 당시 사상적으로 정한론이 일본 정계에서 뿌리 깊게 내려진 상태이긴 했지만 직접적인 단초가 된 건 일본이 보낸 서계(書契: 외교 문서라 할 수 있는 국가 간 공식 문서)를 조선이 수령하지 않았기 때문이다. 메이지유신 직후인 1868년 조선에 보낸 서계에는 대일본(大日本), 황상(皇上) 등의 표현이 있었는데 조선은 '조선이 왕'인데 갑자기 황제를 칭하는 일본의 문서를 괘씸하게 보았다. 이런 조선의 태도 역시 한국인도 스스로를 단일민족, 순혈주의라고 믿는 영향과 무관치 않다.

단일민족·순수혈통, 우월주의로 치닫던 일본에게 조선의 행동은 '대일본제국'을 무시하는 것으로 비춰졌고, 조선을 정벌해야 한다는 분노의 논리가 급부상한 것이다. 메이지유신은 덴노 중심으로 민족주의를 고취시키는 세력이었기 때문에 우리를 '무시한 조선을 정벌하자'는 정한론은 명분으로도 맞는 이야기였을 터다. 그러나 일본 내부에선 '내부의 힘을 기르는 게 우선'이라는 현실론이 이겨 곧바로 전쟁이 벌어지진 않았다. 그러나 이후 강화도 조약과 경제 병합 그리고 식민지화에 따라 정한론은 현실이 되었다.

만주사변도 같은 경우다. 만주사변은 1931년 일본 군부와 우익 세력이 만주를 침략할 구실을 찾는 과정에서 스스로 자신들 관할인 만주철도를 파괴하고 이를 중국의 공격이라 트집 잡아 철도 보호를 핑계로 삼아 군사적 행동을 감행해 결국 만주 전역을 점령하고 1932년 만주국(滿洲國)을 건립한 사건이다. 일본 관동군은 5개월 만에 만주 전역을 제압하며 군사적 우위를 입증했다. 일본은 중국의 마지막 황제 푸이를 명분상 만주국 황제로 앉히고 뒤에서 섭정했다. 만주국은 일본의 식민지라고 봐도 무방하다.

하지만 누가 봐도 노골적인 침략 행위인 만주사변에 대해 당시 일본인은 열렬한 지지를 보냈는데, 그 배경엔 '나카무라 대좌 살해사건'(中村大尉事件 なかむらたいいじけん)이 컸다. 일본 니가타 현 출신의 나카무라 대좌는 1931년 만주 지역에서 신분을 숨기고 조사 여행을 하던 중, 중국 군벌 장쉐량(張學良)의 부하에게 잡혀 총살당했는데 증거 인멸을 위해 시신이 불태워졌다. 일본 국민들은 자국의 우수한 군인이 타지에서 중국인에게 비참하고 억울하게 죽은 사건에 분노했다. 당시 〈아사히신문〉을 포함한 일본 신문들은 연일 이 문제를 다뤘고 일본 국민들은 거리로 나와 규탄집회를 열 정도였다. 일본 국민이란 인식을 넘어선 '단일민족·순수혈통 일본인'이란 의식이 바탕에 있었음을 쉽게 알 수 있다. 더구나 '안의 세계'를 위해 목숨을 건 엘리트 군인의 살해였다. 이런 국민의 지지를 바탕으로 일본 군국주의자들은 '애국자'로서 만주 침략을 감행한 것이다.

물론 나카무라 대좌 살해사건이 없었더라도 일본 군국주의는 만주 침략을 감행했을 것이다. 중국 군벌의 반일 분위기나 소련의 부상은 일본 군국주의자에겐 두고 볼 수 없는 상황이었다. 일본 팽창을 위해 만주는 꼭 필요한 지역이었다. 침략주의자에게 나카무라 대좌 살인과 같은 사건은 민족 감정을 자극하는 좋은 재료였다. 폭발한 민족 감정은 이성적으로 잘잘못을 따지지 않는다. 우리 민족이 옳고 타 민족이 그르기 때문이다.

지금 일본의 민족주의・순혈주의는 당시에 비해 약화되었을까? 일본의 일부 역사교과서〔후소샤(扶桑社) 등〕에선 지금 이 순간 "1873년 조선이 개국을 권유한 일본을 무례하게 거절해 사족들 사이에 무력을 보내 개국을 압박해야 한다는 정한론이 나왔다"란 내용을 학생들에게 가르친다. 정한론의 원인을 제공한 게 조선이란 논리다. 일본 민족에 대한 타 민족의 무례에는 무력으로 경고하고 압박하는 행동이 정당하다는 뉘앙스를 느낄 수 있다.

만주사변도 마찬가지다. 일부 역사교과서는 당시 중국 국민당이 북벌과정(1926~1928)에서 소련의 공산주의 영향을 받아 일본인을 습격한 이런 상황에서 만주사변이 발생했다며 정당성을 부여하려 시도한다. 당시 중국의 배일운동은 일제의 침략에 대한 반작용이란 측면이 강했다. 이런 역사적 논쟁을 배제하더라도 중국인이 일본인을 습격했기 때문에 관동군이 침략전쟁을 일으켜도 정당하다는 논리도 앞뒤가 맞지 않는다.

단일민족이란 허구는 전쟁에만 있는 게 아니다. 일본인이 친절하고 성실하고 똑똑하다는 말에도, 후지산과 사쿠라가 아름답다는 말에도, 사무라이의 삶을 그린 영화에도 있다. '단일하고 순수한 혈통의 일본민족'이란 명제는 '일본과 일본인이 아름답다'는 형태로 사람들의 심리를 파고든다. 외부와 다른 '내부'의 순수성을 강조하는 이런 단일민족론은 여전히 일본에 살아 있다.

자신들이 오랜 역사를 가진 민족이며 아름다운 문화유산을 갖춰 세계에서 찬양받는 민족이란 우월론에 심취하는 건 흔한 사례며 일본만의 유일한 특징은 아니다. 다른 민족들도 단일민족의 우월성에 빠져들면, 다른 민족을 배척하는 성향을 보이며, 때론 전쟁으로 이어지기도 한다. 하지만 일본의 경우엔 단일민족에 대한 자부심이 좀더 강하다는 게 다르다. 또한 제 2차 세계대전의 침략 전쟁을 일으킨 장본인으로서 민족 우월주의의 폐해를 경험했다는 점에서 다르다. 같은 침략국이었던 독일은 '민족 우월주의'를 자제하고 경계했다. 민족 우월론에 심취해 '헤이트 스피치'를 하는 일은 독일에선 생각하기 힘든 일이며 경찰이 바로 진압에 나설 사안이다. 혐한 시위대의 헤이트 스피치를 표현의 자유라며 경찰이 인정하는 시위라는 일본과 대비된다.

뒤틀린
'와'(わ)

じどう車くらべ

なまえ

そん すびん

タクッーは、きょりやじかんでりょうきんがきめられていて、いきたいところへのせていってくれるしごとをしています。

そのために、メーターがついています。

人がらくちんになるようにざせきのところがひろくなっています。

19

친절한 일본인이 어떻게 침략 군국주의라는 폭주를 할 수 있었을까.
뒤틀린 '와'는 일본인에겐 끔찍한 공포이며, 그렇기에 모두를 지배하는 힘을 가진다.

무라하치부와
'와'(わ)의 세계에서 배제된 삶

그 일가는 옛날식으로 말하는 '무라하치부'의 취급을 받았어요. 병에 걸려
도 아무도 찾아와주지 않으니 도움을 청할 수도 없었죠. 아무도 없이 그저
쇠약해져서 죽을 때까지 네 식구가 이 집에 살았어요. 한 번만 갔어도 살릴
수 있었건만 이웃의 누구 하나 보러 가지 않았어요. (…) 지독한 얘기죠?

이마 이치코, 2003, 〈백귀야행〉 10권, pp. 146~147

일본의 인기 만화책 〈백귀야행〉에 나오는 한 장면이다. 한 가족이
죽어가는 데도 마을 사람들이 아무도 도와주지 않는다. 마을의 한 소년
이 멋모르고 들어갔다가 불상을 훔쳐 나오는데 한 꼬마가 죽은 세 시체
옆에서 아직 살아 있었다. 그 소년은 그대로 나와 버렸고 마지막 꼬마
도 시체 옆에서 죽었다.

무라하치부(村八分)는 일본 에도시대 때부터 시작된 풍습으로 마을
의 공동작업에 태만하거나 도둑질 등의 비행을 행한 자에게 가하던 집
단 응징 및 배제의 관습이다. 마을 사람들은 배제하기로 결정한 개인
(또는 가족)에게는 10개의 도움 중 두 개만 준다. 집에 불이 났을 때 진
화하는 것을 도와주는 것과 당사자나 그 가족이 죽었을 때 시신을 처리
해주는 것이다. 진화를 도와주는 이유는 불이 주변의 다른 집에 옮겨

붙을 수 있기 때문이고, 시신을 방치하면 전염병 등의 위험이 있기 때문에 불태우거나 묻어야 하기 때문이다. 결국 배제된 개인이나 가족에게 절대 아무런 도움도 안 주는 벌이다. 중세 일본 사회에서 무라하치부를 당하는 개인이나 가족은 사실상 삶을 영위해갈 수 없다. 대화할 상대가 없는 고립감 정도가 아니라 생존이 어려운 것이다.

와의 세계를 훼손하는 이에 대한 가혹한 배제 … 무라하치부

아름다운 '와'의 공동체를 유지하기 위해 이를 훼손하는 이를 벌하는 방식이 무라하치부다. 무라하치부를 당하는 입장에서 보면 잔혹스럽기 그지없다. 무라하치부의 특징은 당사자가 잘 버티거나 일정 시간이 지나면 다시 아무 일 없던 것으로 복귀를 받아준다는 점이다. 누구든 무라하치부의 대상이 될 수 있다는 엄연한 공포감은 '와의 세계'를 다들 따르도록 하는 눈〔目〕의 힘으로 존재한다. 마을 사람들은 다른 사람의 눈〔目〕을 의식할 수밖에 없다.

일본 교실에서 벌어지는 이지메도 무라하치부와 같은 의식의 발로이다. 어른들의 의식이 그대로 어린이와 학생들에게 반영된 것이다. 장소가 마을이 아닌 교실로 바뀌었을 뿐이다. 최근엔 '마마토모 이지메'도 일본에서 사회 문제로 거론되었다. 마마토모는 같은 소학교에 아이를 보낸 엄마들끼리 친하게 지내는 그룹을 말한다. 마마토모 그룹은 조그만 '안의 사회'를 구성하며 여기서 배제될 경우엔 학교생활과 관련한 각종 정보를 들을 수가 없다.

무라하치부는 현대 일본에서도 문제인 여전히 남아 있는 문화다. 지난 2007년 10월 도쿄고법은 니가타 현의 한 촌락에서 11가구가 3명의 동네 유력자를 상대로 낸 소송에서 무라하치부 피해를 인정하고 220만 엔(약 2천 2백만 원)의 손해배상 지불명령을 내렸다. 사건은 니가타 현 북부 세키카와촌의 36가구가 모인 작은 동네에서 발생했다. 2004년 추석 때 치를 마을 행사에 11가구가 불참하겠다고 밝히자 농가조합장 등 유력자 3인이 마을의 질서 유지를 이유로 이들에게 무라하치부를 결정한 것이었다. 마을총회는 이들에게 마을 쓰레기장 사용 금지, 산에서 버섯 등의 약초채취 금지, 동네 소식지 배포 금지 등을 정하고 이를 어길 시 벌금 3만 엔을 부과하기로 했다. 이 소송은 손해배상 금액인 220만 엔보다 피고 측 소송비용(370만 엔)이 더 많이 들어간 사건이었으며 현대 일본에 여전히 이런 '무라하치부' 의식이 남아 있다는 방증이다.

지진과 같은 자연재해가 빈번하고 외부와 고립된 섬〔島〕에 사는 일본인에게 엔료와 메이와쿠로 조율한 '와의 세계'는 소중하고 효율적인 삶의 방식이다. '와'의 세계관은 지진 등 자연재해 때 안의 구성원이 안정된 삶을 계속 영위할 수 있는 가장 좋은 선택이다. 하지만 '와의 세계'는 인공적인 조화를 유지하기 위해 '배제'를 전제로 한다. '와의 세계'의 어두운 측면인 '배제'는 뒤틀린 '와'의 한 모습이다. '와의 세계'를 유지하기 위해선 '와'를 훼손한 이에 대한 제재는 필수불가결하다. 이런 제재를 받은 이는 평생 지울 수 없는 상처를 안고 살아야 한다.

'색채가 없는 다자키 쓰쿠루'와 무라카미 하루키가 보여준 배제된 이의 삶

일본의 소설가 무라카미 하루키는 〈색채가 없는 다자키 쓰쿠루와 그가 순례를 떠난 해〉에서 '와의 세계'에서 배제된 삶을 그렸다. 주인공 다자키 쓰쿠루는 어느 날 돌연히 친구 그룹으로부터 배제 통보를 받고 이후 죽음을 마주한 생활을 보낸다. 이를 견뎌냈지만 이는 평생의 상처로 따라다니며 정상적인 인간관계를 맺지 못하는 원인이 된다.

> 대학교 2학년 7월부터 다음 해 1월에 걸쳐 다자키 쓰쿠루는 거의 죽음만을 생각하며 살았다. (⋯) 강풍을 만나 사람이 가로등에 매달리듯 그는 눈앞에 펼쳐진 시간표에 따라 움직였다. 볼일이 없는 한 아무에게도 말을 걸지 않고, 혼자 사는 방으로 돌아오면 바닥에 앉거나 벽에 기댄 채 죽음에 대해 또는 삶의 상실에 대해 끝도 없이 생각했다. (⋯) 다자키 쓰쿠루가 그렇게나 강렬하게 죽음에 이끌렸던 계기가 무엇이었는지는 명백하다. 어느 날 그는 오랫동안 친하게 지냈던 네 명의 친구들에게서 "우리는 앞으로 널 만나고 싶지 않아. 말도 하기 싫어"라는 절교 선언을 받았다. 단호하게, 타협의 여지도 없이 갑작스럽게. 그리고 그렇게 가차 없는 통고를 받아야만 하는 이유에 대해서는 아무런 설명도 듣지 못했다. 그 또한 묻지 않았다.
>
> 무라카미 하루키, 2013,
> 〈색채가 없는 다자키 쓰쿠루와 그가 순례를 떠난 해〉, pp. 7~10

하루키는 5명의 작은 그룹에 대해 "자신이 다른 네 명을 필요로 하고 다른 네 명 또한 자신을 필요로 한다는 조화로운 어울림의 감각이었다. 그것은 우연한 행운이 불러온 화학적 융합 같은 것이었다"(p. 12), "다섯 명은 모두 대도시 교외의 '중상류' 가정에서 자랐다. 부모는 이른바 베이비붐 세대로, 아버지는 전문직이거나 대기업 사원이었다. 자식 교육에는 돈을 아끼지 않는 계층이었다. 가정 또한 적어도 표면적으로는 평온하고 이혼한 부모도 없었으며 어머니는 거의 집에 있었다. 학교는 대학 진학률이 높은 명문고에 성적 수준도 꽤 높았다. 생활환경으로 볼 때 그들 다섯은 차이점보다 공통점이 더 많았다"(p. 13)라고 설명했다. 하루키가 바라본 '와의 세계'다. 그리고 배제는 죽음 이외에는 아무것도 생각할 수 없는 극한 상황을 불러왔다.

이 소설은 고등학교 친구 그룹에서의 배제 경험을 극복하지 못한 채 독신으로 사는 30대 주인공 다자키 쓰쿠루가 '배제된 원인'을 찾아 4명의 친구들(실제론 한 명이 사망해 3명의 친구를 만난다)을 찾아나서는 이야기다. 하루키는 이를 '순례'라고 보았다. '색채가 없는 다자키 쓰쿠루'라는 제목에서 보는 것처럼 다자키 쓰쿠루는 '와의 세계'의 다른 구성원과 다르게 이름에 색을 갖지 못했다.

다자키 쓰쿠루를 제외한 다른 넷에게는 아주 사소하고 우연한 공통점이 있었다. 이름에 색이 들어 있었던 것이다. 남자 둘은 성이 아카마쓰(赤松)와 오우미(靑海)이고 여자 둘은 성이 시라네(白根)와 구로노(黑埜)였다. 다자키만이 색과 인연이 없었다. 그 때문에 다자키는 처음부터 미묘한 소외감을 느꼈다. 물론 이름에 색이 있건 없건 그 사람의 인격과는 아무런 상관도 없다. 그건 잘 안다. 그러나 그는 그것을 애석하게 생각했고, 스스로도 놀란 일이지만 꽤 상처를 받기도 했다. (…) 만일 내게도 색이 있는 이름이 있었더라면 얼마나 좋을까. 그는 수도 없이 진지하게 그런 생각을 하곤 했다. 그랬더라면 모든 것이 완벽했을 텐데, 하고.

같은 책, pp. 13~14

앞서 "란도셀과 균일성"에서 살펴본 것처럼 완벽한 조화를 만들 때 '남과 다름'은 그것이 불완전하거나 모자란 것이 아님에도 불구하고 '와의 세계'를 해치는 요소로 받아들여진다. 색을 갖지 않음으로써 '와의 세계'에서 소외감을 느끼는 행위는 평등과 다른 균일성의 한 특징이다.

하루키는 〈노르웨이의 숲〉(우리나라에서는 〈상실의 시대〉로 번역되었다)에서도 '와의 세계'와 이에 대한 상실을 그렸다. 주인공 와타나베는 고등학교 때 친구 기즈키, 그의 여자친구 나오코 등과 이상적인 '와의 세계'를 만들었다. 하지만 기즈키의 자살로 '와'는 깨졌고, 살아남은 와타나베와 나오코는 '와'의 재구축을 위해 노력하지만 나오코의 자살로 실패한다. '와의 세계'가 이상적인 조화인 만큼 배제나 상실도 더욱 깊고 아픈 것이다.

하루키의 소설 주인공들은 상당수가 외아들이다. 그는 1949년생으로 베이비붐의 마지막 연도에 태어났는데 당시는 외아들이 매우 드문 경우였다. 이런 외아들 주인공들은 '와의 세계'의 다른 다수와 달리 자신이 외아들이란 사실에 미묘한 소외감을 느끼며, '와의 세계'에서 거리감을 느끼는 존재다. 균일하지 않은 존재이기 때문이다. '와의 세계'가 보다 이상적인 모습에 가까워질수록 균일성은 보다 강조되며, 이런 '다름'이 가져오는 소외감이나 배제는 더 치명적인 상처가 되는 것이다.

그럼 하루키 소설의 '와의 세계'에서 기준 '1'은 누구였을까? 〈색채가 없는 다자키 쓰쿠루와 그가 순례를 떠난 해〉에선 다자키 쓰쿠루가 기준 '1'이었다. 색채가 없어 어느 색하고도 어울리며 조화를 만드는 기준이었다. 기준 '1'에 대한 배제는 흔하지 않은 극단적인 경우이며 '1'을 배제한 '와' 역시도 상처 입고 소멸되었다.

현대 일본에 잔존하는 부락민 차별 ···
〈주간 아사히〉와 우익 정치인 하시모토 도루의 논쟁

'와의 세계'를 일본 전체로 확대했을 때 무라하치부의 대상, 즉 '와의 세계'에서 배제된 사람들이 현대 일본에선 여전히 존재한다. 100~300만 명으로 추정되는 '부락민'이다. 과거 일본에선 백정 등 천민들이 몰려 살던 마을을 부락이라 했고 여기 거주하는 사람을 부락민이라 했다. 즉, 일본의 천민인 셈이다. 유럽, 아시아 등 봉건주의 시대엔 대부분의 지역과 나라에 천민이나 노예가 존재했다. 차별받는 존재였고 사회의 일원으로 인식되지도 않았다. 하지만 현대 사회에서 '누구는 증조할아버지가 노예였다'며 차별하진 않는다. 현대 사회가 얻은 보편적인 인류 상식에 맞지 않을 뿐 아니라, 증조할아버지가 노예였는지 확인할 길도 없다. 대부분의 선진국에선 혈통에 따른 천민 차별은 봉건주의 때나 있었던 옛 이야기다. 그러나 일본은 다르다.

인터넷에서는 초·중·고등학교에서 '부락민' 출신이 알려져 이지메를 당한 사례를 찾을 수 있다. 부락민은 천민으로, 존재 자체가 '와'의 질서를 깼다는 의식이다. 부락민과의 교제를 꺼리거나, 부락민과의 결혼을 반대하는 부모, 사원을 채용할 때 부락민인지 여부를 확인하려는 기업 인사팀이 여전히 존재하는 게 일본이다. 부락민은 '1:다'의 균일한 질서에서 다(多)와 같은 균일하고 평등한 대우를 받을 자격이 없는 존재다.

일본은 호적 제도를 유지하므로 호적을 확인하면 부락민인지 여부를 알 수 있다. 2011년 탐정회사 프라임이 불법적으로 호적등본 1만 건을 취득해 개인 조사에 이용한 사건이 발생했다. 호적등본이 돈이 되기 때문이다. 기업이나 개인이 취업 희망자나 결혼 예정자의 부락 출신 여부를 의뢰할 때 확인용으로 쓰이는 자료다. 이 사건으로 26명이 체포되어 2명은 실형, 4명은 벌금형, 20명은 집행유예를 받았다. 1998년엔 일본의 대기업이 사설탐정에게 취업 희망자의 부락민 여부를 의뢰했다가 발각된 적도 있다.

결혼은 더 심하다. 단일민족과 순수혈통 의식이 강한 일본인은 부락민의 피가 섞이는 것을 원치 않기 때문이다. 2000년 오사카의 동화지구(同和地區: 부락을 뜻한다) 실태조사에 따르면 65세 이상의 부락민 중 '부락민 간 결혼한 비율'은 70% 이상이었다. 부락민끼리 결혼할 수밖에 없음은 차별의 강도를 방증한다. 같은 조사에서 25~29세에선 부락민 간 결혼이 24.5%로 줄었다. 부락민 차별이 줄고는 있지만 여전히 부락민과 결혼하지 않으려는 의식은 현대 일본에 남아 있다. 부락민에 대한 차별 의식은 '부락민은 와의 세계에서 배제되어 마땅한 사람'이란 것이다.

일본의 진보적 시각을 대표하는 〈아사히신문〉 계열인 〈주간 아사히〉에서 이런 속마음을 꺼냈다가 들켰다. 2012년 10월 〈주간 아사히〉는 "하시모토 도루의 DNA를 거슬러 올라가 본성을 파헤친다"는 기사를 냈다. 오사카 시장인 하시모토 도루는 공식석상에서 종군위안부의 강제 연행 증거가 없다는 주장을 되풀이하는 등 우익 성향을 드러내며 일본유신회를 만드는 등 우익 정치인의 계보를 이을 차기주자로 주목받던 인물이다. 진보 성향의 〈주간 아사히〉가 눈엣가시 같은 보수 정치인을 비판하는 모양새인데 기사의 요지는 간단하다. 하시모토 도루가 부락민이라는 것이다. 하시모토의 본래 성(成)은 '하시시타(橋下: 하시모토와 같은 한자이지만 다른 방식으로 읽는 이름)'이었고, 그 아버지는 부락민으로 야쿠자 활동을 한 인물이라는 게 기사의 골자다.

하지만 하시모토 도루가 부락민 출신이기 때문에 나쁘다는 논리는 비상식적인 발상이다. 은연중에 '부락민이기 때문에 그런 우익 발언을 하는 것'이란 〈주간 아사히〉의 인식이 노출됐다. 부락민 출신을 지도자로 삼아선 안 된다는 메시지도 내재되었다. 하시모토 도루는 기자회견에서 "나를 '히틀러'라고 비판하지만, DNA 운운하는 기사야말로 나치의 민족정화주의, 혈맥주의, 신분제로 연결될 수 있는 무서운 사고방식"이라고 반발했다. 〈주간 아사히〉는 공식 사과했고 시리즈를 중단했다. 진보적 문화인이라는 양심적 세력을 대표하는 〈주간 아사히〉마저 이런 '부락민 차별 의식'이 무의식에 남아 있었다는 방증이었다.

그런데 그 다음이 재미있다. 차세대 우익 정치의 대표자로 급부상하며 각광받던 하시모토 도루의 인기가 주춤해졌다. 하시모토 도루는 "나는 부락민이 아니다"라고 거듭 주장한다. 당시 부락민 지역에 모친과 거주하긴 했지만 당시 부락민을 위한 아파트에 거주하지 않았고 부락민을 위한 보조금도 받지 않았다는 것이다.

일본에서 '부락', '부락민'은 금기어다. 부락민을 차별해선 안 된다고 가르친다. 이를 '동화교육'(同和教育)이라고 부르며 부락이란 표현 대신 '동화지구'란 표현을 쓴다. 일본엔 4533개 동화지구가 있다. 동화(同和)란 말을 거꾸로 읽으면 부락민이 아직 '와의 세계'에 속하지 않았다는 뜻으로도 읽힌다. 부락민이 아직 '와의 세계'에 속해 있지 않기 때문에, 이를 '속하도록 하자'는 해석인 셈이다.

부락민과 함께 1백만 명이 넘는 재일한국인(한국 국적을 유지하는 경우, 일본으로 귀화한 경우, 일본 국적자이면서 부모 중 한쪽이 재일한국인인 경우 모두 포함)도 '안의 세계'에서 차별받는 소수다. 하지만 재일한국인과 부락민 가운데 더욱 강한 '배제의 대상'은 부락민이다. 예컨대 친한 일본인 친구에게 '나는 재일한국인'이라며 커밍아웃(coming out: 원래 뜻은 동성애자가 자신의 성 정체성을 밝히는 행위인데 일본에선 재일한국인이 자신의 민족 정체성을 밝힐 때도 사용한다) 하는 경우가 종종 있다. 하지만 부락민이 커밍아웃하는 경우는 거의 찾아볼 수 없다.

한 재일한국인 3세는 "일본과 한민족 간 비교에서 일본 민족이 우수하고 한국인은 열등하다는 의식이 재일한국인 차별로 이어진다"며 "부락민은 민족 간 우열이 아니라 말 그대로 천민이기 때문에 같은 비교 대상이 되지도 않는 것 같다"고 말했다.

한 줄 더 …

'안의 세계'에서의 도덕률은 지인은 돕고, 타인은 안 돕는 차별의 도덕이란 주장을 한 일본 학자가 있다. 야마모토 시치헤이는 《공기의 연구》에서 1970년대 발생한 '미쓰비시중공업 폭파 사건'을 설명하면서 "미쓰비시중공업 폭파 사건 당시 해외 특파원의 기사를 보면 도로에 중상자가 쓰러져 있는데도 주변의 사람들은 모두 방치하고 있었다. 군데군데 몇몇 중상자 옆엔 도우려는 시민이 있었는데, 알아보니 이들은 모두 중상자의 동료였거나 지인이었다는 것이다. 그 특파원은 이를 지인과 타인을 구분해서 도와주는 차별의 도덕이라고 봤다"고 했다.

야마모토 시치헤이는 "이를 하나의 일본의 도덕률로 표현한다면 '지인과 타인으로 나누고, 일이 터졌을 때 그 사람이 지인이면 최선을 다해 도와주고, 타인이면 방치하는 것'이 된다. 이런 지인과 타인이란 표현을 '같은 집단 소속'과 '집단 밖의 타인'으로 바꿔도 같은 맥락이다"라고 썼다.

예컨대 폭파 사건에서 중상자들이 도로에 쓰러져 있는데 선뜻 뛰어가서 돕기 어려운 벽이 있는 건 사실이다. 이 벽을 넘어설 정도의 용기는 같은 '안의 세계'에 속한 구성원 의식에서 나올 수 있다. 이는 돕지 않았다가 나중에 같은 '안의 세계'의 다른 구성원으로부터 상황을 모른 체했다는 비난을 받을지 모른다는 의식도 존재했을 것이다.

변소식과 고독사…
'와'(ゎ)에 속하지 못한 주변인

도쿄대 법학부 학생(23)은 6월 중순 이학부 1호관의 남자 화장실에서 이런 벽보를 봤다. "화장실에서 다음 행동을 금지합니다" 토끼와 변기 그림과 함께 '흡연', '낙서', '식사' 사진이 있고 크게 가위표가 쳐졌다. '감시 카메라 작동 중', '위반자는 화장실 사용금지 등의 처분이 취해집니다'라고 쓰여 있고, 밑에는 도쿄대학이라 써져 있어 대학에서 붙인 것처럼 보였다. (…) 화장실에서 식사를 하는 행동을 '변소식'이라고 부르며, 학생들 사이에서 널리 퍼지고 있다. (…) 친구가 없는 학생이 학생식당 등에서 혼자서 식사하는 모습을 남에게 들키기 싫어서 '변소식'을 한다는 것이다. (…) 도쿄대 홍보부는 '학생들의 장난이지 않을까' 하며 고개를 갸우뚱했다.

오사카대의 츠지 다이스케(辻大介准) 교수(커뮤니케이션론)는 2년 전 학생에게서 '변소식', '화장실밥'(トイレ飯)이란 단어를 들었다. (…) 츠지 교수는 이런 학생들의 심리 상태에 대해 "친구가 없는 사람이라는 각인이 찍힐까 봐 공포와 불안이 있는 것"이라고 추정했다. 최근 학생들 중에 주위의 시선에 민감해, 친구가 없는 것에 대해 큰 압력을 느끼는 경우가 일부 있다. 변소식이 자퇴나 은둔형 외톨이(히키코모리)가 되지 않을까 우려된다.

"친구가 없어서 변소식? 혼자서 밥 먹는 모습을 남들이 보는 게 싫어"
(《아사히신문》, 2009. 7. 6, 1면)

'와의 세계'에 속하지 못하는
이들의 삶

화장실에서 혼자 식사를 하는 대학생은 상상하기 싫은 모습이다. 하지만 이러한 비상식적인 행동을 하는 일본 대학생이 극소수겠지만 존재한다는 것 또한 사실인 것으로 보인다. 눈〔目〕의 지배가 약한 고리에 있는 사람들에 미치는 악영향이다. 일본 최고 대학인 도쿄대에 들어간 수재가 친구를 못 만들어 '안의 세계'의 일원으로 들어가지 못한 자괴감은 미뤄 짐작할 수 있다.

일명 '변소식'이 극소수의 약한 젊은 층에서 나타나는 현상이라면, '고독사'〔孤獨死〕는 매년 수만 건 이상 발생하는 일반화된 사회 현상이다. 회사를 은퇴하고 이혼했거나 자녀들과 왕래가 없어져 혼자 생활하던 노인이 숨을 거두는 사례다. 일주일 이상 방치됐다가 발견되는 사례가 적지 않다. '히키코모리'(은둔형 외톨이)와 같은 특수한 사례가 아니라 몇 년 전까지만 해도 회사에서 중요한 역할을 하던 샐러리맨이 은퇴한 뒤 몇 년 만에 고독사하는 경우가 적지 않다. 배경엔 고령화 문제가 있다. 고독사는 어떠한 '안의 세계'에도 소속되지 못한 상태에서의 죽음이다. 가족이란 가장 핵심적인 '안의 세계'를 잃어버리고, 회사나 친구 등 어떤 종류의 '안의 세계'가 없는 상태다.

눈[目]의 지배가 주는 압력과
병리 현상

변소식과 고독사가 일본 사회를 지배하는 눈[目]이 개인에 끊임없이 미치는 부담과 압력이 만든 사회 현상이라면 이보다 한발 더 나간 병리 현상으로는 대인공포증(對人恐怖症: *Taijin kyofusho* 혹은 *Taijin kyofusho symptoms*)이 있다. 대인공포증은 이른바 문화의존증후군(文化依存症候群: *culture-bound syndrome*)이다. 문화의존증후군은 특정한 지역이나 민족, 문화에서 주로 발생하는 독특한 정신질환을 일컫는다.

눈[目]의 지배는 일본에서만 발생하는 게 아니다. 한국 등 아시아권은 물론이고 서양에서도 유사한 현상을 찾아볼 수 있다. 하지만 일본이 그 강도가 유독 세기 때문에 일본 사회의 특성이 되는 것이다. 대인공포증은 타인과 함께 있을 때 극단적인 불안과 긴장감을 느껴 타인과 같은 공간에 있거나 만나서 이야기하는 것을 극단적으로 피하려는 노이로제다. 남이 나를 미워하지 않을까 하는 걱정이 바탕에 깔려 있다.

즉, 타인과 함께 이야기하거나 그 앞에 서는 것을 극도로 무서워하고 타인의 앞에서 극도로 긴장하는 병이다. 타인 앞에서 얼굴이 붉어지거나, 자신의 시선을 어디에 둬야 할지 몰라 안절부절못하거나 항상 타인의 시선이 자신을 감시한다고 느끼며 불편해한다. 그리고 자기 얼굴이나 신체가 못 생겼거나 더럽다고 느끼고 자신이 전화를 할 때 주위 사람들이 몰래 엿듣고 있다 느껴 대화를 제대로 못한다. 슈퍼마켓에서 물건을 살 때는 주변 사람들이 자신이 뭔가 훔치고 있다고 오해한다고 믿는다. 레스토랑 등 사람이 많은 곳에서 식사를 하지 못하는 증세가 나타나기도 한다. 어느 문화나 민족에게도 사춘기의 청소년에게 주로 발생하지만 특히 일본에서는 어른이 돼서까지 악화되는 사례가 적지 않다.

　대인공포증은 일본에 그 환자 수가 유독 많을 뿐만 아니라 아예 이런 증세를 처음 발견하고 병명을 붙인 게 일본이다. 대인공포증의 영문 표기인 'Taijin kyofusho' 혹은 'Taijin kyofusho symptoms'는 일본어를 그대로 표기한 것이다. 대인공포증이 특이한 문화의존증후군이기 때문이다.

　일본 사회를 지배하는 눈〔目〕을 항상 의식하고 '이렇게 행동해야 한다'는 메센에 신경을 쓰다 보니 이것이 병으로 발전한 형태다. 대인공포증은 '자신의 신체가 타인의 눈에 어떻게 비치는지에 대한 집착'과 '자기 자신이 타인과 대등하게 맞설 수 있는지에 대한 불안'이 기본 요인으로 알려져 있다. 그 치료법은 무엇보다 자신이 대인공포증이란 사실을 인정하고 받아들이는 데서 시작된다. 왜 일본인은 타인의 시선에 과민하게 반응할까? 일본인은 자신의 가치를 자기 자신의 내면에서 스스로 평가하지 않고 오직 타인에 의한 외부의 평가로 인정받는다. 자신은 단순히 상대방에 의해 지각되는 존재일 뿐이다. 타인의 시선은 자신의 존재 가치를 결정짓는 유일하고 절대적인 가치이다. 이를 거스를 수 없다. 거스른다는 건 자신의 존재 가치를 부정하는 일이 되기 때문이다.

　일본의 눈〔目〕은 모든 일본인에게 "와의 세계 일원으로서 이래야 마땅하다"는 압박을 준다. 반대로, 이런 압박을 지고 사는 일본인 입장에선 타인을 바라볼 때 '내가 이렇게 메센을 힘들게 따르는데 타인도 마땅히 그래야 한다'는 기대로 이어진다. 이런 기대는 다시 다른 구성원에게 '압박'으로 작용하는 순환이다. 일본인 스스로가 모두 눈〔目〕이기도 하기 때문이다.

한자와 나오키와
조직 혁신 · 창조를 막는 '와'(ゎ)

한자와 나오키라는 인물이 일본에서 붐을 일으켰다. 같은 이름의 드라마 〈한자와 나오키〉의 인기를 등에 업고서다. 〈한자와 나오키〉는 최종회 시청률이 42. 2(도쿄 등 간토 지역) ~45. 5%(오사카 등 간사이 지역)에 달했다. 1989년 이후 민영방송 사상 최고 시청률이다. 일본인 두 명 중 한 명이 일요일 밤 9시 TV 앞에 앉아 이 드라마를 봤다니 앞으로 이 정도의 인기 드라마가 다시 나올까 싶을 정도다.

이 드라마는 은행이 배경으로 주인공인 한자와 나오키가 부도덕한 고위직 임원을 상대로 고군분투하는 내용이다. 조직 내 부조리와도 맞선다. 영웅인 셈인데 모습은 서민적이다. 여느 나라에서나 볼 수 있는 서민적 풍모를 지닌 한편, 악착같이 선(善)의 편에 서서, 악(惡)으로 대변되는 기득권과 부조리에 싸우는 영웅이다. 일본이 그에게 매료되었다.

드라마 중 "패배한 직장인에게 최악의 상황으로 '출향'(しゅっこう · 出向)"이란 대사가 나온다. 한직으로 전출되는 것이다. 즉, 좌천으로 본사인 은행에서 자회사나 관련 협력사로 직원을 파견 보내는 것을 뜻한다. 직장인으로선 '자신의 조직'에서 밖으로 밀려났다는 뜻으로, 드

라마에선 직장인으로서의 죽음으로 받아들여진다. 다분히 일본적인 인식이다. 섬사람이 섬 밖으로 내밀리면 죽음밖에 없다는 절박함, 스모에서 밖으로 밀려나면 패배를 의미하는 것과 같다.

한자와 나오키는 고위직 임원의 온갖 핍박도 이겨내고 결국 그 임원이 은행에 저지른 치명적 잘못을 임원회의에서 폭로하는 데 성공한다. 그리고 그 임원에게서 잘못을 인정받고 '도게좌'(どげざ・土下座: 무릎 꿇고 머리 숙여 사죄하는 행동)를 받아낸다. 유행어도 나왔다. '바이가에시'(倍返し: 10배·100배 복수)다. 일본인이 좋아하는 '네바리 츠요쿠'(粘り强く: 끈질긴 집념)로 끝내 자신의 일가를 파멸한 고위직 임원을 막다른 골목으로 몰고 갔다.

최고 시청률을 낸 마지막 편은 너무나 일본적이다. 은행에 막대한 타격을 줄 뻔한 사고를 알아내고 막은 영웅 한자와 나오키를 사장이 부른다. 사장은 한자와 나오키의 활약 덕분에 정적이었던 고위직 임원을 손쉽게 처리할 수 있었다. 다들 파격적인 승진을 기대한다. 사장은 마지막 장면에서 구구절절하고 친절하게 감사의 말을 전한다. 그리고 마지막 말은, "자회사로 '출향' 명령"이다. 좌천당한 것이다. 일본인은 자신들이 사랑하는 주인공의 이런 결말에 납득했다. 하지만 '밖의 세계'의 세계인에겐 '부조리를 다루는 심리 소설'도 아닌, 대중 드라마의 이런 뜻밖의 결론을 수긍하기 어렵다.

'안의 세계' 우선주의는
혁신을 막아 조직의 노쇠화를 불러

한자와 나오키는 조직에서 사망해야 했다. 그의 행동이 모두 옳았을지언정 그는 결국 조직의 윗사람을 무릎 꿇게 만들었기 때문이다. 조직이 흔들리지 않으려면 이런 행동은 응징되어야 한다. 이것이 일본인이 보는 조직론이다. 영웅인 개인은 흠모하나 그런 영웅조차도 조직 속에선 하나의 개체일 뿐이며 우선되어야 할 것은 '조직', '집단'이기 때문이다.

'안의 세계'에서 균일해야 할 다수 중에서 누군가가 다른 누군가를 공격하고 파멸시키는 행위는 공격의 정당성과 무관하게 '와'를 해치는 행위다. 한자와 나오키는 '와'를 해치는 메이와쿠를 끼친 것이다. 이런 '집단-조직 우선주의'의 사례는 봉건주의 시대 유럽과 일본과 가까운 한국에서도 나타나는 특징이다. 신분과 계급에 바탕을 둔 국가를 유지하기 위해서는 한자와 나오키와 같은 조직 혁신 인물은 처형 대상이었다.

한국의 사례는 제주도의 '고시레'라는 풍습에서 찾아볼 수 있다. 술을 처음 따를 때 첫 잔을 조금 따라 주변에 뿌리면서 '고시레'라고 말하는 것을 뜻하는데 민간 어원은 이렇다. 한양에서 내려온 관리가 폭정을 할 때 서민들이 들고 일어나 그를 몰아내고 한양에 그의 폭정을 낱낱이 일러바친다. 한양은 이를 이해하고 받아들이지만 관에 대항한 행위는 그것이 옳고 그름을 떠나 응징되어야만 했다. 그래서 주동자는 사형에 처한다. 고 씨, 양 씨, 부 씨 등 3개 성씨의 고장인 제주도에서 그렇게 죽을 것을 알고 항거에 앞장선 고 씨가 많았다는 게 민간 어원이다. 그런 고 씨를 기리기 위해 '고시레'라고 한다는 것이다. 한자와 나오키 이야기와 같다.

불편한 건 지금이 봉건시대가 아니기 때문이다. '고시레'는 봉건시대의 유물이다. 하지만 한자와 나오키는 현재를 살아간다. 40%를 넘어선 시청률이 이를 방증한다. 일본인은 왜 이런 결말을 바라고 받아들이는가? 조직에 대항하는 반골 영웅은 왜 죽어야만 하는가? 왜 부조리의 조직에 타격을 입힌 영웅이 조직에서 쫓겨나는 게 정상인 것일까?

〈한자와 나오키〉는 19세기 봉건주의 때 이야기가 아닌 21세기 현재 이야기이며 시청률이 대박 난 드라마의 결론이며, 이 결론에 일본인이 동조한다. 일본인은 여전히 그렇게 믿는 것이다. 세계 경제 3강의 한 축이면서 군사적으로도 세계 10대국이며 세계 정치를 이끈다는 G7인 일본에서 여전히 이런 집단주의 의식이 뿌리 깊은 건 위험하다. G7에서 일본은 미국, 캐나다, 영국, 프랑스, 독일, 이탈리아 등 서구 6개국과 함께 어깨를 나란히 할 뿐만 아니라 비(非) 서양 국가에선 아시아와 아프리카, 남미, 아랍 등을 통틀어 유일하다. 그런 일본의 최근 행보는 위험하다.

질문은 이렇다. 현대의 후기 자본주의 사회의 꽃이라는 일본에서 어떻게 봉건주의적 발상인 집단 우선주의의 잔재가 뿌리 깊게 남아 있는 것일까? 영국, 스페인, 프랑스, 독일 등 서구 제국주의 국가들은 약탈 전쟁을 하다가 1945년 제 2차 세계대전을 끝으로 봉건주의적 잔재들이 모두 다 사라졌는데 왜 유독 일본엔 집단주의 의식이 살아 숨 쉬는가?

빠른 글로벌 변화에 따르기 위해
조직의 '와'를 못 깨고 뒤처진 일본 경제의 경쟁력

왜 일본에서만 한자와 나오키를 죽이는 조직 우선주의, 집단 우선주의가 여전히 힘을 갖춘 것일까? 이 질문은 현대 일본에서 여전히 유효하다. '안의 세계'는 남과 다른 특출한 영웅을 바라지 않는다. '안의 세계'의 영웅은 남과 다르지 않고 균일한 구성원이면서 묵묵하게 '안의 세계'의 응집을 돕고 '안의 세계'가 밖으로 확장하고 번영하는 것을 돕는 사람이다. 자신의 복수를 위해 '안의 세계'의 다른 사람을 공격하는 사람은 용납할 수 없다. '안의 세계'의 입장에서 보면, 한자와 나오키는 엔료하지 않았고 메이와쿠를 끼쳤다. 한자와 나오키는 '와의 세계'에서 배제되어야 할 인물인 셈이다. 눈〔目〕이 지배하는 '안의 세계'에선 한자와 나오키의 개인행동이 옳더라도 조직의 안정을 해친다면 배제되고 어쩔 수 없는 것이다.

이런 집단 우선주의는 조직 혁신을 가로막는다. 〈한자와 나오키〉의 배경이 되는 '메가뱅크'는 '잃어버린 20년'의 상징인 위기의 일본 은행들이 유럽과 미국 금융과 경쟁하기 위한 합병을 통해 거대해진 은행이다. 덩치는 유럽과 미국 못지않게 비대해졌지만 여전히 글로벌 경쟁이 아닌 일본 자국 내 밥그릇 싸움에 치중하고, 더욱이 합병 전 회사로 파벌을 나눠 싸우는 현실이 드라마의 배경이다.

'와'의 강조는 조직의 혁신을 바라는 인물을 오히려 메이와쿠로 대해 배제하기 일쑤다. 한자와 나오키와 같은 인물은 애당초 등장하기 어려운 인물이다. '안의 세계' 구성원들은 '안의 세계'의 입장에서 사물을 보는 메센에 따라 움직이기 때문이다. 혁신의 인물조차도 나섰을 때 '안의 세계'의 배제를 알기에 뒷걸음친다.

　일본의 거대 기업은 후기 자본주의 세계에서 내부에서 잘 만든 제품을 해외에 나가 바이어에게 판다는 논리로 급성장했다. 하지만 1990년대 이후 인터넷의 등장과 물류의 진화는 세계 소비자의 성향을 파편화하는 동시에 변화의 속도를 가속화시켰다. 일본은 빨라진 템포를 따라잡기 위해 조직의 '와'를 깨서 다시 조직을 만들고, 다시 '와'를 깨면서 변화의 속도를 내야 했지만, '와의 세계'를 스스로 깨는 작업은 줄곧 외면했다.

일본 비행기의 아버지인
니노미야 추하치

다름을 인정하지 않는 집단주의는 돌출적인 발명가들의 탄생에도 걸림돌이 된다. 세계 3위 경제대국이란 이름에 어울리는 일본의 발명품은 거의 찾아볼 수 없다. 워크맨, 전자피아노, 인공진주, 트랜지스터, 쥘부채, 랩탑 컴퓨터 정도다. 이런 발명품들은 기존에 존재하는 기기나 상품을 한 단계 업그레이드한 파생적 창조며 아예 새로움을 낳는 발명하곤 거리가 멀다. T. W. 강은 2002년 저서인 《일한동맹 vs. 중국》에서 '일본인은 개인으로선 미국인도 혀를 내두를 만큼 기발한 의견이나 아이디어를 가진 국민'임을 지적하는데 문제는 '그룹'으로 여러 일본인이 모였을 때라고 보았다.

　20세기의 최고 발명품인 비행기 역시 첫 발명가가 라이트 형제가 아닌 일본인 니노미야 추하치(1866~1936)였을 수 있었다. 니노미야는 하늘을 나는 기기를 연구하며 최초로 이를 비행기(飛行器)라고 작명한 인물이다. 현재의 비행기의 어원은 여기서 유래한 것으로 추정된다. 그는 비행 원리를 역학적으로 분석해 이를 기초로 시험 비행기를 만들었다. 그리고 1889년 고무동력에 의한 모형 비행기를 제작했다. 1891년엔 고무로 만든 프로펠러를 돌려 3m를 자력으로 활주한 뒤 이륙해 10m를 비행하는 데도 성공했다. 1891년에는 유인(有人) 비행을 염두에 두고, 날개의 폭이 2m짜리인 모형 비행기를 만들었다. 문제는 당시로선 고가였던 엔진의 구입이었다.

니노미야는 두 차례에 걸쳐 군부에 자금 지원을 요청했다. 군부는 '청일전쟁 중이라 지원이 불가하다'와 '먼저 하늘을 나는 비행기를 만들어오면 고민해보겠다'는 거절이 돌아왔다. 니노미야는 엔진을 구입할 자금을 구하기 위해 동분서주했다. 그렇게 10년 넘게 자금을 찾아다니는 사이 1903년 라이트 형제가 유인 비행에 성공했다. 니노미야는 라이트 형제의 소식을 몇 년 후에 듣고 좌절해 비행기 개발을 포기했다.

니노미야는 너무 분해서 만들어 놓은 시험 비행기를 부숴 버렸다. 그런데 NHK의 TV프로그램 〈일본인의 먼 여행〉(日本人はるかなる旅)이 니노미야의 모델을 충실하게 재현해 엔진을 탑재했더니 실제로 하늘을 나는 데 성공했다.

T.W. 강, 2002, 《일한동맹 vs. 중국》, p. 87

T. W. 강은 "조직이 개인의 다양한 의견을 받아들여 건설적으로 창조 활동을 인풋(input)하는 것은 의외로 어려운 작업이다. 특히 일본인은 그렇게 잘 못한다"고 보았다. 또 다른 사례로 세계 최초의 랩탑 컴퓨터 모델인 도시바의 '다이나북'이 있다. 창의적인 랩탑 컴퓨터 프로젝트는

조직의 예산을 쓰지 않고 조직의 의사결정 시스템과는 전혀 다른 차원에서 사명감을 품은 소수의 엔지니어들이 프로토타입을 만들었다는 것이다.

청색 LED를 개발해 2014년 노벨 물리학상을 받은 나카무라 슈지(中村修二) 미국 UC 산타바버라 교수의 경우도 같은 맥락이다. 나카무라 교수는 연매출 30억 엔의 중소기업 니치아화학에 입사해 주변의 온갖 만류와 눈총에도 아랑곳하지 않고 1990년 세계 최초로 청색 LED를 개발했다. 니치아화학의 엔지니어 그룹에서 그는 배제된 이였다. 단지 달랐던 점은 니치아화학 창업자인 오가와 씨가 그에게 자본을 댔다는 점이다. 그러나 나카무라 교수는 니치아화학과 결국 결별했다. 니치아화학은 개발의 보상금으로 2만 엔(약 20만 원)을 줬고, 나카무라 교수는 퇴사 후 2백억 엔의 발명 대가 소송을 제기해 1심에서 승소한 뒤 8억 5천만 엔에 합의했다. '와'를 강조하는 일본인이기에 2만 엔으로 발명에 대한 보상을 갈음한다는 발상이 가능했던 것이다.

이상적인 '와'(ゎ)의 모순…
외부 배척과 갈라파고스의 함정

A소학교 출신 학생들은 자신들의 모교를 별로 좋아하지 않았다. '○○ 선생님은 정말 누구 편만을 드는 사람이었다', '준비물을 안 챙겨오면 무릎 꿇고 앉기 벌을 세웠다', '다들 (선생님에게) 반항했다'. B소학교 출신들은 모교에 좋은 인상을 갖고 있었다. '항상 쉬는 시간에 선생님하고 놀았다', '선생님 집에 놀러가서 재미있었다'. 듣고 있으면 부러운 생각이 들 정도다. 선생님을 중심으로 학급이 잘 조화롭게 모여 있는(まとまっている) 인상을 받았다.

A소학교 출신 학생들 사이에도, B소학교 출신 학생들 사이에도 이지메는 있다. 하지만 이지메의 심한 정도(質)가 다르다. 대부분의 경우 조화로운 B소학교의 이지메가 더 심각하다. B소학교에서 이지메를 당하는 학생은 정말로 고독하다. 누구도 말을 걸지 않는다. 집단이 잘 조화롭게 모여 있기 때문에 모든 학생들로부터 배제되어 있는 것이다(はじかれてしまう). A소학교 출신 사이에서 이지메를 당하는 학생은 그래도 대화할 친구가 있다. 집단이 흩어져 조화롭게 모여 있지 않기 때문에 역설적으로 이지메를 당하는 학생에게도 작은 그룹을 만드는 일이 가능한 것이다.

이지메를 해소할 때도 B소학교의 이지메인 경우가 어렵다. 괴롭히는 학생에게 이유를 물어보면 모두들 '제멋대로여서', '남 험담을 해서'라고 말하며 절대 물러서지 않는다. A소학교 출신들은 직접 이해관계가 없는 학생은 이유를 꾸미려 하지 않고 순순히 이지메를 그만둔다.

집단의 응집(まとまり)과 무라하치부적(的)인 이지메는 깊은 관계가 있다. 그러나 중학교에서는 무라하치부적(的)인 이지메는 감소하는 경우가 많다. 집단의 응집이 사라지기 때문이다.

"무라하치부와 이지메의 주변: 선생님의 마음 속"
(〈아사히신문〉, 1996. 4. 29, 교육 8면)

조화로운 '와'일수록
이지메의 강도가 더 큰 이유

일본 '안의 세계' 도덕의 입장에서 좋은 집단은 '1'과 '다수' 간 거리가 균일함을 전제로 그 거리가 가까울수록 올바른 모습이다. 즉, '와'는 '1'(원의 중심)과 숱한 점(구성원을 이루는 다수)이 같은 거리를 유지하면서 점점 다가서는 모양이 이상적이다. 원의 중심에 가까워질수록 다(多)의 서로 간 거리도 좁혀지면서 서로 화합하고 배려하고 돕는, 즉 지진이란 자연재해에 맞서 살아가는 섬의 구성원에게 가장 적합한 삶의 공간이 만들어진다.

일본에선 학교에서 학급별 합창대회나 발표회가 있는데, 이때 학급 전원이 참여하고, 같은 옷을 맞춰 입고, 코러스를 할 때 누구의 목소리도 튀지 않고 잘 조화된 모습에 대해 '전원이 다 모여 있다'(全員そろっている), '잘 조화롭게 모여 있다'(よくまとまっている)라며 다들 인정하고 부러워한다. 당연히 학급의 선생님과 학생들은 이런 모습을 만들려고 노력한다. 일본 교실에서 '안의 세계'에서의 배제, 즉 이지메가 자주 발생한다고 하지만 가능하다면 이지메도 없이 모두 균일한 게 이상적이다. '안의 세계'는 '1'을 기준으로 다들 차별 없이 '다름'조차 인정하

지 않고 공부를 잘 하건 못 하건, 부모가 부자건 가난하건 친하고 즐겁게 지내는 것이다. 이것이 이상적인 '와의 세계'다.

일본의 한 지인은 "소학교 땐 우리 집이 가난한지 깨닫지 못했다. 다들 같은 란도셀에 같은 수준의 필통과 연필 그리고 같은 급식을 먹었고 선생님도 차별 없이 다 똑같이 대해줬다. 즐거웠다"고 말했다. 부모의 빈부에 따라 학생들이 끼리끼리 모이는 모습은 최소한 일본 공립 소학교에선 찾아보기 힘들다.

이상적이고 조화로운 '와의 세계'는 자연재해를 겪을수록 강해진다. 전 세계가 '인류인의 정신적 진화를 증명하는 산물'이라고 극찬한 동일본 대지진과 같은 참담한 자연재해를 앞에 두고도 서로 음식을 양보하는 '와'가 가능한 것이다. 혼자의 힘만으론 살아갈 수 없는 자연환경을 절감할수록 개인은 더욱 '와의 세계' 일원으로 충실해진다. 더욱 주변의 눈〔目〕을 살피고, 엔료하고 메이와쿠를 안 끼치려고 노력한다. 그렇게 모두가 같은 속도로 조금 더 '1'에 가까워진다. '1'에 가까워지면 다른 균일한 다(多)와의 거리도 좁혀진다. 이런 응집이 강해질수록 구성원의 삶의 공간은 더 안정된다. 응집은 '와의 세계'의 힘을 강하게 한다. 국론은 분열되지 않고 하나로 뚜렷하게 일치된다.

메이지유신 이후 일본의 근대화, 1945년 종전 이후의 일본의 고도성장 등은 모두 이런 응집력에 기반을 둔 측면이 적지 않다. 회사의 사장도 사원도 모두 회의실에서 같이 도시락(벤또)을 먹으며 같이 잘 살기 위해 열심히 일을 한다.

'와'의 응집 …
작아지는 개인과 강해지는 집단

응집된 힘은 때론 위험하기도 하다. 앞에서 제시한 사례처럼 '응집된 와의 세계'일수록 이지메의 정도가 심하다. '와의 세계'의 응집이 강할수록 구성원이 메센을 잘 따른다. 집단의 관점에서 모든 문제를 보기 때문에 누군가를 배제하고 이지메를 한다고 했을 때 자신의 이해관계와는 무관한데도 집단의 입장인 메센을 따라 일제히 이지메에 나선다. 또한 이지메를 당하는 학생을 잘 알지도 못하면서 이지메에 참여하는 구성원에게 '이지메의 이유'를 물었을 때 스스로 이지메를 해야 하는 정당성을 찾아 대답하며, 쉽게 이지메 상태에서 물러서지 않는다. 또한 '와의 세계'의 응집이 강할수록 구성원에겐 '배제될 때의 공포'도 강해진다. 가진 것(아름다운 '와')이 큰 만큼 이를 빼앗는 배제의 벌도 커지는셈이다. 그리고 배제의 강도도 더 세다.

응집이 진행될수록 개인은 작아진다. '1'을 향해 수많은 다수가 모여들려면 다수의 하나하나는 작아져야 한다. 이어령 교수가 《축소지향의 일본인》에서 관찰한 '무엇이든 작은 것은 모두 다 아름답다'〔'마쿠라노소시'(枕草子)의 일부 재인용〕라는 일본의 미의식은 이런 응집과 일맥상통한다. '작은 것이 아름답다'는 자신을 숨기기 위한 방편이다. 자신을 숨기고 목소리를 낮추고, 자신의 존재를 작게 할수록 눈〔目〕의 지배에서 자유로워진다.

작아질수록 '안의 세계'가 정한 메센이 무엇인지 '공기를 읽거나'(空氣を讀む), '세상을 아는'〔世間を知る〕 것도 쉬워지고, 그만큼 편하게 메센을 따라갈 수 있다. "잇슨보시"〔一寸法師〕, "모모타로"〔桃太郎〕, "긴

타로"〔金太郎〕, "우시와카마루"〔牛若丸〕, "가구야 히메"〔かぐや姫〕 등 일본의 옛 이야기를 통해 이어령 교수가 관찰한 '작은 존재들이 힘을 가진다'는 관찰엔 '안의 세계'를 사는 일본인의 사고방식이 내재되어 있다. 개인은 작아지지만 개인이 원의 중심을 향해 응집한 '와'는 크며 강하다.

이어령 교수의 '축소지향의 일본인'만 가지고는 일본이 만든 거대 전함인 야마토 함(大和型戰艦)을 설명할 수 없다. 일본은 태평양전쟁 개전 직후인 1941년, 세계에서 가장 큰 전함인 야마토 함을 취역했다. 6만 9천 톤급의 거대 전함으로 대포를 잔뜩 탑재하고 군인 3천여 명을 태운 야마토 함은 거대 일본의 상징이었다. 당시 항공모함의 시대가 도래하며 거대 전함에 대한 회의론이 적지 않았지만, 팽창주의의 일본 군국주의는 세계 최대 거대함에 집착했다. 축소지향의 일본인으로는 설명하기 어렵다. 응집된 '와'는 더는 축소지향으로 몸을 낮추거나 느린 속도를 보여주는 존재가 아니며, 오히려 팽창과 거대함과 스피드를 추구하는 힘으로 변한다.

'와의 세계'를 국가 단위에서 보면 폭주의 위험성을 안고 있다. '집단주의의 강화'이기 때문이다. 애국(愛國)도 결국 국가라는 '안의 세계'를 더욱 응집하자는 논리다. 물론 일본뿐만 아니라 다른 국가들도 모두 애국을 이야기하고, 애국은 국론을 하나로 만들고 더욱 부강하게 만든다. 하지만 외부에 대해선 폐쇄적이고 배타적이 되기 십상이다. 일본의 '와의 세계'는 다른 나라나 민족보다 더욱 응집이 강하다. 동일본 대지진 때 해외 언론들이 일본인의 질서정연함에 놀라움을 금치 못한 만큼 일본과 다른 나라와의 응집력 차이는 명확하다.

이런 '응집된 와의 일본'이 외부로 확장을 나섰을 때는 폭주한다. '안의 세계'의 모든 구성원은 '안의 세계'(일본이란 국가)의 입장에서 세상을 보는 메센을 따른다. 1백 년 전 일본이 군국주의를 앞세워 해외 침략과 식민지 건설에 나섰을 때 '안의 세계' 구성원은 모두 일본이란 국가의 번영이란 입장에서 세상을 보았고 팽창의 힘은 단일하고 강했다. 이런 팽창을 반대하는 일부 구성원이 있더라도 감히 반대하거나 제어하기 어렵다. 반대하는 세력은 모두 배제되고 이지메나 무라하치부의 대상이 된다. 이를 아는 '안의 세계' 다른 구성원은 메센에 반대하지 않고 적극적으로 따른다. '와의 세계'가 '1'로의 응집이 강할수록, 조화로운 모습에 가까워질수록 메센에 반대하는 소수에 대한 눈〔目〕의 감시와 압력은 더 커진다. 조화로운 집단이 낳는 아이러니다.

'안의 세계'에만 몰입하는
갈라파고스의 함정

'와'의 응집이 잘 될수록 구성원은 서로에게 비판보다는 칭찬이 더 앞선다. '와의 세계' 우월함에 취하는 것이다. 일본이 자신들만의 세상인 '갈라파고스의 함정'에 쉽게 빠지는 이유다. 그리고 외부에 대해 배타적인 우월적·선민적 집단주의로 자아도취적 결론에 도달하는데, 야스쿠니 신사 참배와 종군위안부 문제가 그렇다.

일본의 우익과 이에 동조하는 많은 일본인은 야스쿠니 신사 참배와 관련해 '자국의 애국자에 대해 경의를 표하는 데 타국이 비판하는 건 내정 간섭'이라고 믿는다. 종군위안부 문제에 대해서도 '민간업자들이 모집했을 때 돈을 벌려고 스스로 온 여성들인데다 다른 나라에도 전쟁 때 종군위안부가 존재했는데 왜 일본만 문제가 되느냐'라는 게 속내다. 독도와 센카쿠 열도〔중국명은 댜오위다오(釣魚島)〕에 대해선 각각 '한국이 독도를 무단으로 실효 지배하는데 이는 무단점거이기 때문에 무효'라면서, '센카쿠를 일본이 실효 지배하는 상황에서 중국이 더는 영토 주장을 하며 분란을 일으켜선 안 된다'고 주장한다.

휴대폰, TV 등과 같은 경제·산업에서도 마찬가지다. 1990년대 미국·유럽과 함께 세계 휴대폰 산업을 주도하던 일본은 PDC라는 자국만의 별도 기술표준을 만들었다. 세계의 기술표준은 미국과 유럽의 CDMA, GSM으로 주도권 싸움이 매듭지어진 상황에서 PDC는 일본에서만 쓰이는 기술이 되었다. 휴대폰 개발에 경쟁사보다 많은 자원을 투자해야 했던 일본 업체들은 점차 경쟁력이 약화됐고 그 틈새는 미국식 표준(CDMA)의 대변자로 나선 삼성전자와 같은 한국 업체들이 치고 올라왔다. 일본 휴대폰 업체의 몰락은 여기서부터 시작되었다. 이후 2000년대 말 애플의 부상과 함께 유럽의 노키아, 미국의 모토롤라의 몰락과 함께 일본 업체 역시 세계 시장에서 급속하게 위상이 낮아졌다.

TV에서도 일본은 독자 기술표준인 ISDB-T를 지상파 방송의 디지털 방송 표준으로 삼았다. 세계는 유럽식(DVB)과 미국식(ATSC)으로 가는 상황이었다. 일본 정부는 ISDB-T를 지원했고, PDC와는 달리 브라질 등 남미와 필리핀이 ISDB-T를 채택했다. '밖의 3세계'로의 확장인 셈이다. 하지만 ISDB-T가 그나마 일부 국가로 퍼지기 시작한 2000년대 중반에는 이미 세계 TV 시장을 석권했던 일본 업체들이 쇠약해진 때였다. 1990년대 세계 TV 1위이자 프리미엄 TV의 상징이던 소니는 한국의 삼성전자와 LG전자에 밀리며 3위로 추락했다. 물량으로 새롭게 부상하는 중국 업체들도 일본의 위상을 흔들고 있다. 세계 시장에서의

TV 경쟁보다 '와의 세계'의 ISDB-T 우월성과 외부 확장에 몰두하다보니 일본 정부가 TV 시장 경쟁에 대해 소홀했던 것도 사실이다.

한 줄 더 …

졸전한 월드컵 대표팀에게 환호하는 일본 축구팬

월드컵은 열기가 뜨거운 만큼 그 성적 여하에 따라 축구팬들의 시선은 극과 극을 달린다. 부진한 성적으로 16강 진출에 실패할 경우에 그 귀국길은 축구팬들의 야유와 무시를 각오해야 한다. 1966년 잉글랜드월드컵에서 북한에 져 조별리그에서 탈락한 이탈리아는 일찌감치 짐을 싸고 한밤중에 몰래 귀국했지만 축구팬들에게 썩은 토마토와 달걀 세례를 받았다. 1974년 서독월드컵 때도 마찬가지여서 경찰 3백 명이 공항에 나와 성난 축구팬들의 야유를 막고 대표팀을 지켜야 했을 정도다.

2014년 브라질월드컵에서 16강 진출에 실패한 잉글랜드와 이탈리아는 공항에서 팬들이 아예 아무도 나오지 않아 '무관심'이란 질책을 받아야 했다. 포르투갈의 축구 스타 호날두도 팬들의 무관심 속에 혼자서 공항 택시 승강장에서 줄을 섰다가 택시를 타고 공항을 빠져나갔다. 가장 심한 대접은 한국의 축구팬이 했다. 인천공항에서 1무 2패로 16강 진출에 실패한 한국 축구대표팀을 향해 몇몇 축구팬은 '근조'(謹弔), '한국 축구는 죽었다'는 플래카드를 내걸었고, 엿을 던져 물의를 빚기도 했다.

그러나 일본은 달랐다. 일본 대표팀도 브라질월드컵에서 1무 2패로 최악의 성적을 내고 귀국길에 올랐다. 경기 내용도 안 좋았다. 실력 차도 있었지만 승리를 향한 선수들의 투혼도 없었다. 그러나 나리타공항에는 1천여 명의 축구팬들이 몰려 "수고했습니다"를 외쳤다. 출국 때 모인 7백 명보다 많은 숫자가 몰렸다. 모르는 사람이 보면 16강은 물론이고 8강 정도의 성적을 낸 대표팀을 맞는 분위기였다.

부진한 성적을 거둔 대표팀에게 냉대의 시선을 보내거나(잉글랜드), 달걀(이탈리아)이나 엿(한국)을 던지는 나라보다 최악의 성적을 내고 돌아온 축구대표팀에게 우르르 몰려들어 "수고했습니다"를 연발하는 일본이 무섭다. 일본 축구팬은 단지 '일본을 대표해 고생한 축구팀'이기 때문에 박수를 보내는 다테마에를 보여줬다. 대표팀이 어떻게 뛰었고, 어떤 결과를 냈는지보다는 단지 대표팀이기 때문에 무조건 박수를 치면서 환영하는 것이다. 축구대표팀이 아닌 일본 정권에 대한 일본인의 시각이 이렇다면 어떨까?

제 3 부

메센
전쟁

일본인은 남들과 같은 방향으로 가야 마음이 놓인다.
메센은 이런 방향을 결정하고 강제하는 힘이다.

메센의 정의와 형성 과정

숱한 눈〔目〕들이 보는 시선의 합(合)인 메센은 '안의 세계'(집단)의 입장에 서서 세계를 보는 자세다. 한 번 정해지면 '안의 세계'를 지키는 논리로서 하나의 행동지침이기도 한 메센. 현대 일본의 메센이 치열한 갈등 속에 있다. 두 개의 서로 다른 메센이 부딪치며 일본이란 거함의 항로가 흔들리고 있다. 해로에서 진행 방향이 1° 바뀌면 도착 지점은 수천 ㎞ 오른쪽이 될 수도 왼쪽이 될 수도 있다. 메센 전쟁을 알기 위해서는 먼저 메센의 본질에 대해 조금 더 천착할 필요가 있다.

여론은 다수의 공기 …
메센은 구성원의 행동을 강제하는 강령

'안의 세계'가 인공적으로 만들어진 것이 '와의 세계'이며, 이런 '와의 세계'를 관통하는 행동/정신지침(또는 메시지)이 메센이다. 메센은 '안의 세계'라는 조직의 입장에서 바라보는 질서와 정신이며, 따라서 공간의 구성원은 이 메센을 의식적 또는 무의식적으로 받아들이고 따른다. 메센은 여론과 유사하지만 '행동지침'이란 점에서 다르다. 여론에도 '침묵의 나선형 이론'과 같이 소수가 입을 다무는 경향이 있다. 다수의 공기에 의한 압박이 존재한다. 하지만 소수는 투표장에 가서는 자신의 생각대로 투표한다. 메센은 행동지침이다. 한 번 정해지면 구성원에게 메센에 따라 행동하게 하는 힘까지 갖췄다는 측면에서 다르다. 즉, 믿게 만든다. '안의 세계'에서 모두 '균일하다'는 메센과 다른 행동은 메이와쿠로 여겨지며, 메센에 동의하지 않는 구성원은 자신의 행동과 발언을 조심해야 한다. 남에게 자신의 생각을 들킬까 두려워해야 한다. 이런 상황이 지속되면 입장을 바꿔 메센의 입장에 서서 이를 행동으로 옮기는 변화를 낳는다. 배제의 공포는 구성원에게 메센이 주는 메시지를 자기 자신에게 내재화하는 기제로 작용한다. 단순히 입을 다무는 게 아니라, 자신이 메센에 동조화하고 이를 따르는 것이다.

메센은 주로 정치적 지지를 묻는 여론과 달리 생활 전반에 걸친 행동지침이다. 비오는 날 전철을 타면 모든 일본인이 우산을 다 접어 끈으로 잘 묶는다. 전철에서는 신문을 활짝 펴지 않고 읽을 기사만 보이게 접어서 읽어야 한다. 전철 맞은편에 앉은 사람의 눈을 똑바로 쳐다보면 안 된다. 식사를 할 때 젓가락을 테이블 위에 그대로 올려놓지 말고 젓가락 받침에 놔야 하며 없을 땐 그릇 위에 놓는다.

메센은 범위가 넓고 다양하다. 생활 속 행동에서부터 일본이란 국가의 입장에서 나아갈 방향을 하나로 수렴해 정하는 데까지 폭넓다. 예컨대 평화헌법의 개정 여부와 같은 거대 담론에까지 일본인의 모든 삶의 측면에서 유효한 힘이다. 일본 편의점에서 물건을 샀을 때, 점원이 고객에게 들리는 목소리로 '담배 한 갑', '과자 한 봉', '음료수 한 캔' 등 구매 내역을 하나씩 얘기하면서 전표를 찍는다. 이런 편의점 매뉴얼도 하나의 메센에 속한다. 일본의 온갖 매뉴얼은 '안의 세계'를 훼손하지 않기 위한 엔료와 메이와쿠 의식을 고려해서 만들어진 것이기 때문에 정해진 매뉴얼은 하나의 작은 메센으로 인정받는다.

일본을 룰과 매뉴얼의 사회라고 한다면 같은 이야기로 메센의 사회라고도 할 수 있다. 매뉴얼을 따라하는 한 엔료나 메이와쿠 같은 번잡한 고려를 하지 않아도 '안의 세계'를 훼손하는 일은 없다. 일본인은 그래서 룰과 매뉴얼을 항상 따른다. 누가 보든 안 보든 매뉴얼대로 한다. 그게 가장 속 편하기 때문이다. 일본인에게 룰이나 매뉴얼은 항상 옳다. 룰과 매뉴얼이란 단어에는 이를 지키는 행위는 정당하고 옳은 것이란 뉘앙스까지 포함되어 있다.

하지만 '룰을 지키는 행위'를 옳다고 할 때, 그건 내부에서만 통할 뿐, 외부의 입장에서 보면 일본 '안의 세계'의 룰과 매뉴얼이 항상 옳은 것은 아니다. 때문에 일본을 '룰의 사회'라든가 '매뉴얼의 사회'라고 규정하면 '일본인은 항상 올바른 행동을 한다'는 다소 왜곡된 편견(가치판단)이 녹아든다. 이런 룰과 매뉴얼이란 단어의 뉘앙스를 배제하기 위해 매뉴얼의 사회라기보다는 '메센의 사회'라고 보아야 보다 명확한 의미 전달이 가능하다.

예컨대 일본이 과거 한국을 비롯한 주변 국가들을 침략해 식민지를 만들었는데, 이를 일본의 '안의 세계'에서 '게임의 올바른 룰'(당시 제국주의 열강의 식민지 지배가 당연시되는 상황이었기 때문에 일본도 그에 따랐을 뿐이란 논리)이라고 주장한다면 어떨까? 당시 일본 내부에선 제국주의 침략을 정당화하고 당연시했던 논리로 비합리적인 광기에 의해 이런 메센이 정해졌다. 침략 전쟁 자체가 하나의 메센이었던 시기였다. 모든 '안의 세계' 구성원은 이를 목숨을 걸고 따랐다. 1945년 패색이 짙어진 일본 군부는 '1억 명 옥쇄', '본토 결전'을 거론했다. 일본열도 밖에선 사실상 일본군과 연합군 간 승패가 정해진 상태였고, 더구나 일본본토에도 B29기 등 미군 폭격기 공습이 숱하게 벌어지던 시점이었다. 허황되게도 일본 최고 사령부에선 미군이 일본열도에 상륙할 경우 민간인 1억 명이 합심해 공격하면 승리할 수 있다는 식이었다. 정규군과 비정규군 간 전쟁이란 상식에서 동떨어져도 한참 떨어진 의식이었다. 심지어 '1억 명 옥쇄'에는 당시 일본의 지배하에 있던 조선과 대만인까지 포함됐다. 일본인은 7천만 명이었다. 메센은 이렇게 비상식적일 수도 있다.

자전거 불법 주차 …
모두가 어긴 룰은 어기는 게 메센

메센을 이해하기 위해 한 가지 사례를 더 살펴보자. 요코하마 시 히요시에 있는 도큐백화점 앞은 주변 지역상권의 중심지이기 때문에 항상 많은 소비자들이 이곳을 들른다. 40~50대의 아줌마들은 자전거를 타고 장을 보러 온다. 그러나 백화점 앞에는 자전거 주차장이 없다. 아줌마들은 백화점 옆문에 있는 길가에 일렬로 가지런히 자전거를 세워둔다. 많을 때는 60~70대가 빽빽하게 서 있고 적을 때도 30~40대가 주차되어 있다. 이는 불법 주차로 시에서 정기적으로 불법 자전거를 철거한다. 벌금을 물어야 하는 데다 직접 자전거를 찾아가야 하는 등 불편이 적지 않다. 그러나 1년 정도 해당 장소에 자전거를 세웠지만 한 번도 철거된 적이 없었다. 주변의 일본인 지인에게 근처에 자전거 세울 장소

를 물으면 다들 이곳을 말한다. 시가 이 근방에선 철거 작업을 안 하는 것일까? 그렇지 않다. 2~3일에 한 번꼴로 이 근방 다른 곳에 3~5대 정도씩 세워 놓은 불법 주차 자전거는 싹 철거한다. 그렇다면 왜 이곳만 안전한 것일까? 그 이유는 '민나'(みんな・皆: 모두)가 룰을 어기기 때문에 철거반도 손댈 수 없는 것이다. 암묵적으로 인정하는 셈이다. '이곳에서의 자전거 불법 주차는 인정'이 메센으로 작용하는 것이다.

심지어 '불법 방치 금지 스티커'를 붙일 때 재미있는 장면이 목격된다. 이 스티커는 말 그대로 불법 주차 자전거에다 '금지구역에 자전거를 주차하면 철거하겠다'는 문구가 쓰인 스티커를 붙이고 경고하는 것이다. 빨간색의 스티커는 위협적인 느낌까지 풍긴다. 불법 방치 단속 아르바이트를 하는 60대 할아버지가 백화점 옆문에 세워진 수십 대의 자전거에 스티커를 붙이고 있었다. 이때 한 아줌마가 자전거를 타고 와서 그곳에 자전거를 세우면서 할아버지에게 "오츠카레사마데쓰"(수고하십니다) 라고 인사했다. 할아버지는 "도오모 도오모"(뭘요. 감사해요) 라며 웃으며 인사를 받았다. 아줌마는 할아버지의 바로 앞에 자전거를 세웠고 할아버지는 그 자전거에 단속 스티커를 붙인다. 두 사람 사이엔 아무런 긴장감도 없다. 룰을 어기는 행위에 대해 아무런 부담감이 없는 것이다. 왜냐면 '룰을 바꾼 메센'을 알고 공유하기 때문이다.

그런데 룰을 바꾼 메센은 오전 10시 이후에만 적용된다. 즉, 10시에 백화점과 주변 상권이 영업을 시작하면서 수십 대의 자전거가 일제히 이곳에 몰려들 때는 불법 주차 단속이나 철거는 없다. 하지만 그 이전은 다르다. 같은 장소에서 똑같은 불법 주차지만 이를 대하는 일본인의 태도는 전혀 다르다. 우선 철거가 이뤄진다. 단속 차량은 서너 대만 있는 아침 시간대에 와서 거리낌 없이 철거된다. 10시 이후에 이 장소에

가보면 빨간 글씨로 길바닥에 "몇 년 몇 월 며칠 이 장소에서 자전거 몇 대를 철거함. 주인은 어디로 와서 찾아가야 함"이란 종이가 붙어 있다. 아침에 와서 철거해 간 것이다. 단속 아르바이트를 하는 할아버지의 태도도 전혀 다르다. 오전 9시 40분쯤에 해당 장소에 자전거를 끌고 갔을 때, 자전거를 보자마자, 할아버지 단속요원은 사뭇 고압적인 자세로 "코코와 다메"(ここはだめ: 여기 세우면 안 된다)라고 지시투로 말했다. "잠깐이면 됩니다"라고 말해도 "다메데쓰"(だめです: 안 됩니다)라며 막아섰다. 같은 할아버지다. 오전 10시 이전의 할아버지는 '기존의 룰'이 지배하는 사회인 일본의 엄격함을 몸소 보여준다.

하지만 같은 할아버지이고 같은 불법 주차지만 10시를 전후해 전혀 다른 태도를 취한다. 다른 국가의 사람들이 보면, '이중적'으로 보일 테지만, 일본인은 그런 의식조차 없다. 단속하는 할아버지에겐 "이곳은 불법 주차 구역이므로, 룰을 어긴 이에게 주의를 주고, 징계를 줘야 한다"는 의식을 갖고 있다가, 10시 이후에 수십 대의 자전거가 동시에 룰을 어길 땐 룰이 깨진 상황이 새로운 메센이자 룰이므로, 이런 바뀐 룰에 따라 친절하게 불법 주차하는 자전거 아줌마에게 웃으면서 화답을 하는 것이다. 메센 지배가 행동을 지배하는 사례이다. 할아버지는 자신의 이중적인 행동에 이상함을 느끼지 않는다.

도쿄 미나토 구에 있는 미나토 도서관. 엄마들이 자전거를 타고 아이들을 데리고 와서 책을 읽는 곳이다. 옆에는 바로 공원이 있어 입지가 좋다. 그런데 공원은 '자전거 출입 금지' 푯말이 있다. 미나토 도서관의 정문 앞에는 마마차리(엄마들이 아이를 뒤에 태우고 다니는 자전거)가 서너 대 서 있다. 도서관 직원에게 "자전거를 어디에 세워야 하느냐"고 묻자 도서관엔 자전거 주차장이 없다고 했다. 그럼 자전거로 온 사람들은 어떻게 해야 하냐고 묻자 웃는다. "정문 앞에 세워도 되냐"고 묻자 웃는다. "여기 철거되거나 하지 않냐"고 묻자, 그제야 대답을 한다. "제가 알고 있는 한 한 번도 여기서 철거된 적은 없어요." 그의 말은 법이 정한 룰을 이야기하는 게 아니라 메센을 이야기하는 것이다. 물론 암묵적인 룰은 도서관 직원과 이용자뿐만 아니라 자전거 단속 요원들도 모두 숙지하는 사항이다.

야마모토 시치헤이의 공기론 …
누구도 책임지지 않는다는 함정

대표적인 일본론으로는 앞에서 언급한 야마모토 시치헤이의 《공기의 연구》가 있다. 그가 말하는 공기는 여론과는 분명하게 다르다. 1980년대 쓴 이 책에서 그는 "공기란 무엇인가. 그것은 매우 강력하고 거의 절대적인 지배력을 갖는 '판단의 기준'이며, 이것에 저항하는 자는 이단이 되고 '항공기죄'(抗空氣罪)로서 사회적으로 매장될 정도다"라고 썼다.

또한 "공기는 인공적인 조작에 의해 만들어지는 게 아니라 언어의 교환에 의해 무의식·무인공적으로, 자연발생적으로 생겨나는데 그렇다고 작위적으로 의도를 갖고 '인공 공기'를 만드는 것이 불가능한 것은 아니다"라고 분석했다. 한발 나아가 "만약 일본이 다시 파멸의 길에 돌입하는 일이 생긴다면 그건 공기가 그렇게 만든 것이고, 파멸 후에 명목상 책임자에게 그런 선택의 이유를 물어도 그는 그 당시엔 그럴 수밖에 없었다고 답할 것이다"고 썼다.

그가 말한 '파멸'은 제국주의 전쟁과 그 후의 패전을 일컫는다. 일본에 잘못된 공기가 생기면 '침략 전쟁을 하는 일본'의 폭주가 또 다시 벌어질 수 있다는 것이다. 공기가 일본인의 행동을 지배한다는 논리 전개는 상당히 타당하며, 야마모토의 통찰력을 보여주는 대목이다. 하지만 야마모토의 공기론은 면책이란 논리적 함정에 빠진다. 공기론 주장을 펴면서 야마모토는 "공기의 책임은 누구도 추궁할 수 없다"라는 전제에서 흔들림이 없다. 누가 어떻게 만드는지 모호한 공기이기 때문에 이를 추궁해 책임지울 수 없다는 것이다.

일본 패전 후 전범재판에서 많은 전범들이 '그 당시엔 그럴 수밖에 없었다'는 변명을 했다. 공기론은 이런 변명을 지지하는 논리로 읽힌다. 침략 전쟁은 '공기'가 시킨 일이며, 개인적으로 '공기'에 반대하고 싶었지만 그 절대적인 지배력을 따를 수밖에 없었다는 논리의 전개가 된다. 이는 침략 전쟁에 대한 면책론과 책임 회피로 이어진다. 야마모토의 논리대로라면 결국 공기의 지배를 받는 일본인이 또 파멸(침략 전쟁)을 하더라도 그건 일본인의 책임이 아니며 또한 명목한 책임자의 자리에 있는 사람들의 잘못도 아니며 따라서 책임 추궁이 어렵다는 모호한 결론에 도달한다. 제 2차 세계대전 종전 후 미국을 포함한 전승국은 진주만 공격을 결정한 최고위층의 서명권자를 찾는 데 실패했다. 국가를 상대로 한 전쟁의 시작인데도 이를 명확하게 누가 지시했는지 알 수 없었고, 그저 중간급에서만 실제 계획을 짜고 실행에 옮긴 것으로 나왔다. 기묘한 일이다. 야마모토의 지적처럼 '공기'가 그렇게 하도록 만들었다는 말이 된다.

현재도 이는 계속 반복된다. 2011년 동일본 대지진 때 후쿠시마 원전 사고가 터졌고, 방사능 오염이라는 엄청난 피해가 일본에 발생했지만 누구도 책임을 지지 않았다. 책임질 만한 일의 지시를 정확히 누가 했는지 찾기 어려웠다. 이런 면책은 공기론적인 사고에 배경이 있다.

　일본 입장에선 속 편한 논리다. 주변 국가에 메이와쿠를 또 다시 끼칠지도 모르지만 그건 누구의 책임도 아니기 때문이다. 야마모토의 공기론이 가진 면책의 함정이다. 제2차 세계대전의 A급 전범인 도조 히데키 전 총리(전쟁 당시 총리)에 대한 일본인의 정서가 여기에 있다. 좌파와 우파라는 이념을 떠나 일본인은 한 목소리로 히틀러와 도조 히데키는 다르다고 말한다. 히틀러는 침략 전쟁을 기획·실행한 악인(惡人)이지만 도조 히데키는 공기를 따른 숱한 일본인 중 한 명일 따름이란 인식이 바탕에 깔려 있다. 이런 면책론의 함정을 벗어나려면 메센의 형성 과정을 봐야 한다.

잘못을 저지른 메센에 대한 책임 …
메센의 형성 과정

"민나또 잇쇼나라 아카신고모 고와쿠 나이"(皆と一緒なら赤信号も怖くない). "모두 함께 건넌다면 빨간 신호도 무섭지 않다"는 뜻이다. 대부분의 일본인은 이 문구를 들으면 고개를 끄떡인다. 룰과 매뉴얼을 신주모시듯 하는 일본인이 어떻게 빨간 신호에 무단횡단할 수 있는가? 다른이들도 함께 룰을 어기면 그것이 룰을 넘어선 메센이 되기 때문이다.

　룰을 바꾸는 메센은 어떻게 만들어질까? 민나(모두)가 빨간 신호에 횡단보도를 건널 때 가장 먼저 룰을 깨는 이가 존재한다. '먼저 움직이는 하나'다. 작은 실험을 한 가지 했다. 도로 폭이 꽤 넓지만 차는 거의 지나가지 않는 횡단보도에서 40대로 보이는 여성이 건너편에 서 있다.

빨간 신호다. 신호등을 미처 확인하지 못한 내가 거리낌 없이 횡단보도를 건너기 시작했고 건너편 여성은 나를 보더니 횡단보도를 건넜다. 그 여성의 뒤로도 2~3명의 일본인이 뒤를 이어 빨간 신호의 횡단보도에 들어섰다. 내 뒤로도 한두 명이 따라 건넜다. 가장 먼저 룰을 깬 사람이 새로운 메센을 만드는 사람이다.

같은 장소에서 이번엔 다른 상황이다. 빨간 신호에 건너편에 두 명이 있었는데, 한명의 중년 남성이 횡단보도를 건너기 시작했다. 다른 한 명의 일본인이 따라 건너려고 하는데, 건너편에 있는 내가 힐끔 두 명을 보고는 그대로 '기존의 룰'을 지키고 섰다. 처음에 건너기 시작한 중년 남성은 그대로 빨간 신호의 횡단보도를 건너갔다. 맞은편 다른 한 명의 일본인과 그 후에 맞은편에 늘어난 또 다른 일본인도 빨간 신호를 지킨다. 이쪽에 나의 뒤에 온 또 한 명의 일본인도 지키고 서 있다. 어색한 1분이 흘렀다.

새로운 메센은 만들어지지 않았다. '룰을 깬다'는 전제에는 일본인 마음속에 '차도 없으니 그냥 건너도 된다'라는 혼네가 깔려 있으며, 이를 '빨간 신호엔 건너면 안 된다'는 기존의 메센, 즉 다테마에가 막아서고 있다. 다들 '누군가 먼저 룰을 깨 주길' 바란다. 이때 룰을 깨고 바꾸는 행동을 '먼저 움직이는 하나'가 한다. 다들 따라한다. 일본식 집단주의의 한 특성이다. 하지만 교통질서를 어기는 '먼저 움직이는 하나'가 등장했을 때 맞은편에서 빨간 신호를 지키는 게 당연하다는 당당한 자세로 '가장 먼저 룰을 깬 이'와 '여기에 동조하려는 일본인'을 힐끔 본 사람은 무엇일까? 맞은편의 한 명은 메센의 형성을 막았다. 메센은 민나이기 때문에 만들어진다. 맞은편의 한 명은 민나가 아님을 증명했기 때문에 메센도 만들어지지 않는다.

먼저 움직이는 하나, 하나와 같은 생각의 다수,
반대하는 소수, 민나가 되었는지를 저울질하며 주저하는 나머지

메센이 만들어지는 것은 눈〔目〕이 민나의 행동을 바뀌었다고 인정하는
과정이다. 민나가 인정되는 과정에는 다음과 같은 부류가 있다.

    ① 먼저 움직이는 하나

    ② 하나와 같은 생각으로 따라가고 싶은 혼네의 다수

    ③ 이를 반대 또는 저지하려는 소수

    ④ 민나가 아니면 메센이 아니기 때문에 주저하는 나머지 등

    일본에서는 눈〔目〕이 서로의 행동을 바라보면서 끊임없이 상호작용
을 하는 과정에서 메센이 형성된다. 먼저 움직이는 하나가 기존의 메센
을 어기는 행동을 하면 이와 같은 생각의 다수가 이를 따라하려고 주변
의 눈을 살핀다. 만약 반대하는 소수가 강하면 움직이지 않는데 반대하
는 소수가 약하면 자신의 혼네에 따라 움직이고, 마지막으론 주저하는
나머지가 다수의 행동을 보면서 민나가 되었는지를 확인하고 따라간
다. 주저하는 나머지까지 따라가면 메센은 바뀐 것이며, 반대하는 소
수는 침묵하거나 메센을 따라간다.

    먼저 ①은 움직이는 하나는 '안의 세계'를 이끄는 리더에 해당하며 '다
수의 혼네'(②)를 읽고 이를 행동으로 옮기는 자다. 다수의 혼네를 제대
로 파악하는 한 먼저 움직이는 하나의 행동은 메이와쿠가 아니다. 기본
적으로 '먼저 움직이는 하나'는 다수의 생각을 대변하기 때문이다. 다수
의 혼네를 잘못 읽었다면 메이와쿠로 여겨지며, 그 순간 이미 먼저 움

직이는 하나가 아니다. 먼저 움직이는 하나는 다수의 혼네를 가장 먼저 행동으로 옮기기 때문에 먼저 움직이는 하나로 인정된다.

③은 '안의 세계'에서 또 다른 리더다. 메셴이 바뀌는 과정에서 이들은 기존 메셴을 고수하는 역할을 하기 때문에 반대하는 소수로 이름 붙여진다. 하지만 메셴이 바뀌지 않은 상황에선 이들의 행동은 메이와쿠를 찾아내 배제하는 눈이다. 빨간 신호를 지키는 행동은 건너려는 이들에겐 반대하는 소수이며 빨간 신호가 지켜지는 한 메셴을 보호하는 눈으로 '안의 세계'에서 존중받는다. 메셴이 바뀔 때 반대하는 소수가 강하면 메셴은 유지된다. 하지만 메셴이 바뀌었는데도 반대하는 소수가 계속 반대 행동을 하면 이때 이들이 메이와쿠를 끼치는 것이 되고, 엔료를 요구받거나 배제된다.

메셴의 형성 과정을 보면 책임론도 명백하다. 메셴이 바뀔 때 책임은 ①이 져야 한다. 민나가 빨간 신호에 횡단보도 건너는 경우에 이는 메셴이니 다들 죄의식 없이 행동지침을 따라 건넜다. 수십 명을 모두 책임지울 수 없다. 하지만 빨간불인데 횡단보도를 가장 먼저 건너기 시작한 사람이 존재한다. 야마모토 시치헤이가 《공기의 연구》에서 내건 면책론의 함정에서도 빠져나온다. 메셴의 형성 과정에서 공기론을 설명하면 ①은 '②'를 읽었으며, 이를 공기의 지배로 인식했다는 말이 된다.

재밌는 대목은 ②, ③, ④ 모두는 ①이 책임지는 걸 원하지 않는다. 메셴은 민나가 되었다는 의미이기 때문에 모두가 같은 편이다. 메셴에 책임을 물으면 모두가 죄인이다. '안의 세계'는 서로가 서로를 균일하게 보기 때문에 죄 역시 똑같은 무게. ①이 직접적인 문책을 받을 경우 모두도 같은 문책을 받아야 한다는 인식을 한다는 뜻이다. 모두는 책임자 처벌을 반대한다. 일본이 제 2차 세계대전의 책임을 진 전범들을 나

중에 모두 복권한 배경엔 이런 심리가 있다.

한 가지 고려할 대목은 메센 형성 과정에서 '기준 1'의 역할이다. 둥근 원의 무게 중심인 '1'은 사실상 메센 형성에 역할하지 않는 게 원칙이다. 기준이 움직이면 그 자체가 화를 불안정하게 하기 때문이다. 예를 들어 교실에서 이지메가 발생했을 때, 가장 먼저 이지메를 시작한 ①에 ②, ③, ④가 동조하면 민나가 된다. 이지메는 자연 소멸될 때까지 진행된다. 원의 무게 중심 '1'에 해당하는 담임선생님은 물리적 폭력이 수반되지 않는 이지메라면 인지하고도 관여하지 않는 경우가 대부분이다. 그것도 '안의 세계'의 운영 방식이기 때문이다.

'1'이라고 해서 마음대로 질서를 바꿀 권력이 있는 것은 아니다. 무게 중심으로서 권위는 있되 권력은 없다. 하지만 잘못된 메센으로 피해가 발생했을 때 무게 중심인 '1'은 방치한 책임을 져야 한다. 잘못된 메센을 '안의 세계' 모든 구성원이 따라했고 모두가 같은 크기의 잘못을 짊어졌을 때 무게 중심 '1'은 이를 대표해 책임을 져야 맞다. 무게중심 '1'에 대한 문책은 '안의 세계' 모든 구성원에게 잘못된 메센을 깨닫고 이를 지우는 데 도움이 된다.

연합국은 제 2차 세계대전 전범재판에 덴노를 세우지 않았다. 현재 일본의 치열한 메센 전쟁이 벌어지는 근본 원인은 여기서부터 출발한다. 침략 전쟁이란 잘못된 메센이 철저하게 부정되지 못했다.

일본의 3세대론…
패전세대 · 부의 향유 세대 · 잃어버린 세대

일본이라는 '안의 세계'의 메센을 살펴볼 때 세대론은 유의미하다. 1억 2천 5백만 개의 눈(目)을 모두 살펴볼 수 없으니 이를 각 세대별로 나누고 각각을 주시하면 조금 더 수월하게 메센에 다가갈 수 있다. 오다 토시오(織田俊夫)는 2006년 책 《6世代日本》에서 현재의 일본인을 역사, 세대 인구, 부모 세대 등의 3가지를 기준으로 여섯 세대로 나눴다. '전쟁 경험 여부', '베이비붐과 같은 인구 급증 시기', '부모가 속한 세대'를 잣대로 삼아 세대를 구분 지었다.

　세대 변화는 메센에 영향을 미치는 가장 중요한 요소다. 각 세대는 초 · 중 · 고등학교에서 받은 교육 내용이 다르고 유년 시절의 경험이 다르며, 어른이 되었을 때 처한 일본의 내외 환경이 전혀 다르다. 이렇게 각각 다른 환경에 영향을 받은 세대가 바뀌면 '안의 세계'의 사고도 따라서 바뀐다. 각 세대는 어떤 교육과 유년 시절을 보냈을까?

오다 토시오의 6세대 구분

전쟁 참여 세대

1926년까지 출생해 태평양전쟁 때 20대 이상의 성인으로 참전했거나 그 시기를 보낸 세대들이다. 메이지유신 때 '덴노 중심의 일군만민론'을 배우고 '서양의 군사와 문물을 배워, 제국주의 열강 대열에 올라서야 한다'는 메센 속에서 자라났다. 어른이 됐을 때는 배운 대로 목숨을 걸고 전쟁터에 나갔다. 자신이 직접 총을 들고 '와의 세계'를 지켜야 했다. 메이지유신 세대의 선후배이자 부모 자식으로서 메이지유신을 계승한 자부심 높은 세대다. 하지만 패전과 함께 황폐화된 조국을 목도했고 좌절을 경험한 세대다.

전쟁을 겪은 세대

1927~1945년 출생으로 태평양전쟁 때 유년기를 보낸 세대로 전혀 딴판인 두 개의 교육을 경험했다. 메이지유신 체제의 교육을 받다가 1945년 패전과 함께 앞의 교육이 전면 부정되었다. '안의 세계'도 전혀 딴판이 되었다. 이른바 '자학사관'(연합군이 침략 전쟁을 행한 일본과 일본인이 나쁘다는 교육을 일본인에게 심었는데 우익들은 이를 자학사관이라 주장한다)의 교육을 받은 것이다. 딴판인 교육에 혼란을 겪은 것이다. 유년시절엔 미군의 공습을 경험했으며 성인이 되어 고도 성장기를 이끄는 주역이 되었다.

단카이 세대

1946~1949년 출생으로 '전쟁 참여 세대'를 부모로 둔 베이비붐 세대이다. 이들은 앞서 '침략 전쟁을 행한 일본, 일본인이 나쁘다'는 교육을 받았으며, 중·고등학교 때인 1964년 도쿄올림픽 개최와 함께 패전국에서 선진국으로 복귀하는 것을 보았다. 또한 베이비붐 세대로서 많은 인구로 줄곧 주목받는 세대였다. 일본의 세대 중 상대적으로 반미 정서가 강하며 버블 시기(1980~1990년대 초)를 향유했다. 사회에 가장 냉소적이고 비판적인 목소리를 내면서도 사회의 과실은 고스란히 챙긴 세대다.

중간에 낀 세대

1950~1969년 출생으로 베이비붐 이후의 세대다. '전쟁을 겪은 세대'를 부모로 둔 이 세대는 선배 세대인 단카이 세대의 좌파 운동을 보면서 동참하기도 하고 냉소하기도 했다. 단카이 세대가 줄곧 주목받을 때 소외되었던 세대이기도 하다. 버블 시기를 단카이 세대와 함께 누렸고 해외 관광에 눈을 뜬 세대이기도 하다. 해외에 나가 달라진 '밖의 1세대'(유럽과 미국)의 대접을 누렸다. 과거사에 대한 부채의식이 없으며 친미 의식이 상대적으로 강하며 독자적인 부국강병 의식도 강하다.

단카이 주니어 세대 · 그 이후의 세대

단카이 주니어 세대는 1970~1975년 출생으로 '단카이 세대'를 부모로 둔 '제2의 베이비붐 세대이다. 그 이후의 세대는 1976년 이후 출생으로

패전세대의 손자·손녀 세대이다. 이들은 버블 시기에 유년기를 보냈지만 어른이 되었을 땐 '잃어버린 20년'이라는 긴 경기 불황을 견뎌야 했다. 홍청망청의 버블 시기와는 다르다. 일부(1980년대 후반 이후 출생)는 '유토리'(ゆとり: 여유) 교육을 받았는데 이른바 '유토리 세대'는 학력과 자질이 떨어진다는 사회의 평가를 받기도 한다.

2000년 이후
일본의 세대교체

현재의 일본을 이해하기 위해선 2000년 이후 세대 주도권의 변화를 봐야 한다. 1945년 패전 이후 2000년까지 일본을 이끈 세력은 줄곧 '전쟁 참여 세대'와 '전쟁을 겪은 세대'였다. 정치권을 보면 선명하게 드러난다. 자민당은 1945년부터 2000년까지 한 번도 정권을 내놓은 적이 없었는데 2000년대 들어 민주당에게 한 번 정권을 넘겨줬다가 다시 되찾아왔다. 자민당의 주력은 항상 전쟁에 참여하거나 이를 경험한 세대였다. 2000년 4월 5일 성립된 모리 요시로(森善郎) 내각을 살펴보면, 1937년생인 모리 총리를 포함한 19명 장관 모두가 1945년 이전 출생자다. 장관들의 평균 출생 연도는 1936년이다.

변화는 고이즈미 준이치로(小泉純一郎) 총리의 등장에서부터다. 2001년 1차 내각 명단에는 1951년생 한 명과 1957년생 두 명 등 전후세대 3명이 등장하며, 전후세대가 정치 주력으로 두각을 나타내기 시작했다. 고이즈미 총리는 2005년 9월 중의원 선거 때 젊은 세대를 적극 등용했다. 오다 토시오의 세대 구분으로 보면 '전쟁 참여 세대'와 '전쟁을 겪은 세대'는 선거 전만 해도 자민당 중의원에서 무려 64.4%를 차지했으나, 2005년 9월 선거에서는 절반 미만(49.8%)으로 줄었다. 1백명 이상의 신인이 처음 중의원 배지를 달았는데 물론 이들은 모두 전후세대였다. 자민당의 주도권이 전후세대로 넘어간 것이다.

고이즈미 총리에 이어 2007년 총리에 오른 인물은 다름 아닌 1954년생인 아베 총리다. 아베 총리는 1년의 단명으로 끝났으나 이후 민주당이 전후 처음으로 정권을 잡았다가 국정 운영에 실수를 연발하며 실축해 아베 총리는 2012년 12월 다시 총리가 됐다. 고이즈미 전 총리와 아베 총리로 이어지면서, 정치의 중심은 전쟁세대에서 전후세대로 완전하게 탈바꿈했다.

경제계에서도 전쟁세대가 일선에서 대부분 물러나고, 베이비붐 세대인 '단카이 세대'도 은퇴를 시작했다. 2000년대 후반으로 접어들며 일본 경제 산업계에선 '단카이 세대'가 물러나고 '중간에 낀 세대'가 전면에 등장했다. 특히 전쟁세대에서 전후세대로 넘어오는 과정에서 '단카이 세대'를 거치지 않은 것을 눈여겨볼 필요가 있다. 미국식 민주주의 교육을 받은 '단카이 세대'는 이른바 아사히적 사고를 지지하고 일본 군국주의에 대해 가장 부정적인 인식을 가진 세대였다.

3세대로의
일본 세대 재구분

2000년 이후 일본의 세대 변화는 메센 전쟁을 촉발시킨 요인이다. 메센 전쟁을 보다 쉽게 이해하기 위해 앞에서 언급한 오다 토시오의 세대 구분을 '패전세대', '부의 향유 세대', '잃어버린 세대' 등으로 재분류했다. 앞선 6개 분류를 기본으로 삼되 보다 세대의 특징을 잘 나타내는 명칭으로 변경한 것이다.

패전세대

패전세대(敗戰世代)는 1945년까지 출생해 1945년 종전 이후 줄곧 일본을 이끌어온 세대로 '전쟁 참여 세대'와 '전쟁을 겪은 세대'를 아울러 전쟁세대가 아닌 패전세대로 보았다. 이들은 전쟁의 참혹함에 대한 기억을 가진 세대임과 동시에 패전에 따른 '안의 세계'의 정반대의 메센 변화를 경험했고 이를 반강제적으로 받아들인 세대다. 이들이 떠안은 '패전'의 경험은 현대 일본에 현저한 영향을 끼쳤다. 거론되는 인물로는 미시마 유키오(1925년생), 이시하라 신타로(1932년생), 아키히토 덴노(1933년생), 타하라 소이치로(1934년생), 미야자키 하야오(1941년생), 고이즈미 준이치로(1942년생) 등이 있다.

부의 향유 세대

부의 향유 세대(富の享有世代)는 종전 이후에 출생해(1946~1969년생) 일본 경제의 재부상과 버블 시대의 넘쳐나는 부(富)를 향유해 '세계 1위 일본'의 자부심이 가득한 전후세대로 '단카이 세대'와 '중간에 낀 세대'가 여기에 속한다. 전후세대로서 전쟁에 대한 책임 의식이 희미하다. 그리고 세계에서 유례가 없을 정도로 넘쳐나는 부를 만끽하고 전 세계 어디를 가도 대접을 받았기 때문에 '부의 향유 세대'라는 단어가 세대의 성격을 더욱 명확하게 나타낸다. 일본 사회에선 베이비붐 세대인 '단카

이 세대'가 줄곧 주목받았지만, 정작 패전세대로부터 일본 리더십을 물려받은 건 '중간에 낀 세대'다.

앞으론 '단카이 세대'가 중간에 낀 세대이며, 아베 총리로 대표되는 '중간에 낀 세대'가 부의 향유 세대로서 종전 이후의 시대를 이끌 것이다. 거론되는 인물로는 무라카미 하루키(1949년생), 아베 신조(1954년생), 하쿠타 나오키(1956년생), 손정의(1957년생), 하시모토 토루(1969년생) 등이다.

잃어버린 세대

잃어버린 세대(失われた世代)는 1970년 이후 출생해 버블 경제가 끝난 1990년대 중반 이후 일본 경제가 침체되는 시기에 고등학교와 대학교를 졸업해 사회에 나온 세대로 '밖의 세계'에 대한 자신감을 잃어버리고 열심히 일해도 부모세대만큼 얻을 수 없는 세대다.

이들의 특징은 매스미디어의 시대가 아닌 투-웨이(two-way) 소통을 한다는 것이다. 즉, 일방적인 원-웨이(one-way)의 방식으로 주입하는 TV나 신문 등 매스미디어의 영향을 덜 받는 대신 인터넷 카페나 게시판, 커뮤니티 등을 통한 타인과의 상호 의견을 교류해 스스로 자신들만의 메시지(또는 여론)를 형성하는 세대다. 하지만 이런 메시지는 편협하고 자기만족적이며 외부 배타적인 위험성도 함께 지닌다. '단카이 주니어 세대와 그 이후의 세대'가 여기에 속한다.

아사히 vs. 반아사히, 한류 vs. 혐한 …
두 개의 메센 전쟁

이들 세대는 전쟁과 고도성장, 경제성장의 정체와 같은 역동적 환경을 살았다. 동시대를 사는 일본인은 이런 극변하는 환경에서 서로의 의식을 더욱 강하게 공유했지만 세대별로는 환경의 차이로 인해 '균일한 다'라는 조화를 이루기엔 쉽지 않았다. 2000년 이전까지는 패전세대가 정치와 경제를 모두 이끄는 주체였기 때문에 '안의 세계'의 메센 주도권을 둘러싼 싸움이 격화되지 않았다. 이들 패전세대는 패전의 경험과 황폐화된 일본의 기억이 너무 또렷했다. 강한 경험과 기억의 공유는 전쟁세대가 하나의 메센을 유지하는 데 큰 도움을 줬다. 전쟁의 부채를 떠안은 패전세대는 침략 전쟁의 부정과 전후 민주주의 체제를 메센으로 받아들였다.

'아사히적 사고'는 전후부터 2000년까지 일본 사회를 이끈 메센이다. 〈아사히신문〉은 패전 직후 전쟁에 앞장선 자신들을 비판하고 새롭게 전후 민주주의의 지지자로 탈바꿈했다. 패전 이후의 질서를 상징하는 게 아사히적 사고다. 침략 전쟁을 비판하는 반전주의와 군국주의를 배격하고 민주주의 체제를 지지하는 〈아사히신문〉의 태도는 일본 전체 사회에서 지식인의 사고방식이자 태도로서 넓게 받아들여졌다. 우익은 위험한 사람이란 인식도 사회 전반에서 공유되었다.

그러나 2000년 이후에 정치와 경제 분야의 주체가 '부의 향유 세대'로 넘어오면서 갈등이 시작되었다. 패전 전(前)의 메이지유신 질서로의 회귀를 바라는 눈〔目〕이 오랜 기간 수면 아래 있다가 '잃어버린 20년'의 불황기를 겪으며 수면 위로 올라와 '아사히적 사고'와 충돌하기 시작해

구(舊) 메이지유신적 사고를 공공연하게 주장하기 시작했다. 이것이 반(反) 아사히적 사고인데 예컨대 역사교과서 새로 쓰기 운동이 대표적이다. '새로운 역사교과서를 생각하는 모임' 등은 패전 후 연합국군 총사령부가 정한 역사를 일부 또는 전면 부인하고 역사교과서의 수정을 추진하고 있다.

앞에서 언급한 새로운 메센이 만들어지는 과정으로 보면 '새로운 역사교과서를 생각하는 모임' 등 수많은 ① '먼저 움직이는 하나'가 치고 올라왔고 충돌이 격화되었다. 현재 일본 '안의 세계'의 이 충돌에서 구 메이지유신 질서가 주도권을 잡을 가능성이 커졌다. 세대 변화에서 '부의 향유 세대'가 주도권을 장악했고, 이들은 ② '먼저 움직이는 하나와 같은 생각의 다수'로서 오랜 기간 주변을 주시하다가 이제 움직이기 시작했다. 2014년 12월 아베 총리가 별다른 이슈도 없이 의회 해산을 강행했고 이후 중의원 선거에서 자민당은 연립 정당인 공명당과 합치며 개헌이 가능한 2/3 이상을 확보했다. 반면 〈아사히신문〉이 2014년 오보 사태를 겪으며 사장이 사죄 후 사퇴했으며 일본의 방송사와 잡지에 혐한 방송 프로그램과 기사가 범람하고 있다. 하지만 아직 ③ '반대하는 소수'가 사라진 것은 아니며, 따라서 ④ '민나가 되었는지를 저울질하며 주저하는 나머지'도 아직 방향을 정하지 않았다.

'아사히 vs. 반아사히' 메센 전쟁과 동시에 '혐한 vs. 한류' 메센 전쟁이 벌어지고 있다. '혐한 vs. 한류' 메센 전쟁은 '아사히 vs. 반아사히' 메센 전쟁과 맞물린다. 반아사히가 현실 세계에 균열을 내고 뚫고 올라온 게 혐한이기 때문이다. 현재 일본의 메센은 충돌의 시기다. 갈등 속에서 하나로 수렴될 때를 기다리는 중이다. 메센 충돌은 향후 일본의 나아갈 방향을 결정지을 것이다.

전쟁을 보는 일본인의 눈[目] …
미야자키 하야오와 〈영원의 제로〉

'아사히 vs. 반아사히' 메센 전쟁의 뿌리는 과거 전쟁에 대한 관점에서 시작한다. 메센 전쟁을 다루기에 앞서 '안의 세계'가 바라보는 전쟁을 고찰할 필요가 있다. '안의 세계' 입장에 서서 전쟁을 보면 일본 국민들이 스스로를 진정한 전쟁 피해자라고 보는 메센이 보인다. 전쟁 피해자 메센은 전후 직후부터 지금까지 70년간 한 번도 바뀌지 않았다. 도쿄 지요다 구에 위치한 지하 1층, 지상 4층짜리 히비야 도서문화관(도서관)에 무표정한 여자 목소리로 안내방송이 흘렀다.

오늘 헤이세이(平成) 27년 3월 10일은 도쿄 대공습 70주년입니다. 이날을 잊지 말고 희생한 모든 이들의 명복을 빌고, 세계 항구 평화를 기원하는 1분간 묵도를 하겠습니다. 관내 모든 분들도 부디 묵도해주시길 바랍니다. 묵도.

헤이세이는 덴노가 즉위하는 해를 기준으로 한 연도다. 헤이세이 27년은 2015년이다. 도쿄 대공습은 제2차 세계대전 당시 미국 공군이 일본 본토를 폭격한 것을 일컫는다. 이 중 1945년 3월 10일에 벌어진 '미팅 하우스 2'(*Meeting House 2*) 작전이 가장 큰 규모였으며, 이날 하루동안에만 도쿄에서만 사망자 8만 3,793명, 부상자 4만 918명 (당시 일본 경시청 조사) 에 달했다. 단독작전에 따른 공습 피해로는 세계 역사상 최대 규모로 추정된다. 도쿄 전체 면적의 1/3 정도가 불에 탔다. 도쿄 대공습은 대도시를 타깃으로 한 무차별 공격이라는 게 일본의 시각이다. 미군은 관동 대지진 등을 연구해 도쿄의 목조주택이 화재에 취약하다 보고 이에 따라 적합한 폭탄 종류와 공격 목표를 고른 뒤 민간인의 밀집 주거지 (시타마치: 下町) 에 B29기에 의한 대량 폭탄 투하를 감행했다는 것이다. 이날 도쿄 대공습의 피해지역이 관동 대지진과 거의 일치하는 것이 그 방증이라는 주장이다. 미군은 이날 작전이 전쟁 군수물자를 공급하는 도쿄 지역의 중소기업을 타깃으로 한 것이라는 입장이다.

2층 열람실에서 책을 보던 일본인 7~8명이 잠시 눈을 감았다. 고개를 숙이는 행동도 없었다. 눈을 감았다. 한 노신사는 자리에서 일어나, 손을 모으고 묵도했다. 1분간의 정적이었다. 안내방송은 지하 1층의 레스토랑에도 흘렀다. 일본의 '안의 세계'를 관통하는 하나의 메센이 눈앞에서 드러난 1분이었다.

제국주의 일본이 한국, 중국, 아시아에서 행한 전쟁에 대한 일본인의 메센은 '일본인이 전쟁의 가장 큰 피해자'라는 것이다. 묘한 여운이 남는 대목이다. 독일인들이 전쟁 피해자로 유대인 등 자국의 전쟁으로 인해 희생당한 타 국민을 먼저 떠올리는 것과 대조된다. 일본과 독일이 전쟁 사죄의 태도가 다른 이유 중 하나다. 이런 피해자 메센은 이른바 일본 우익만의 주장이 아니다. 좌파와 우파를 가리지 않고 일본인 모두에겐 피해자 메센이 내재되어 있다.

반전론에 숨겨진
양날의 칼

미야자키 하야오(宮岐駿, 1941년생으로 패전세대이다)는 한국인이 가장 사랑하는 애니메이션 감독이다. 〈천공의 섬 라퓨타〉, 〈모노노케 히메〉, 〈바람계곡의 나우시카〉, 〈귀를 기울이면〉, 〈센과 치히로의 행방불명〉, 〈하울의 움직이는 성〉, 〈벼랑 위에 포뇨〉 등 유년시절에 한두 편 그의 장편만화를 안 본 이가 없을 정도다. 미야자키의 만화가 없었더라면 1980~2000년대에 한국엔 이른바 할리우드 디즈니 색채의 장편만화만이 활개를 쳤을지도 모르겠다.

잘 알려져 있지 않지만 미야자키는 한국의 1980년대 어린이들을 사로잡은 TV 애니메이션 제작에 참여하기도 했다. 젊은 시절 애니메이션 제작사 도에이에 다녔었는데 이때 〈알프스의 소녀 하이디〉(1974년), 〈플랜더스의 개〉(1975년), 〈엄마 찾아 삼만 리〉(1976년), 〈미래소년 코난〉(1978년), 〈빨강머리 앤〉(1979년) 등에서 직접 원화를 그리거나, 각본을 쓰고, 콘티를 만들고, 감독을 하는 등 주요 멤버로 활동했다.

〈이웃집 토토로〉가 보여준 따뜻한 감성과 동심의 세계는 어른이 된 한국인에게 여전히 기대고 싶은 고향의 풍경이다. 물론 미야자키가 그린 고향은 일본의 시골이지만 말이다. 미야자키는 한국은 물론이고 아시아와 전 세계에서 대중적인 인기를 누리는 인물이다. 그만큼 그의 세계에 많은 이들이 매료되었다는 뜻이다. 일본인도 그를 좋아하며 그의 작품은 선풍적인 인기를 끌었다. 즉, 미야자키는 일본인의 메센을 잘 읽은 감독이라는 뜻이다.

그러나 그의 2013년 은퇴작인 〈바람이 분다〉가 '군국주의를 미화했다'

는 논란에 휩싸였다. 〈바람이 분다〉는 제 2차 세계대전 당시 일본군의 주력 전투기였던 제로센의 설계자에 대한 이야기다. 제로센 전투기는 일본 제국주의, 군국주의의 상징과도 같은 존재다. 〈이웃집 토토로〉와 〈벼랑 위의 포뇨〉를 그린 그가 왜 군국주의 미화에 나섰을까? 미야자키는 이와 관련해 2013년 10월 5일자 〈조선일보〉 인터뷰에서 다음과 같이 언급했다.

주인공이 전투기 개발자인데요. 주인공을 통해 무엇을 그리려 하셨는지요.
직업이라는 게 이것은 전쟁 때 직업이고, 이것은 평화로운 시대의 직업이고, 그런 식으로 나눌 수 없는 겁니다. 직업이라는 것은 반드시 인간 문명과 함께 가기 때문에 문명이 이상해져 버리면 반드시 그 직업도 이상해지게 됩니다. 갈기갈기 찢어지는 거죠. 실제로 호리코시 지로(주인공)의 삶은 갈기갈기 찢어졌다고 생각해요.

이번 작품에 대해 내부에서 반대는 없었나요?
한 직원이 말하더군요. '무기를 만든 사람에 대한 영화잖아요.' 저도 어떻게 만들어야 할지 사실 잘 몰랐지만 결국 만들게 됐네요. 하지만 제가 무기를 좋아한다는 입장(그는 무기 마니아다. 하지만 지브리 공동 설립자인 다카하타 이사오 감독은 그를 '무기를 좋아하는 반전주의자'라고 표현했다)에서 만든 부분은 단 한 곳도 없습니다. 비행기 표현 방법도 아주 절제하려고 했습니다. 그런 게 중요한 것이 아니었으니까요. 제 아내도 제게 그럽디다. '왜 이런 걸 만들어? 〈이웃집 토토로〉 후속편을 만들면 좋잖아요'라고요. 아들도 '아버지는 왜 전쟁에 쓰는 물건을 좋아하시나요?'라고 합니다. 이것은 저의 모순되는 부분인데요. 전쟁을 부정한다고 모든 것을 부정할 수는 없는 것입니다.

그는 자신이 "모순덩어리로부터 나왔다"고 했다. 아이들을 즐겁게 하기 위해 애니메이션을 만들어 왔지만, 직장에서는 부하직원들에게 "더 일해! 느려 터졌잖아! 바보야!" 같은 난폭한 말을 내뱉는다는 것. 평온한 분위기에서 미소를 지으며 일을 시키는 그런 사람이 아니라고 했다. "하지만 모순 없는 사람은 없어요. 모순을 부정한다면 그게 이상한 겁니다. 인간은 모순의 에너지로 나아간다고 할 수도 있으니까요."

미야자키는 흔히 '전쟁하는 일본'에 대해 반성하며 우익을 견제하는 양심적 지식인이다. 그가 보여준 일본 사회가 바라보는 전쟁에 대한 시선은 어떨까? 미야자키는 그동안 작품 전편에서 '반전' 사상을 보여준다. 그런데 독특한 특징은 선악의 대결을 묘사하면서도 선악을 이분법적으로 나누지 않는다는 것이다. 파괴하고 침략하는 '악'이지만 그 '악'도 다른 관점에서 보면 '선'일 수 있다는 생각이며, 또한 그 '악'도 어떤 측면에선 피해자라는 관점이다. '파멸되어 마땅한 적'이 아닌 것이다.

예컨대 〈모노노케 히메〉에서 '악'은 에보시라는 이름의 여성으로, 철(무기)을 만들 원료를 얻기 위해 숲을 불태워 동물들의 터전을 파괴하는 인물이다. 에보시는 자신의 마을에선 인자하고 사람들을 잘 살피고 나병 환자와 전직 성매매 여성들을 받아들이며 평등하고 이상적인 사회를 꾸려간다. 미야자키의 작품에서 '파멸되어 마땅하기 때문에 선에 의해 파멸된 악'은 없다. 침략 전쟁의 당사자인 일본인의 시선을 미야자키가 대변하는 것이다. 일본의 침략 전쟁 때 군대에 간 숱한 일본인과 심지어 전쟁 결정을 내리거나, 전쟁을 위한 무기를 만든 일본인 모두 '절대적인 악'이 아니며, '저쪽의 입장'(전승국)에서 '상대적인 악'일 뿐이란 인식이다. 여기에 더해 '일본도 전쟁의 피해자'라는 인식이 배경에 있다.

물론 미야자키는 세칭 우익이 아니다. 그도 한 명의 일본인으로서 일본에서 살아가며 그 또한 '눈'의 지배를 받는다. 그의 작품에 숨겨져 배어나오는 '일본의 전쟁에 대한 시선'이 그러하다는 것이다.

전쟁을 그린 일본의 장편 만화영화들에서는 이러한 시선이 보다 명확하게 드러난다. 대표적인 작품이 1988년작 〈반딧불의 묘〉(火垂るの墓 ほたるのはか) 이다. 〈반딧불의 묘〉는 전쟁 막바지인 1945년 6월 고베 대공습 때 집이 불타고 엄마를 잃어버린 오누이의 이야기다. 14살짜리 오빠는 4살짜리 여동생과 함께 미군의 공습을 피해 피란을 다니며 그 와중에 공습으로 죽은 일본인을 한 곳에 모아 불태우는 등의 장면을 보면서도 동화 특유의 따뜻함으로 밝게 살아가려 하는 모습으로 그려지지만 기근으로 끝내 둘 다 죽는다는 스토리다.

일본인의 마음속엔 '침략자인 일본군이 누군가를 죽였다'는 이미지가 별로 없다. 줄곧 일본열도에 살았던 대다수 일본인의 입장에서 침략 전쟁은 '미군의 공습을 받은 전쟁'이었다. 그렇다고 패전 이후 점령군으로 들어온 미군을 악으로 볼 수도 없었다. 미군은 '패전한 일본군이 악'이었다는 메센을 강제했고 '안의 세계'는 이를 받아들였다. 그 결과가 이런 애니메이션에 나타나는 메센이다.

일본 애니메이션은 '전쟁의 참혹함'을 다루면서 '일본인이야말로 정말 가장 큰 전쟁의 피해자'라고 말한다. 실제로 제 2차 세계대전 당시에 죽은 일본인은 8백만 명이 넘는다. 반면 일본군이 한국과 중국에서 서민을 학살하는 모습은 보여주지 않는다. 마음 속 깊은 곳에서 일본인 피해자 메센을 믿는 일본인으로선 식민지 지배에 대해 일본을 비판하는 한국인을 상대로 진심어린 사과를 할 수 없는 것이다. 이런 메센 속에서 전쟁으로 더욱 고통받은 일본인이 식민지 지배의 울타리에서 직접 전쟁의 참화를 겪지 않은 한국인에게 사죄하려니 자꾸 갈등이 불거지는 것이다.

제 2차 세계대전의 피해자는
일본 국민이란 메센

반전론자인 미야자키 하야오와는 전혀 다른 사상을 가진 극우파로 분류되는 아베 일본 총리의 친구이자 베스트셀러 작가, NHK 경영위원인 하쿠타 나오키('부의 향유 세대'이다)의 작품 〈영원(永遠)의 제로〉가 TV 도쿄에서 전후 70주년 기념 드라마로 제작되어 2015년 2월 TV에 방송되었다. 소설 〈영원의 제로〉는 자살특공대인 가미가제를 소재로 한다. 지은이인 하쿠타는 현재 일본 우익의 사상을 대표하는 인물로 거론되며, 일본군이 중국인을 대량 학살한 1938년의 난징대학살은 조작된 것이며 오히려 미군의 도쿄 대공습과 원폭 투하가 대학살이라고 주장하는 인물이다.

일본 전쟁에 대해 정반대의 시각을 가진 미야자키와 하쿠타이지만 전쟁의 피해자 인식에 있어서만큼은 일치한다. '전쟁은 그 자체로 참혹하고 누구도 승자가 될 수 없으며, 당시 일본군에 있던 일본인도 피해자다. 전쟁 당시 일본인은 각자 자신의 자리에서 묵묵히 일을 수행했지만 전쟁 탓에 피해자가 됐다'는 식이다. 물론 '미화'의 정도 차이는 분명하다. 하지만 미야자키와 하쿠타가 일본인의 메센을 똑같이 보여줬다는 데는 이견이 없다.

차이가 있다면 미야자키의 작품에는 무의식중에 이런 시선이 담겼다면 하쿠타는 그런 인식을 자각한다는 정도다. 전쟁에 대한 메센이 두 사람을 지배하고 행동지침이 된 셈이다. 미야자키를 포함해 일본 대중문화의 영역에서 전쟁의 피해자인 한국인과 중국인들이 비참함 속에서 밝음을 잃지 않고 살아가는 따뜻함을 그린 작품은 찾아보기 힘들다.

다시 '1분간의 묵도'로 돌아오자.

도쿄 대공습의 사망자는 대부분 불에 타 죽었다. 주택 26만 8,359호가 화재로 불에 탔다. 1백만 명이 넘는 이들이 불탄 집을 피해 집밖으로 뛰쳐나갔고 불에 타 죽는 이들을 봤다. 시신을 봤다. 미야자키와 하쿠타가 이날 일본의 어느 곳에선가 히비야 도서문화관과 같은 안내방송을 들었다면 어땠을까? 서로 다른 그들의 세대나 사상, 일, 사회적 지위 등에도 불구하고 같은 행동을 취했을 것이다. 묵도했을 것이다. 일본의 메센은 '전쟁의 피해자가 일본인'이라는 데 있다. 이걸 따르지 않는 '안의 세계' 구성원은 없다.

하지만 일본의 도서관, 관공서 혹은 사설기관, 기업 등 어떤 건물에서 관동 대지진 때 희생한 6천 6백 명의 조센징(한국인) 사망자나 중국 난징 대학살의 희생자를 기리는 묵도가 있었을까 의문이다. 정확하게 집계되진 않지만 전쟁 당시 일본군이 중국, 조선, 인도네시아, 말레이시아, 필리핀 등에서 자행한 민중 학살은 542만 4천 명(R. J. Rummell의 추정)~2천 36만 5천 명(Werner Gruhl의 추정)으로 추정된다. 전쟁은 모든 이에게 비극이다. 전장에 내몰린 침략국의 군인에게도 마찬가지의 비극이다. 또 이런 비극의 정도를 사람 목숨 값이나 숫자로 말할 순 없을 것이다. 하지만 '일본 침략 전쟁의 진정한 피해자는 누구인가'라는 질문을 안 할 수 없다. 일본 '안의 세계' 대답은 패전 이후 줄곧 하나였다.

〈반딧불의 묘〉를 보면 알 수 있다. 보면 감동하고 동화될 것이다. 사람의 측은지심을 흔들 줄 아는 잘 만든 애니메이션이다. 안타까운 점은 일본인이 '안의 세계' 메센에 따라, 무의식이겠지만 그런 행동지침에 따라 '안의 세계' 합리화를 위해 작품을 만들었다는 대목이다. 일본인이 난징 대학살이나 관동 대지진 조선인 학살을 그렇게 따뜻한 인간애의 마음으로 만들어줄 그런 날이 올까? 현재의 일본 '안의 세계'로는 쉽지 않을 것이다.

전쟁을 보는 일본인의 눈[目] …
병아리를 죽인 '선의론'

성서학자인 츠카모토 토라지(塚本虎二) 선생은 "일본인의 친절"이라는 매우 흥미로운 에세이를 썼다. 그가 젊은 시절 살았던 하숙집의 노인이 매우 친절한 사람으로 추운 겨울날 병아리들이 너무 춥겠다고 생각해 뜨거운 물을 먹여 결국 모두 죽여 버렸다. 그리고 츠카모토 선생은 '거기 당신도 웃고 있을 때가 아니다. 일본인의 친절이란 게 이런 거였다'라고 적었다. 나는 이를 읽고 꽤 오래전 신문 기사를 기억해냈다. 그것은 젊은 엄마가 보육기(인큐베이터) 안에 자신의 아기가 추우리라고 생각해 휴대용 손난로를 넣었다가 아기를 죽게 한 사건으로, 과실치사죄로 법정에 섰다는 기사였다. 병아리에게 뜨거운 물을 먹인 노인과 똑같은 행동으로 둘 다 선의에 바탕을 둔 친절이다.

야마모토 시치헤이, 1983, 《공기의 연구》 중

일본 제국주의 전쟁에 대한 두 번째 메센은 선의론(善意論)이다. 일본어에는 '선의를 몰라준다'(善意が通らない) 란 표현이 있다. 선의로 한 행동인데 이를 몰라주는 행동은 메이와쿠라는 것이다. 선의론에 바탕에 둔 일본의 근현대사는 점차 일본 전체로 확산되고 있다. 일본 제국주의였던 '메이지유신 질서 때 식민지 지배, 동남아시아 침략 모두 선의'라는 주장이다. 결과적으론 전쟁을 일으켜 많은 아시아인이 죽었

으니 미안하지만 전쟁을 일으킨 이유는 선의였기 때문에 무작정 나쁜 행동이라고 비난할 수 없다는 것이다. 그리고 일본의 이런 선의를 몰라주는 한국과 중국 등 아시아 국가는 메이와쿠라는 논리로 이어진다.

즉, 중국의 속국이었던 조선을 독립시키기 위해 중국과 전쟁했고(청일전쟁), 당시 영일동맹 중이던 일본에게 가장 위험한 적(敵)이었던 러시아에 물정 어두운 조선이 근접(아관파천)하자, 이를 바로잡기 위해 또 전쟁을 했고(러일전쟁), 연약한 조선이 일본과 같은 나라가 되고 싶다고 해서 보호하기 위해 합방(조선을 강제로 병합)했다. 시야를 넓혀보니 베트남, 필리핀, 인도네시아 등 동남아시아 국가도 모두 서양 열강의 제국주의에 침탈을 받고 있으니 대동아공영권을 내세워 이들을 도와주러 전쟁(일본은 대동아전쟁이라 불렀고 후에 미국은 태평양전쟁이라 함. 이 책에서 일본이 전쟁을 일으킨 주체임이 확인된 부분에서는 대동아전쟁이라 표기함)을 일으켰다는 것이다. 종군위안부 문제에도 이런 선의론이 깔려 있다. 종군위안부는 일본군과 함께 '안의 세계'를 위해 중요한 역할을 한 존재였고 귀하게 대접했다는 인식이다.

고바야시 요시노리의 《보수도 모르는 야스쿠니 신사》를 보면 선의론에 바탕을 둔 일본 현대사의 해석을 알 수 있다.

닛신센소(日淸戰爭·にっしんせんそう: 일청전쟁)과 니치로센소(日露戰爭·にちろせんそう, 일러전쟁; 각각 청일전쟁과 러일전쟁을 일컫는 일본식 명칭으로 고바야시는 일본식 명칭을 썼다)도 일본을 지키기 위해 어쩔 수 없는 전쟁이었다. 이 전쟁에서 전사자는 조국을 지키기 위해 목숨을 바친 영웅으로 받들어져 야스쿠니 신사에 모셔져 있다. 일찍이 일청·일러전쟁을 '침략 전쟁'이라며 비난하는 좌익도 많았지만, 최근에는 정말 반일사관론자가 아니라면 그런 주장은 안 하게 되었다. 일본은 (서구 열강의) 식

민지가 안 되기 위해 숱한 희생을 치르며 메이지유신을 하고 근대화에 나서기 시작했다. 하지만 이와 반대로 대륙의 왕조국가인 청은 서구에 의해 반식민지화가 진행되고 있었음에도 여전히 시대에 뒤떨어진 대국의식에서 벗어나지 못하고 근대화에 나서지 못하고 있었다. 그리고 조선은 그런 청에 종속된 속국이었다. 대륙에서 일본에 팔을 뻗는 모양에 위치한 조선반도는 일본을 공격하기 위한 요지다. 만약 조선이 서양의 식민지가 되면 일본은 나라를 지킬 수단이 없어지게 된다. 그리고 실제 러시아는 부동항을 찾아 조선반도를 노리고 있었다.

조선은 그런 위기에 직면해도 청에 의존할 뿐이었고 쇠락한 청은 러시아에 대항할 실질적인 힘이 없었다. 일본이 자국을 지키기 위해선 조선을 청에게서 잘라내 독립국으로 만들고 (조선의) 스스로의 힘으로 나라를 지키도록 할 수밖에 없었다. 이런 과정에서 일청전쟁이 발발한 것이다. (…) 전쟁은 일본이 승리했다. 일본은 강화조약의 제1조에 '조선의 자주독립'을 넣기를 요구했고 이런 일본의 염원은 통하는 것처럼 보였다. 하지만 조선은 근본적으로 자주독립의 정신이란 게 없었다. 일본이 러·프·독에 의한 3국 간섭의 압력에 굴복해 요동반도를 청에게 반환하는 것을 본 조선은 이번 엔 스스로 러시아의 속국이 되려고 접근하기 시작했다.

러시아는 청의 정세 불안을 틈타 만주를 점령하고 더욱이 조선에 간섭하기 시작했다. 이대로라면 러시아가 조선반도를 점령해, 이어서 일본을 공격해 식민지로 만들려고 하는 건 확실했고, 일본과 러시아의 전쟁은 불가피해졌다. (…) 러일전쟁의 일본의 승리는 (…) 유색인종은 절대 백인에 승리할 수 없고 식민지화는 불가피하다는 당시 세계사의 상식을 근본에서부터 뒤엎은 일이었다.

고바야시 요시노리, 2014,
《보수도 모르는 야스쿠니 신사》, pp. 30~33

대동아전쟁은 아시아 해방의 전쟁이었다. 대동아전쟁은 더욱이 또 하나의 정의였다. 전쟁 전 아시아의 대부분 지역은 서구와 미국의 식민지였다. 인도·버마(미얀마)·말레이시아는 영국, 필리핀은 미국, 인도네시아는 네

딜란드, 베트남·라오스·캄보디아는 프랑스의 식민지였다. 그리고 노골적인 인종차별이 행해졌다. 유색인종은 인간이 아니라 가축으로 취급됐다고 말하는 편이 정확했다.

백인은 식민지의 생산물을 철저하게 수탈해 현지인은 빈곤에 시달렸다. 예를 들어 네덜란드에 의한 인도네시아 지배에는 인도네시아 인구의 0.5%의 네덜란드인이 인도네시아 전 생산액의 65%를 독점했다. 네덜란드는 인도네시아인에게 철저한 우민화 정책과 분단통치를 행했다. 교육 시설은 만들지 않았고, 민중은 문맹 상태 그대로였다. 인도네시아 국민의 통일을 막기 위해 지역별로 320개로 나뉜 언어를 그대로 방치해 표준어를 만들지 않았다. 더구나 네덜란드인은 스스로 전면에 나서지 않는 방식으로 현지인의 증오가 네덜란드인 이외로 향하도록 구조를 만들었다. (…) 이런 철저한 지배는 350년이나 지속됐다. 인도네시아인은 네덜란드인은 고등 인종이며, 자신들은 가축 취급을 받아도 당연하다는 인식 탓에 저항하려는 발상조차 하지 못하게 됐다.

여기에 대동아전쟁이 발발했다. 일본군은 단 9일 만에 네덜란드군을 물리쳤다. (…) 일본군은 인도네시아에 군정을 펼쳤고, 이후 네덜란드가 350년간 절대 하지 않았던 인도네시아의 표준어를 통일해 인도네시아인을 교육시키고 무기를 가진 군대를 만들었다. 하지만 그 3년 후 일본은 패전했다. 네덜란드군이 인도네시아를 다시 식민지화하기 위해 돌아왔다. 하지만 이때는 인도네시아인은 더 이상 백인을 무서워하는 의식이 사라졌다. 3년 반 동안 일본군에 의해 조직되고 훈련받은 군대도 보유했다. 이렇게 인도네시아 독립전쟁은 발발했다. 일본군은 무기해제로 몰수될 무기를 몰래 인도네시아군에게 전달했고 여기에 2천 명으로 추정되는 일본군이 현지에 남아 독립전쟁에 참전했고 절반 정도가 전사했다. 4년간의 독립전쟁 끝에 1949년 마침내 인도네시아는 독립을 이뤘다. (…) 대동아전쟁은 백인 지배를 타파하고 식민지의 독립을 촉진하는 결정적인 계기가 됐다.

같은 책, pp. 39~42

따로 분석하지 않더라도 선의론을 어렵지 않게 찾을 수 있다. 이런 인식은 1945년 패전 직후엔 누구도 입에 올리지 않던 이야기다. 전쟁의 가장 큰 피해자는 일본인이란 전쟁에 대한 첫 번째 메센은 패전 직후부터 뿌리 깊게 남아 이후 애니메이션 등 일상생활에서도 드러났던 데 반해 전쟁에 대한 두 번째 메센인 선의론적·시혜주의적 역사관은 수면 아래에 잠겨 있었다.

  물론 이 같은 인식의 허구는 간단한 반론으로 명확해진다. 만약 당시 역사에서 일본이 아닌 중국이 근대화에 성공해 중국이 볼 때 일본이 서구 열강의 식민지가 될 것 같아 먼저 일본을 식민지로 삼았다면 일본인은 그것을 정당하다고 보겠는가? 중국이 동남아시아가 다른 서구 열강의 식민지인 현실을 개탄해 자국 군대를 이끌고 전쟁을 일으켜 중국의 지배 아래 두면 일본인은 그것을 정의로운 전쟁이라고 칭송할 수 있겠는가? 이렇게 간단한 반론만으로 전쟁에 대한 두 번째 메센이 통용되지 않음을 알 수 있는데도 왜 일본인은 선의론에 사로잡히는가?

  야마모토 시치헤이는 '일본인은 제3의 대상에 감정이입을 하고, 그 감정이입 상태를 절대시한다'고 보았다. 제3의 대상은 그 나름의 입장과 상황이 있는데도 일본인은 감정 이입과 함께 자신과 그 대상을 동일시하고 따라서 그 대상도 자신과 마찬가지의 생각을 할 것이라고 믿는다. 그래서 병아리에게 뜨거운 물을 먹이고 인큐베이터에 휴대용 손난로를 집어넣는다. 그런 다음에 안 좋은 결과가 나오면 자신을 탓하는 게 아니라 '선의를 몰라주는' 사회를 탓한다는 분석이다.

  앞서 말했듯 일본인에게 사람은 '닌겐'이다. 개인 그 자체가 사람이 아니라 사람과 사람 사이의 관계가 곧 사람이란 뜻이다. 개인의 생각이 그 사람을 규정짓는 게 아니라 다른 사람과의 관계 또는 다른 사람에게 비친 개인의 모습이 그 개인을 규정짓는다는 뜻이다. 이런 일본인의 인식을 고려할 때 야마모토의 통찰은 적확한 것으로 보인다. 관계가 중요하기 때문에 쉽게 타자에게 감정을 이입하고 그 감정 이입은 절대시되면서 '남'과 '자신'을 동일시하는 행동을 취하는 것이다.

타하라 소이치로의
창씨개명 변호

선의론적 역사의식은 이미 일본 전체에 폭넓게 퍼진 다수의 생각이다. 한국 등 주변 국가에는 일본을 대표하는 진보적 지식인으로 여겨진 타하라 소이치로는 베스트셀러 소설가이자 NHK 경영위원인 하쿠타 나오키와 2014년에 좌담을 갖고 《애국론》을 출판했다. 타하라는 아사히 TV의 간판 시사 프로그램인 〈아침까지 생방송〉(朝まで生テレビ) 사회자로서 일본의 각종 시사 문제에 날카로운 식견을 보여준 인물이다.

1934년생으로 패전세대인 타하라는 유년시절 학교에서 전쟁의 정당성을 배우다가 어느 날 정반대의 침략 전쟁 부정론을 배운 세대로 미군의 공습 기억을 가지고 있다. 이른바 '패전세대'는 전쟁과 관련해 양심적인 목소리를 줄곧 내왔고 타하라도 마찬가지였다. 하지만 최근에 출판한 《애국론》에선 선의론이란 그의 '혼네'가 드러났다.

타하라 영국은 식민지 인도에 대해 그들이 문맹이라도 상관없다고 생각했다. 일본은 경성제국대학을 설치했고 교육에 힘을 쏟았다. 창씨개명도 선의라고 할까, 일본인과 똑같이 하자고 했던 것이다. 하지만 이걸 일본어를 강제로 가르쳤고, 옛 이름을 빼앗고 일본식 이름을 강제했다는 식으로 전부

뒤집어 주장하고 있다.

하쿠타 맞다. 모두 선의(善意)였다. 1910년 한국 합병 당시 문맹률은 80∼
90%였다. 일본은 한반도에 소학교를 설립했고 학교에서 쓰는 언어는 일본
어였지만 필수과목으로 한글을 가르쳤다. 한글 최초 교과서는 인쇄소가 없
어서 도쿄에서 인쇄했다. 그 이외에도 철도, 댐, 발전소, 도로, 철광개발
등 여러 가지 일들을 했다.

하라 소이치로·하쿠타 나오키, 2014, 《애국론》, p. 129

하쿠타 스페인, 네덜란드, 영국, 프랑스가 취한 식민지 정책과 일본의 대만
과 한국에 대한 정책은 전혀 다르다. 일본은 동화정책을 하려고 했다. 서구
열강은 교육을 하지 않고 오직 식민지를 수탈했다. 원자재를 가져가고 그걸
로 만든 상품을 다시 그 나라에 팔아 이중 착취했다.

같은 책, p. 156

일본의 행위는 선의에 따른 것이었는데 다른 나라가 이를 왜곡한다
는 주장이다. 이것 역시 반론은 단순하다. 1945년 일본을 점령한 미국
이 동화정책을 펴면서 일본 이름을 쓰지 못하게 하고, 대신 미국식 이
름을 쓰라 했다면 일본인은 미국의 선의라며 기뻐했을까? 미국이 중국
을 공격하는 교두보로 일본을 활용하기 위해 일본에 철도를 놓는 등 투
자를 했다면 그것을 선의라고만 볼 수 있을까? 하버드대학 분교가 도쿄
에 설치되면 만사가 다 해결됐을까?

이른바 진보적 지식인이라는 타하라의 발언은 선의론적 역사가 하나
의 메센이 됐다는 증거라고 봐야 한다. 그동안 일본을 이끌어온 패전세
대는 침략 전쟁에 대해 언급하는 걸 꺼려했고, 항상 '죄송하다'는 발언
으로 이야기를 마무리했다. 패전 후 연합군 총사령부에서 교육한 질

서에 순응한 것이다. 하지만 패전세대는 이제 말을 번복한다. 전쟁을 경험하지 않은 '부의 향유 세대'의 '전쟁은 선의였다'라는 주장에 동조하는 것이다.

'전쟁은 선의였다'는 메센 역시 새로운 메센이 만들어지는 과정으로 본다면 ① '먼저 움직이는 하나'(새로운 역사교과서를 생각하는 모임' 등)에 ② '하나와 같은 생각의 다수'(부의 향유 세대)가 지지하며, 타하라 소이치로의 사례에서 보는 것처럼 ④ '민나가 되었는지를 저울질하며 주저하는 나머지'(패전세대)가 동참하기 시작했다. 타하라 소이치로로 대변되는 패전세대는 처음부터 ②였는지 모르겠다. 다만 그런 혼네를 감춰온 것일 뿐인지 모른다. 남은 건 ③ '반대하는 소수'이지만 이들은 이미 목소리를 낮추기 시작했다. 메센이 정해진 다음에도 계속 같은 목소리를 낸다면 그건 메이와쿠이기 때문이다. ③은 이제 메이와쿠 의식에 압력을 받으면서 엔료해야 할 처지에 놓였다.

선의론은 '피해자는 일본인'이란 메시지와 함께 현재 일본 사회의 메센으로 자리 잡았다. 야스쿠니 신사 논쟁은 이런 피해자론과 선의론이 합쳐지면서 전쟁 합리화로 이어진 대목이 크다. 전쟁 합리화를 의미하는 야스쿠니 신사 참배는 결국 전쟁 전 '와의 세계'로 복귀를 바라는 움직임으로 이어진다.

아사히 vs. 반아사히의 메센 전쟁

전후 일본의 '안의 세계'를 지배한 눈[目]의 행동지침은 '전후 민주주의'
다. 1945년 8월 15일 패전을 기점으로 '안의 세계'의 메센은 강압적이고
인공적으로 바뀌었다. 군국주의의 모든 교육과 제도는 부정되었다. 군
대는 무장해제되었다. 아시아를 위한 전쟁이라던 대동아전쟁은 일본의
선전포고 없는 진주만 기습으로 발발한 제2차 세계대전의 일부인 태평
양전쟁으로 바뀌었다. 도조 히데키 전 총리대신 등 국가 지도자급이었
던 A급 전범 26명은 전범재판에 회부되어 7명이 사형되었다. B·C급
전범 중에서도 1,061명이 사형되었다. 전쟁을 금지하는 평화헌법이 제
정됐고 군대 보유는 금지됐다.

　이렇게 메이지유신적 사고는 부정되었다. 메이지유신은 서양 열강이
일본을 식민지로 삼아 지배할 것이란 쿠로후네 공포에 직면해 막부를
무너뜨리고 근대화와 군국주의를 추진한 혁명이었다. 종전 직전까지는
'안의 세계'의 메센이었다. 하지만 '밖의 세계'가 일본열도를 점령하며
질서는 '밖의 세계'의 룰에 맞춰 모두 바뀌었다.

전후 민주주의와
반전의 아사히적 사고 탄생

군국주의의 나팔수 역할을 했던 신문들은 부정되었다. 1945년 8월 15일 패전과 함께 일본 신문들은 혼돈에 빠졌다. 신문의 전쟁 책임론이 부상했다. 신문은 국민들에게 진실을 전하지 않고 전쟁을 부추기며 거짓말로 지면을 만든 군국주의의 선전지에 불과했다.

〈아사히신문〉은 1945년 8월 23일 "스스로 죄를 벌하는 이유"(自らを罪するの弁)라는 글을 게재했다. 그리고 11월 8일 "국민과 함께 서겠다"(國民と共に起たん)라는 사고를 냈다. 국민에게 진실을 전달하지 않고 전쟁에 돌입하도록 한 전쟁 책임을 스스로 물었고 사장을 포함한 편집간부 전원이 사퇴했다. 일본 군국주의와 완전 결별하고 책임이 있는 자는 퇴사해 새로운 진영으로 미국식 민주주의를 받아들이겠다는 의지였다. 〈아사히신문〉은 스스로를 단죄함으로써, 구 메이지유신적 사고를 한 번에 도려내고 새로운 '안의 세계'를 받아들였다. 이른바 '아사히적 사고'는 새로운 '안의 세계'를 스스로 받아들인, '균일한 다'의 상징이 되었다. 〈아사히신문〉은 신문업계에서 가장 먼저 5백만 부수를 획득하며 새로운 '안의 세계'의 눈〔目〕으로 빠르게 자리 잡았다. 1879년 오사카에서 창간된 〈아사히신문〉은 현재 조간 710만 부, 석간 240만 부에 달해 〈요미우리신문〉에 이어 두 번째로 발행 부수가 많다.

이른바 양심적 세력으로 일컬어지는 전후의 진보적 문화인은 아사히적 사고의 지지층이었다. 〈아사히신문〉의 독자층이 경쟁지 〈요미우리신문〉에 비해 대졸 이상의 고학력, 대기업 관리직과 같은 화이트칼라, 고소득층 가정의 비중이 많은 것도 이런 배경에서 나왔다.

아사히적 사고는 이렇게 탄생했다. '밖의 세계'가 힘으로 '안의 세계'를 누르고 침략 전쟁을 반성하고 부정하는 전후 민주주의를 인공적·강압적으로 주입한 것이다. 아사히적 메센은 전후 일본을 지배했다. 반군국주의를 기초로 '전쟁하지 않는 일본'이라는 전후 연합국군 총사령부의 교육과 지침을 받아들인 메센이다.

〈아사히신문〉은 바뀐 '안의 세계'의 '와'를 상징했다. 국가(國歌)인 〈기미가요〉나 국기(國旗)인 욱일승천기 등이 배제되었다. 일교조(日教組: 일본교직원조합)는 반군국주의와 과거에 대한 반성을 교육 현장에서 철저하게 전파하는 역할을 했다. 교육 현장에서 히노마루와 〈기미가요〉를 없애 다음 세대에 전후 민주주의를 전파했다. 이런 여파로 일본의 일상생활에서 히노마루나 〈기미가요〉를 접하는 기회는 줄어들었다. 일교조 등 진보적 문화인이라고 불리며 역사를 반성하는 지식인이 바로 '아사히적 사고'인 셈이다. 전후 70년간 아사히적 사고는 일본이 집단주의나 우경화, 민족 우월주의 등으로 흐르는 것을 막아 왔다. 아사히적 사고에 반대하는 눈〔目〕은 자신의 입장을 큰 소리로 말하지 않는 엔료를 택하거나 메센을 따랐다. 아사히적 메센의 세계에서 군국주의의 주장은 메이와쿠였다.

구 메이지유신적 사고의 도전 …
일본민족독립의용군 테러

1980년대 경제 버블 시기에 접어들면서 자신감을 얻은 일본은 점차 미국의 힘에 대해 의문을 드러냈다. 자긍심은 '와' 의식의 강화였고 이는 이질적인 '밖의 세계'의 힘인 미국을 제거하려는 심리로 전이되었다. 예전 메이지유신 때 만들었던 '덴노-일본인'(1 대 多)의 이상적인 '와의 세계'를 바라는 것이었다. 이때부터 역사교과서에 중국 '침략'을 '진출'로 바꿔 기술했다가 언론 보도로 번복하는 등 역사교과서 관련 문제가 불거졌다. 아사히적 메센에 반대하는 세력은 아사히적 사고를 자학사관으로 봤다. '일본인이 과거의 일본을 부정하고 일본의 나쁜 점을 말한다'는 것이었다. 이 밖에도 아사히적 사고에 대한 도전은 끊임없이 이어졌다. 구 메이지유신의 세계로 회귀하자는 세력들이 이를 주도했다.

이의 대표적인 사례는 일본민족독립의용군(日本民族獨立義勇軍 別働赤報隊) 테러 사건이다. 1987년 1월 24일 오후 9시쯤 〈아사히신문〉 도쿄 본사 2층 창문으로 총알 두 발이 날아들어 왔다. 이 단체(일본민족독립의용군)는 자신들이 총을 쐈다며 '반일(反日) 여론을 만드는 언론은 엄벌에 처해야 한다', '아사히는 특히 악질이다'라는 범행 성명을 냈다. 그리고 같은 해 5월 3일 저녁 〈아사히신문〉 한신지국에 괴한이 침입, 2층 편집실에 있던 기자 두 명에게 발포해 한 명이 죽고 한 명이 부상하는 사건이 터졌다. 이 조직은 같은 해 9월 24일엔 〈아사히신문〉 나고야 본사에 있는 기숙사에 총격을 가하고 '반일 아사히는 50년 전으로 돌아가라'는 성명을 냈다. 일련의 사건은 모두 범인 검거에 실패해 미해결 사건으로 남았고 공소시효도 지났다.

이 사건 이후 〈아사히신문〉에는 '폭탄을 설치했다'거나, '기자를 죽이겠다'는 협박 전화가 수백 건 이상 걸려온 것으로 알려졌다. 2007년엔 〈아사히신문〉 사이타마총국에 '사원 한두 명 죽어도 어쩔 수 없다'는 협박문이, 2010년엔 '20년 전의 한신지국 사건을 잊었나. 즉사한 기자가 되고 싶은가'라는 협박문이 오기도 했다.

아사히적 메센에 대한 흔들기가 계속 진행된 것이다. 1990년대 이후 '잃어버린 20년' 장기 침체에 접어들면서 아사히적 메센이 침식되기 시작했다. 장기 침체기에 '아름답고 훌륭한 일본과 일본인'이란 정서에 위안을 삼으면서 '침략 전쟁을 행한 나쁜 일본'이란 메센에 거부감을 드러낸 것이다. 2000년대 고이즈미 총리는 매년 야스쿠니 신사에 참배하며 정치인으로서 이런 다수의 마음을 사로잡았다.

아사히적 사고 지지 기반의
2선 후퇴

2000년대 일본의 주도 세대가 변하면서 '아사히적 메센'은 결정적인 위기에 봉착했다. 아사히적 사고의 지지 기반인 패전세대와 '단카이 세대'가 정치와 경제 분야에서 일제히 2선으로 물러나기 시작했다. '부의 향유 세대'가 전면에 나온 것이다. 유년시절 미군 폭격기의 공습을 기억하고 메이지유신적 사고의 붕괴를 목도한 패전세대는 아사히적 사고에 간접적인 지지 세력이었다. 그들은 자신이 직접 새로운 권력인 미국을 받아들인 세대이자 침략 전쟁에 대한 반성을 인정한 세대다. 베이비붐 시기에 태어난 '단카이 세대'는 60~70년대를 거치며 운동기를 거쳐 반전, 반핵 등을 내세우며 여전히 전쟁에 대한 부채를 완전하게 털어내지 못한 세대다.

새롭게 일본의 주역으로 등장한 '부의 향유 세대'(중간에 낀 세대)의 대표적 인물은 아베 총리다. '부의 향유 세대'는 패전세대와 달랐다. 베스트셀러 작가이자 NHK 경영위원인 하쿠타 나오키는 자신의 세대에 대해 "내가 태어난 쇼와 31년(1956년)은 경제백서에서 '더는 전후(戰後)가 아니다'라고 기록했던 연도다. 나의 소학교와 중학교 시절에 일본은 세계적으로 전례가 없을 정도의 고도 경제성장을 이어갔다. 도쿄올림픽은 소학교 3학년 때, 만국박람회는 중학교 3학년일 때였다. 일본이란 국가가 훌륭한 국가고 빛나는 미래를 갖고 있다는 사실을 피부로 느끼면서 성장한 세대다"라고 설명했다.

또한 그들은 패전 직후의 연합국군 총사령부가 주입한 역사관을 '자학사관'이라고 부르는 데 부담이 덜한 세대다. 경제적으로 일본이 미국을 앞설지 모른다는 말이 나왔던 1980년대 버블 시기 때 20대를 보낸 자신감에 넘치는 세대다. 해외에 나가면 미국이나 영국조차도 엔화를 벌기 위해 일본인에게 굽실거리는 모습을 봤던 세대다. 전쟁의 참담함을 전혀 경험하지 않은 세대이기도 하다.

'잃어버린 20년'이라는 경기 침체로 단일민족과 순혈주의가 점차 강해지는 가운데 2000년대에 인터넷이 보편화했다. 익명성이 보장되는 인터넷에선 메센의 지배와 압력이 적다. 실생활에선 주변의 눈〔目〕을 의식해 침략 전쟁을 옹호하거나 히노마루, 〈기미가요〉를 편들지 못했던 이들이 익명으로 주장을 내기 시작했다. 2000년대 초반만 해도 아사히적 사고가 메센이었기 때문에 그런 이야기를 큰 소리로 떠드는 것은 메이와쿠였고 위험한 우익으로 낙인 찍혀 배제될 위험성도 컸다.

그러나 인터넷은 눈의 지배가 약해진 공간이었고, 아사히적 사고에 반대하는 이른바 넷우익(인터넷에서 우익 활동을 하는 네티즌)은 점차 성장했다. 인터넷에선 '반아사히'가 빠르게 메센으로 자리 잡았다. 누구나 마음껏 '아사히적 사고'를 비방하는 것이었다. 1980년대엔 테러를 감행해야 가능했던 '반아사히'가 2000년대 이후 인터넷에선 손쉬운 일

이 되었고 오히려 다수를 점했다. 인터넷에선 '아사히'를 두둔하는 행위가 '인터넷상의 메센'(아사히를 공격하는 게 정상이라는 인터넷 정서)을 거스르는 메이와쿠가 됐다. 〈아사히신문〉이 대주주로 있는 아사히TV의 한 직원은 "인터넷상에서 '아사히는 아카이(赤い: 빨갛다)'라는 공격이 심각하다. 아사히TV는 〈아사히신문〉과 논조 등에서 다른데도 함께 비판의 대상이다"라고 말했다. 아사히라는 이름이 불편해진 것이다.

점차 일상생활에서도 아사히적 사고는 메센으로서의 지배력을 상실하고 있다. 〈아사히신문〉을 구독한다는 게 이전까지는 지식인(즉, 진보적 문화인)임을 은연중에 나타내는 수단이었지만 지금은 남들에게 일부러 알릴 만큼 자랑할 거리가 아니다. 〈아사히신문〉을 절독하는 사례도 늘고 있다. 〈산케이신문〉을 비롯한 일본의 대다수 대중지는 반아사히 기사를 거리낌 없이 내고 있다.

아베 총리의
노골적인 반아사히

아베 총리는 2012년 두 번째로 총리 자리에 오른 뒤 〈아사히신문〉과 노골적인 대립 관계를 드러냈다. 그는 2014년 10월 NHK로 생중계 중인 국회예산위원회에서 "오늘 〈아사히신문〉에 그런 보도가 있었는데 그것은 날조예요. 아사히는 아베 정권을 무너뜨리는 게 사시(社是)라고 전(前) 주필이 말했다고 하더라"고 말했다. 총리가 국회에서 특정 신문의 기사를 날조라고 비판한 것이다.

문제의 기사는 10월 30일자 〈아사히신문〉 조간판에서 "아베가 29일

측근 의원과 점심을 하면서 민주당 간사장의 정치와 돈 문제가 발각된 것과 관련, 이걸로 (야당의) 공격도 끝났으면 좋겠다고 말했다"는 내용의 기사였다.

아베 총리의 발언 뒤, 〈아사히신문〉은 31일 조간판에 "야당의 공격도 끝났으면(撃ち方やめ) 보도 관련, 총리 측근, 내가 말했다"라는 기사를 게재했다. 기사에서는 취재 과정이 설명되면서 이는 날조가 아니라고 반박했다. "내가 '이것으로 야당 공세도 끝나겠네요'라고 말하자, 총리도 이에 긍정했다"는 한 측근의 발언을 게재한 것이다. 〈아사히신문〉은 "기사는 의도적으로 이야기를 꾸며낸 날조가 아니라 취재에 기반을 두고 쓴 것입니다. 또 〈아사히신문〉에는 '아베정권을 무너뜨린다'는 사시는 없으며 주필이 그런 이야기를 한 적도 없습니다"라고 반론했다.

그러자 아베 총리는 재차 〈아사히신문〉을 공격했다. 그는 국회에서 "내가 말한 적도 없는 것을 보충 취재도 없이 보도했다. 아사히의 기사에는 '(야당의) 반발을 살 가능성도 있다'는 식으로 불이 없는 곳에 불을 일으켜 (야당과의 관계에) 문제를 만들려고 하는 태도를 느꼈다. 그래서 '날조'라는 생각을 밝힌 것이다", "(아사히는) 후쿠시마 제1원전 발전소장인 요시다(위안부를 강제 연행했다는 허위증언을 한) 문제에서 일본의 명예에 상처를 입혔다. 이런 일들에 대해 반성하고 있는가. 전에도 아사히는 나와 나카가와(中川昭一) 전 재무상이 NHK에 압력을 가해 보도 내용을 바꾸려 했다고 보도했다. 이것도 날조였다. (아사히에는) 아베를 공격하려는 의도가 있다. 자신들이 생각하는 방향으로 이끌고 가려다보니 이런 오보가 생기는 것"이라고 말했다.

평화헌법이 불편한
일본

아베 총리는 〈아사히신문〉을 배제하려는 행동을 노골화했다. 그는 2014년 11월 18일 의회 해산을 발표했다. 그로선 많은 언론을 통해 의회 해산의 정당성을 호소하는 게 급선무였다. 반대로 언론 입장에선 의회 해산을 결정한 총리와의 인터뷰는 가장 중요한 취재였다. 아베 총리는 해산 발표 직후인 18일 밤 〈니혼게이자이신문〉, 〈마이니치신문〉, 니혼 TV, 〈석간 후지〉와 인터뷰했다. 다음날은 〈산케이신문〉, 〈요미우리신문〉과 만났다. 21일엔 스포츠신문 7군데와 인터뷰했고, 22일엔 영국 〈이코노미스트〉와 지지통신, 교도통신과의 취재에 응했다. 〈아사히신문〉과는 다른 신문이나 통신사가 다 총리를 만난 뒤 의회 해산이 구문이 된 25일에야 만났다.

아베 총리가 이끄는 '구 메이지유신의 안의 세계'(반아사히)는 점차 강화되고 있다. 아사히와 반아사히 간 충돌은 앞으로 평화헌법에서 격렬해질 것이다. 아사히적 메센은 패전 후 승전국 미국이 점령군으로 들어온 뒤 태평양전쟁을 일본의 침략 전쟁으로 규정하고, 전범을 재판에 붙이고 도조 히데키 전 총리를 사형에 처하면서 만들어졌다. '전쟁하지 않는 일본'은 이렇게 탄생했고, 이를 지탱하는 것이 평화헌법이다.

'일군만민론', '대동아공영권'으로 대변되는 메이지유신적 사고는 '안의 세계'가 응집해 보다 강력한 힘을 가지는 것이기 때문에 전쟁 금지와는 병행해 성립되기 어렵다. 점차 아사히와 반아사히 간 충돌에서 힘이 반아사히 쪽으로 쏠리는 분위기가 감지된다. 대표적 사례가 '헌법 9조에 노벨평화상을 주자'는 시민단체를 바라보는 일본의 눈이다.

2014년 10월 10일 일본 가나가와(神奈川) 현 사가미오노(相模大野) 시의 시민대학교류센터. 방송 카메라와 신문 기자들이 몰려들었다. '헌법 9조에 노벨평화상을 주자'는 시민단체(이름은 '헌법 9조에 노벨평화상을')가 이날 발표될 노벨평화상의 후보였기 때문이다. 일본은 한국 못지않게 노벨상에 집착하는 사회다. 노벨상 수상자의 일거수일투족이 모두 기사거리가 된다. 일본인이 노벨상 수상자가 되면 TV에선 한동안 매일같이 등장할 정도다. 그런데 노벨평화상은 노벨물리학상과는 더 큰 의미를 갖는다. 취재는 당연히 북적였다.

문제는 '헌법 9조에 노벨평화상을'이란 단체. 아베 총리가 이끄는 '전쟁하는 일본'으로 가려는 우익들에게 눈엣가시 같은 운동을 하는 곳이다. 평화헌법으로 불리는 헌법 9조는 '국제 분쟁의 수단으로 무력행사 포기'를 명기해, 일본이 제2차 세계대전 이후 한 번도 국제 분쟁에 참전하지 못하게 막는 역할을 했다. 아베 총리는 현재 집단적 자위권을 내각 결정으로 밀어붙이려 하고, 그 뒤에는 헌법 개정을 염두에 두었다. 공공연하게 이를 주변에 이야기할 정도다. 그런데 헌법 9조가 노벨평화상을 받으면 모양새가 우스워진다. 바로 아베 총리가 일본이란 나라를 대표해 노벨평화상 수상자가 되기 때문이다. 아이러니다. 운동을 제안한 다카스 나오미(鷹巢直美) 씨는 "국가 간 분쟁이 생겼을 때 전쟁으로 사람을 죽여서 결론을 보자는 발상은 사라져야 한다"는 반전주의자다.

취재 현장의 분위기는 묘한 구석이 있었다. 방송 카메라를 놓을 좋은 자리를 차지하기 위해 기자들이 시민단체 위원과 이야기를 나누고 서로 취재 경쟁을 하는 것은 일상적인 모습이었지만 으레 있을 법한 '흥분'된 웅성거림이 없었다. 만에 하나 이 단체가 노벨 평화상을 수상하면 곧바로 방송 네트워크를 통해 생방송으로 진행된다. 그것도 길게 가야 할지도 모르는 상황이다. 신문 기자들은 저녁 늦은 시간에 마감에 쫓겨가며 톱 박스 분량의 주요 기사를 써야 한다. 하지만 수십 명의 취재 인력들은 조용했다. 옆의 기자에게 "수상할 것 같냐"고 물었다. "글쎄요. 안 할 것 같긴 한데 … 그래도 모르죠"라는 답변이 돌아왔다. 일본이 노벨평화상을 수상하지 말았으면 하는 뉘앙스였다. 현장의 묘한 분위기는 이 때문이었다.

발표 시간이 다가오자, 각 방송국 카메라들이 돌아가면서 스튜디오와 생방송으로 연결되어 중계를 시작했다. 그리고 노르웨이 오슬로 국제평화연구소에서는 파키스탄의 십대 인권운동가 말랄라 유사프자이 등 두 명을 선정한다는 발표를 했고, '일본 헌법 9조에 노벨평화상을'은 떨어졌다. TV 생중계는 '떨어졌다'는 말을 마지막으로 전하고 서둘러 중계를 접었다. 신문기자들은 랩탑 컴퓨터를 닫고 일어섰다. 일본 특유의 '떨어졌어도 후보까지 갔으니 대단하다'라든가, '내년에도 유력 후보라든가'라는 요란스런 반응은 없었다. 탈락해서 다행이란 분위기다.

이게 현재 일본의 분위기다. 일본의 메센은 '일본이란 국가가 더욱 자랑스러워지고 경제적·군사적으로도 더욱 강해져야 한다'는 '애국론'이다. '과거의 유산이 일본의 발목을 잡아선 안 된다'는 것이다. 대표적인 과거 유산인 평화헌법이 노벨평화상을 받아선 안 되는 것이다. 일본 인터넷에선 '헌법 9조에 노벨평화상을' 운동을 가장 먼저 시작한 다카스 나오미 씨에 대한 인신공격이 적지 않다. 다카스 씨는 이번 발표회장을 끝으로 앞으론 신문이나 방송에 나오지 않을 것이며 평범한 주부로 돌아가겠다고 했다.

'일본의 발목을 잡아선 안 된다'는 메센이 그녀의 생활을 베어버린 것이다. 단지 인터넷에서의 비난뿐만 아니라, 그녀의 다른 일상생활도 적지 않게 눈총을 받았을 것이다. 그 압력은 다른 사회의 구성원이 상상하기 어려운 것이었을 것이다. 그녀도 '안의 세계'에서의 배제는 참을 수 없었고, 행여 자신의 자녀들이 그런 배제를 당할지 모른다는 공포도 있었을 것이다.

한 줄 더 …

일본 인터넷에서 '아카이'(빨갛다)라며 집단 공격을 당하는 〈아사히신문〉은 묘하게 한국 인터넷에서 마찬가지로 곤혹을 겪는 〈조선일보〉와 겹치는 대목이 있다. 두 신문사는 각각 보수와 진보의 입장으로 정치적 노선을 달리하며 서로 자매사도 아니다. 공통점을 찾기 어려울 정도다.

접점은 두 신문사가 각각의 사회에서 주류의 메시지를 이끌어온 가장 강한 신문이란 점이다. 인터넷의 익명성을 활용해 기존 질서를 상징하는 권력 언론기관에 대한 '화풀이'는 카타르시스를 제공한다. 네티즌에겐 각종 음모론의 숨은 힘으로 묘사되고 믿어지는 이들 언론사에 대항하는 것 자체가 '본인이 깨어 있음을 증명한다'고 믿는 경향이 없지 않다.

인터넷에서 아사히 공격을 주도하는 층은 '잃어버린 세대'다. 20~30대 젊은 층이 주도하는 인터넷 문화에는 기득권에 대한 끊임없는 불신과 함께 본인이 손해를 본다는 자괴감이 상존한다. 이들은 하나의 거대 권력으로 컸고, 실제 기존 언론 권력을 흔들고 큰 타격을 입히고 있다. 필자가 《소통하는 문화권력 TW세대》에서 거론했던 대목이기도 하다.

한국의 경우엔 386세대로 대변되는 1980년대 학생 운동권 출신 인사들이 인터넷을 통해 젊은 층의 이런 정서를 활용해 공격의 경로로 활용했다. 일본의 경우 일부 우익 세력이 소외감을 느끼는 젊은 층에게 인터넷을 통해 〈아사히신문〉이라는 기득권을 공격하는 통로를 열어준 측면이 있다.

청산되지 않은 메이지유신적 사고

1974년 8월 30일, 일본 도쿄 황궁에서 불과 8백 m 떨어진 지요다 구 마루노우치에 위치한 미쓰비시중공업 본사 건물 9층 현관에서 폭탄이 터졌다. 도쿄올림픽을 치르며 전쟁의 잔재를 거의 털어낸 시내 한복판에서 전후 최악의 무차별 폭탄 테러가 발생했다. 8명이 죽고 3백여 명의 사상자를 냈다. 폭발에 앞서 "현관 앞에 폭탄 두 개를 장치했으니 대비하라"는 사전 경고 전화가 걸려왔었다.

전후 20년 가까이 지난 시점에 벌어진 이 폭탄 테러는 '침략 전쟁의 완전한 청산'을 요구한 극좌 세력의 행동이었다. 동아시아반일무장전선 "늑대"(狼) 라는 조직은 성명서를 냈다. 그들은 '동남아 등 아시아 지역에 진출해 다시 침략에 나선 일본 제국주의 침략 기업에 대한 공격'이라며 자신들의 행동임을 밝혔다. 당초 극좌 조직은 관동 대지진 직후 벌어진 조센징 대학살이 일어난 1923년 9월 1일을 상기하기 위해 9월 1일을 날짜로 잡았으나 연휴인 관계로 이틀 앞당긴 것으로 전해졌다.

미쓰비시중공업은 일본 군국주의 시절 군수물자를 만들어 군부에 제공해 침략을 도왔던 기업이었다. 패전 후에도 방위산업 등에 손을 대며 건재했다. 동아시아반일무장전선 "늑대"의 다른 부대를 자칭한 "대지의

이빨"(大地の牙), "전갈"(さそり) 등에 의해 미쓰이물산, 아이세이건설 등 다른 기업들에 대한 폭파 공격이 이어졌다.

당초 동아시아반일무장전선 "늑대"는 히로히토 덴노(쇼와 덴노)의 암살을 계획했던 것으로 알려졌다. 테러 조직은 침략 전쟁의 책임을 져야 할 히로히토 덴노에게 아무런 제재를 가하지 못한 전범재판을 대신해 처형을 노린 것이다.

> 미쓰비시는 구(舊) 식민지주의 시대부터 지금까지 일관되게 일제 중추로서 기능했음 (…) 이번 다이아몬드작전은 미쓰비시를 보스로 하는 일제의 침략기업과 식민자에 대한 공격이다. "늑대(狼)"는 (…) '신(新) 대동아공영권'을 향해 다시 책동하는 제국주의자 = 식민지주의자를 처형한다.
> 동아시아반일무장전선 "늑대" 정보부
> (1974. 9. 23)

이후에도 몇 차례 극좌파의 활동은 벌어졌으나, '안의 세계'를 흔들 정도까진 이르지 못했다. 극좌파의 인식은 일본 군국주의가 패전했음에도 여전히 메이지유신적 사고가 일본 내부에 살아 있다는 것이었고, 이를 끝내겠다는 것이다. 하지만 침략 전쟁에 대한 반성과 완전한 책임을 진다는 극좌파 운동은 '안의 세계'에 대한 메이와쿠로서 철저하게 배제됐고 실패로 끝났다. 독일과는 달리 침략 전쟁의 청산이 이뤄지지 못한 것이다.

끝내 청산하지 못한 메이지유신의 잔재 …
재벌과 덴노

1945년부터 1952년까지 일본을 점령한 연합국군 총사령부는 일본 군국
주의 청산을 제 1의 목표로 삼았지만 완전 청산에는 이르지 못했다. 전
후 전범재판에서 전범으로 판결을 받은 일본군 대부분은 일본이 1952
년 주권을 회복한 이후 법률 개정 등을 통해 모두 범죄자가 아닌 일본
애국자로 복원됐으며 형무소에서 복역 중인 전범은 모두 석방되었다.
대표적인 사례가 재벌의 해체였다.

　연합국군 총사령부는 일본 군국주의의 경제적 기반이자 직접적인 군
수물자를 공급하는 역할을 한 재벌에 대한 해체 작업에 나섰다. 미쓰비
시, 미쓰이, 야스다, 스미토모 등 당시 4대 재벌은 전쟁 책임을 지고
해체되었다. 미쓰비시는 1백여 개 회사로 쪼개졌다. 연합국의 원칙은
일본에 두 번 다시 전쟁을 일으킬 경제력을 주지 않는다는 것이었다.
특히 군수물자의 기본이 되는 중공업은 일본에서 없애야 할 산업군이었
다. 그러나 1950년 발생한 한국전쟁은 재벌 해체에 제동을 걸었다. 한
국전쟁은 미국에게 소련과 중국이라는 공산주의가 새로운 적(敵)이란
사실을 각인했다. 공산주의와의 전쟁에서 후방 물자 지원 교두보로서
의 일본 역할론이 대두된 것이다.

　일본 경제 무력화 정책은 부흥 정책으로 선회했다. 무너졌던 일본 재
벌도 일가(一家)의 지배라는 틀은 사라졌지만, 거대한 기업군(콘체른,
konzern)이란 형태로 부활했다. 미쓰비시는 이후 상사, 중공업, 제강
등으로 다시 흩어졌던 직원과 자회사를 끌어 모았다. 전후 일본은 이런
회생한 재벌과 함께 전후 신흥 기업인 소니 등 신규 기업들이 이끌며 세

계의 부를 흡수하기 시작했다. 즉, 전쟁을 수행한 전범과 이를 지원한 재벌에 대한 청산이 제대로 이뤄지지 않은 것이다. 동아시아반일무장 전선 "늑대"란 극좌파가 미쓰비시를 노린 것도 이런 맥락이다.

이렇게 메이지유신적 사고는 전후에 완전히 청산되지 못한 채 '안의 세계'의 내면에 숨죽여 있었다. 내면에 잠복한 '메이지유신적 사고'를 그대로 떠안은 채 전후 '안의 세계'에선 숱한 메센이 180° 바뀌었다. '전쟁하지 않는 일본'(평화헌법에 전쟁 금지를 명기)이 대표적이다. 연합국 군 총사령부는 헌법, 교육, 언론 등을 바꿨고 통제했다. 전후 메센은 미군 점령이란 물리적 힘에 의해 위에서부터 밑의 구성원에게 침투되면 서 만들어졌다. 미군 통제는 패전세대와 단카이 세대의 의식에 메센을 강제했다.

이는 통상의 메센 형성 과정과는 다른 이질적인 것이었다. '메센'은 앞에서 말했듯 ① '먼저 움직이는 하나'와 ② '혼네에서 하나를 지지하는 다수', ③ '반대하는 소수', ④ '메센의 변화를 지켜보면서 주저하는 나 머지'가 엔료와 메이와쿠를 의식하면서 서로의 눈[目]으로 의사소통하 는 과정에서 만들어진다. 종적 방향이 아닌, 횡적 결정 구조다. 다수의 혼네가 시간을 거치면서 메센으로 굳어지는 과정이다. 혼네가 다테마 에와 일치하는 것이다.

하지만 연합국 점령군은 종적으로 메센을 주입했고 일본인은 순순히 따랐다. 전후 일본인은 '밖의 세계'의 힘에 의해 '안의 세계'가 무너지는 첫 번째 충격을 경험했다. '안의 세계' 다수는 기준 '1'이 바뀔지 모른다 는 '와'의 근본 변화까지 각오했다. 연합국 점령군은 자신들의 의도대로 순순히 따라오는 일본 사회에 만족했다. 맥아더 사령관은 수차례 쇼와 덴노와 만나면서 인간으로서의 그의 매력에 끌려 전범으로 세우지 않는 판단을 했다. 덴노는 '와'의 무게 중심으로 남았다. 당시 〈마이니치신문〉의 여론조사에서 80%가 넘는 일본인이 상징덴노제에 찬성한다는 입장이었다. 안도한 것이다.

다시 고개를 들기 시작한
메이지유신적 사고

일본인은 전후 민주주의라는 미국의 메센을 받아들이면서도 전쟁의 진정한 피해자는 일본 대중이라는 인식을 버리지 않았다. 또 아름다운 일본과 '와'의 조화로운 세계 그리고 존경받아 마땅한 '단일민족·순수혈통의 일본인'이란 인식 역시 전후에도 유지되었다.

1952년 주권 회복 후 메이지유신적 사고가 다시 고개를 들기 시작했다. 1970년대 미시마 유키오의 할복이 그 첫 도전이었다. 당시엔 누구도 '인공적인 힘'인 미국에 맞선다는 생각조차 하지 못했다. 미시마의 할복은 일본인 혼네에 깊은 울림을 남긴 것은 틀림없다.

1980년대 일본 경제가 최고조에 이르면서 일본이 미국의 경제력을 넘어서리란 장밋빛 전망이 나오며, 자신감이 붙은 일본에 다시 한 번 '먼저 움직이는 하나'가 나왔다. 베스트셀러 작가이자 우익 정치인 이시하라 신타로는 일본 기업의 상징인 모리타 아키오 소니 회장과 함께 《노(No) 라고 말할 수 있는 일본》을 출판했다. 이 책은 미국의 비즈니스 문화를 비판하고 일본이 더 우수하다는 주장을 했다. 또한 일본이 미국과 대등하게 교섭해야 한다는 주장을 했다. 경제력을 바탕으로 미국과 경쟁해야 한다는 것이다. 1970년대엔 이런 메이지유신적 사고를 드러내려면 할복까지 각오해야 했지만 1980년대는 훨씬 부담이 적어진 것이다.

메이지유신적 사고를 지향하는 애국론은 1990~2000년대 '잃어버린 20년'을 거치며 견고해졌다. '지지하는 다수'가 움직이기 시작한 것이다 이들은 '반대하는 소수'인 진보적 문화인과 양심적 세력, 그리고 〈아사히신문〉 등 아사히적 사고에 대해 반일(反日)·매국(賣國)이라며 메센 전쟁을 벌이고 있다.

애국이란 명분으로 되살아난
메이지유신적 사고

애국론이란 이름을 내걸고 '메이지유신적 사고'가 되살아났다. 일본 사회에 미국의 존재가 여전히 영향력이 있음에도 불구하고 전후 민주주의를 대변하는 아사히적 사고와 대항할 정도로 힘이 생겼다. 이는 전후 연합국 점령 7년간 침략 전쟁의 논리와 메센이 청산되지 않았기 때문이다. 일본 사회의 메센 전쟁을 볼 때 한 가지 짚고 넘어갈 대목은 진보적 문화인 또는 양심적 지식인이란 아사히적 사고가 군국주의 완전 청산을 요구하는 세력은 아니었다는 점이다. 아사히적 사고는 덴노를 부정하는 세력이 아니었다. 전쟁은 하마터면 일본의 '와'를 붕괴하고 없애버릴 위험이었으며 평화와 반전, 전후 민주주의가 더 옳다는 인식이다. 완전 청산을 원한 동아시아반일무장전선 "늑대"와 같은 극좌 단체는 아사히적 사고에서도 배제된 극소수였다. 애초에 완전 청산은 불가능한 구조였다.

아베 총리까지 가세한 '아사히 vs. 반아사히(애국론)' 메센 전쟁은 점차 애국론으로 기우는 모양새다. 〈아사히신문〉의 오보 사건도 컸지만, 무엇보다, '다수의 혼네'가 애국론이었음이 재차 확인되기 때문이다. '메센의 변화를 보면서 주저하는 일부'도 서서히 움직이기 시작했다. 전쟁을 겪은 세대를 대표하는 좌파 지식인으로 여겨졌던 타하라 소이치로가 《애국론》이란 책을 들고 나온 것이 이를 방증한다. '반대하는 소수'의 목소리도 급속하게 줄어들고 있다. 아베 총리를 큰 소리로 비난하면 '반일·매국'이란 인식이 점차 퍼지면서 '안의 세계'에 반대하는 소수의 목소리는 메이와쿠로 비춰지기 시작했다.

메센 전쟁의 변수는 미국

'아사히 vs. 반아사히' 메센 전쟁은 이제부터가 진짜 싸움일지 모른다. 미국이 등장해야 할 시점이기 때문이다. 애초 전후 민주주의와 침략 전쟁의 반성은 미군이 인위적 힘으로 만든 메센이다. 일본의 '애국론'에 가장 취약한 약점인 종군위안부 문제에 대해, 미국이 얼마만큼 일본 '안의 세계'에 영향력을 미칠 수 있을지가 관건이다. 미국은 의회 등을 통해 줄곧 종군위안부 문제에 대해서는 일본 정부에 비판적이었다. 결국 겉모습은 '아사히 vs. 반아사히' 메센 전쟁이지만, 본질은 '메이지유신적 사고 vs. 미군 점령군의 전후 민주주의'의 대리전이다.

전후 연합국 점령군은 에도시대의 도쿠가와 막부와 같은 '현실적인 힘의 지배자'였다. 도쿠가와 막부는 덴노제라는 '1:다'의 세계에서 '1'을 대신하는 힘의 권력이었다. 집행자라는 자리다. '안의 세계'의 시각으로 봤을 때 이상적인 '와의 세계'와는 이질적인 존재다. '다'(多)의 균일성과 평등성을 깨는 존재이기도 하다. 막부는 현실적 권력이었지만, '안의 세계' 자체를 부정할 순 없었으며, 따라서 항상 전면엔 덴노를 내세웠다. 막부 역시 덴노 없이는 존재하지 못했다. 메이지유신 세력은 막부를 제거함으로써 '1:다'의 응집력을 강화해 위기의 시대를 넘어설 국력을 키웠다.

미국의 존재가 그때의 '막부'와 같다. '잃어버린 20년'에 대한 책임론을 거론할 때 적지 않은 일본인이 미국을 염두에 둘 것이다. 일본이 몇십 년 동안 수출로 벌어들인 엄청난 달러로 미국 국채를 사들였고, 이는 곧 달러가 미국으로 돌아가는 형태가 됐다. 일본이 미국 국채를 팔았다면 소비세 인상과 같은 고통은 필요 없었을지도 모른다. 일본이 안보와 경제 정책에서 여전히 미국의 속국이란 의식도 적지 않게 일본인 의식에 남아 있다. 밖의 힘을 완전하게 밀어내고 온전한 '와의 세계'를 구축하길 바라는 것이다.

미국이 종군위안부 문제에서 다시 한 번 전후 민주주의와 침략 전쟁의 부정을 들어 일본을 주저앉힐 수 있을까? 미국이 50~60년대처럼 여전히 일본의 '안의 세계'에서 영향력을 갖춘 실질적인 힘인가? 〈아사히신문〉이 약화된 현재로선 미국과 일본 간 외교전이 '아사히 vs. 반아사히' 메센 전쟁을 좌우할 것이다.

'와'의 기준인 덴노와
평화헌법 수호

두 번째 요인은 덴노라는 존재다. 덴노는 권위가 있지만 권력은 없는 존재이며 현실 정치에 대해선 언급하지 않는다. 덴노는 권력의 '1'은 아니다. 조화를 위한 무게 중심일 뿐이다. 현재의 덴노는 전후 레짐(체제)이 만든 상징덴노제에 따른 지위이며, 메이지유신 때의 덴노와는 다르다. 전후 민주주의와 평화(반전)가 그 기반인 셈이다. '1'은 다수를 권력으로 장악한 존재가 아니며, 오히려 횡적인 다수가 결정하면 이를 받아들이는 존재다. 하지만 기준 '1'이 '안의 세계'가 정한 메센에 반대 입장을 명확히 밝힐 경우 파장은 클 수밖에 없다. '1'은 배제할 수 없는 존재이며, '1'에 대한 부정은 곧 '1'을 중심으로 만들어진 '와'에 대한 부정이기 때문이다.

현실 정치에 대한 언급을 극도로 자제했던 헤이세이 덴노가 최근 아베 정권을 견제하는 것으로 해석될 법한 발언을 했다. 직접적이진 않지만 우회적으로 여러 차례 걸쳐서. 덴노의 의중을 살필 수 있는 대목은 예컨대 2013년 12월 80번째 생일 때 '80년간을 뒤돌아보고 특히 인상에 남는 일'을 묻는 기자의 질문에 답한 발언이 대표적이다.

전후 연합국군의 점령하에 일본은 평화와 민주주의를 지켜내야 할 소중한 가치로 보아 일본 헌법을 만들었고, 다양한 개혁을 통해 현재의 일본을 만들었습니다. 전쟁으로 황폐해진 국토를 재건하며 더욱 개선하기 위해 당시 우리나라 많은 분들의 노력에 깊은 감사의 마음을 갖고 있습니다. 또 당시 지일파 미국인의 협력도 잊어서는 안 된다고 생각합니다(戰後、連合國軍の占領下にあった日本は、平和と民主主義を、守るべき大切なものとし

て、日本國憲法を作り、樣々な改革を行って、今日の日本を築きました。戰爭で荒廢した國土を立て直し、かつ、改善していくために当時の我が國の人々の拂った努力に對し、深い感謝の氣持ちを抱いています。また、当時の知日派の米國人の協力も忘れてはならないことと思います。）

평화헌법 개정을 추진하는 일본 우익에 반하는 내용으로 해석하기 충분하다. 아베 총리에 반대하는 것 같은 분위기마저 풍긴다. 불편해진 애국론자들이 일이 더 커지기 전에 진화를 시도했다. 월간지 〈정론〉(正論)은 덴노의 발언을 직접 언급하며 더는 현실 정치에 대한 발언을 하지 말 것을 충고하는 "헌법을 둘러싼 두 폐하의 발언의 위화감"이란 제목의 헌법학자의 기고문을 실었다. 다음은 그 일부이다.

(해당 발언을 보면) 폐하가 일본국 헌법의 가치관을 높게 평가하신다는 것은 알 수 있다. 내가 여기서 지적하고 싶은 점은 두 폐하(덴노와 황후)의 발언이 아베 내각이 추진하려는 헌법 개정에 대한 우려 표명으로 국민이 받아들일 수밖에 없다는 점이다. 왜 이런 시점인가. 민감한 문제라는 점을 제대로 파악하지 못하는 궁내청에 위험함을 느낀다. 헌법 개정은 대립이 있는 주제다. (덴노가) 한편의 입장에 서면, 이미 '국민통합의 상징'이 아닌 게 돼 버린다. 궁내청은 제대로 관리하고 있는 것인가.
풍문을 들으니 두 폐하는 아베 내각과 자민당의 헌법에 대한 생각을 오해하신다고 한다. 황후 폐하는 '신문지상'에서 헌법 논의를 보신다고 말씀하신다. 분명 일부 신문은 마치 전쟁을 준비하고 국민의 자유를 억압하기 위해 헌법 개정을 기획하고 있는 것처럼 쓰고 있다. (…) 두 폐하의 오해를 바로잡을 측근은 없는 것인가. 반대로 잘못된 정보를 고의로 전달하려는 주변 인물이 있는 것은 아닌지 라는 우려마저 든다(陛下が日本國憲法の価値觀を高く評價されていることが窺える。私がここで指摘しておきたいの

は、兩陛下のご發言が、安倍內閣が進めようとしている憲法改正への懸念の表明のように國民に受け止められかねないことだ。なぜこのタイミングなのか。デリケートな問題であることを踏まえない宮內廳に危うさを覺える。

憲法改正は對立のあるテーマだ。その一方の立場に立たれれば、もはや「國民統合の象徵」ではなくなってしまう。宮內廳のマネージメントはどうなっているのか。

灰聞するところによれば、兩陛下は安倍內閣や自民党の憲法に關する見解を誤解されているという。皇后陛下は「新聞紙上」で憲法論議に触れられると述べておられる。確かに一部の新聞は、あたかも戰爭の準備をし、國民の自由を抑壓するためにこそ憲法改正を企図しているかのように書き立てている。(…)兩陛下の誤解を正す側近はいないのか。逆に誤った情報をすすんでお伝えしている者がいるのではとの疑念さえ湧いてくる。).

설령 덴노가 반대한다 해도 메센은 바뀌지 않는다. 기준 '1'은 군림하는 존재가 아니기 때문이다. 하지만 혼란은 불가피하다. 덴노의 이런 민감한 발언은 〈요미우리신문〉, 〈산케이신문〉과 같은 보수 성향의 신문은 물론이고 NHK, 진보 성향의 〈아사히신문〉에 이르기까지 일본의 모든 언론사들이 보도하지 않았다. 스스로 보도 통제를 했다. 기준 '1'의 생각이 다수에게 전해지는 것을 차단하는 것이다.

덴노가 실제 어떤 생각인지는 가늠할 수 없다. 하지만 1933년에 태어난 그는 '부의 향유 세대'가 아닌 패전세대다. 전쟁의 참혹함을 경험한 덴노가 '부의 향유 세대'와 평화헌법에 대해 다른 입장일 가능성도 배제할 수 없다. 덴노가 애국론자들이 바라는 우익의 상징이 되길 거부하고 평화헌법의 수호자로 나설 수도 있다는 이야기다.

요시다 쇼인 · 미시마 유키오 · 아베 신조의
애국론

요시다 쇼인(吉田松陰)은 1830년에 태어나 1859년까지 짧은 생애를 살다간 인물로 후일 일군만민론과 정한론과 같은 메이지유신의 정신이 되는 논리의 기초를 쌓은 인물이다. '안의 세계'를 지키기 위해 밖으로 확장해야 한다는 게 그의 주장이다. 이토 히로부미가 바로 그의 제자다. 그의 사상은 제자들에 의해 실현되었으며, 요시다는 메이지유신의 정신적 지주다. 또한 그는 '메이지 질서의 안의 세계'의 바탕을 쓴 정신적 지도자다. 요시다는 막부의 체제를 붕괴시키려 나선 '먼저 움직인 하나'였고, 결국 막부에 의해 죽었다. 아베 신조는 총리가 된 후 그의 뜻을 기린 쇼인신사에 참배했다. 요시다는 아베와 같은 야마구치 출신이다.

끊기지 않은
미시마 유키오의 일본 시대정신

1970년 11월 25일 도쿄의 자위대 건물 한 베란다에 한 40대 남성이 섰다. 한때 노벨문학상에 가장 가까이 있다고 평가받은 작가다. 1925년

224

태어나, 20살 때 덴노의 일본 제국주의 전쟁 패배 선언을 들었던 인물이다.

그의 이름은 미시마 유키오. 수백 명의 자위대 군인들이 웅성거리며 모여들었다. 취재를 온 방송사 헬리콥터 소음 탓인지 그의 목소리는 들리지 않았다. 패전세대인 미시마는 전후 민주주의 질서를 인정하지 않고 예전의 메이지 유신 질서로 돌아갈 것을 주장했다. 자위대에겐 쿠데타를 일으켜 헌법을 개정해 다시 덴노의 군대로 돌아가라 요구했다. 그리고 연설 마지막에 "그런 자네들이 사무라이인가, 사무라이인가. 아직 제군은 헌법 개정을 위해 일어서지 않을 것이란 판단이 섰다"(それでも武士か。それでも武士か。まだ諸君は、憲法改正のために立ち上がらないと、見極めがついた)고 말하고, '덴노 만세' 삼창을 했다. 그리고 전쟁과 군대 보유를 금지한 전후 민주주의 평화헌법을 쿠데타로 다시 바꿔야 한다고 주장했다. 30분 남짓 연설을 마친 그는 방으로 돌아와 할복했다. 미시마는 메이지유신 질서로의 회귀를 바라는 시대정신이자 전쟁 전의 메이지유신적 질서를 따르며 새롭게 등장한 전후 '안의 세계'를 부정하는 눈[目]이다.

종전 뒤 '전후 안의 세계'에 대해 괴리감을 느낀 일본인은 적지 않았다. 하지만 당시 전후 민주주의라는 아사히적 사고가 메센이었으며 이런 괴리감을 크게 소리 내어 말하는 행동은 메이와쿠였다. 누구도 목소리를 내 메센에 대해 반대해선 안 되는 것이 '안의 세계' 원칙이었고 이를 어기면 배제되었다. 다들 아사히적 사고라는 행동지침에 따라 말하고 움직였다.

미시마는 메센을 다시 바꾸려는 '먼저 움직이는 하나'였다. 전후 민주주의와 아사히적 메센을 거부했으며 그 의지의 뜻으로 할복했다. '안의 세계' 메센을 따를 수 없다는 행동이었다. 미시마의 할복은 많은 일본 지식인의 마음을 찔렀다.

당시 패전세대에 속한 이들은 '하나(미시마 유키오)와 같은 생각을 하는 다수'였던 것이다. 하지만 전후 민주주의, 침략 전쟁의 반대, 평화 헌법과 함께 밖에서 안으로 들어온 미국의 존재는 감히 거스를 수 없었다. 미시마는 아사히적 사고에 대항해 가장 '먼저 움직인 하나'였다.

요시다 쇼인 · 미시마 유키오 · 아베 신조 … 메이지유신적 사고의 부활

아베 총리는 메이지유신적 사고를 만든 '먼저 움직인 하나'인 요시다 쇼인과 메이지유신적 '안의 세계'로 회귀를 꿈꾸다 경고를 남기고 자결한 미시마 유키오의 뒤를 잇는다. 아베 총리는 단일민족 · 순수혈통을 중시하는 일본인에게 '일본 안의 세계'를 대표하는 명망가 집안 출신의 순수혈통이다. 베스트셀러 작가 출신이자 전 도쿄 도지사인 이시하라 신타로나 천민으로 차별받는 부락민 출신인 하시모토 도루 오사카 전 시장과는 격이 다르다.

단일민족 · 순수혈통이란 관점에서 아베는 '메이지유신 질서의 안의 세계'에서 볼 때 혈통적으로 리더 자격이 있는 인물이다. 친가와 외가에 총리만 둘이 있는 등 아베 신조는 집안이 배출한 세 번째 총리다. 그의 사상적 뿌리로 여겨지는 인물은 기시 노부스케(岸 信介)로 태평양전쟁 당시 도조 히데키 내각에서 상공장관을 지냈으며, '대(對) 미국 일본 개전' 문서에 서명한 장관 중 한 명이다. 기시 노부스케는 전후 전범으로 지목되지만 풀려나 총리의 자리까지 올랐다. 아베의 할아버지는 중의원 의원을 지낸 아베 칸(安倍 寬)이다. 아버지인 아베 신타로(安倍晋太郎, 1924~1991)는 〈마이니치신문〉 기자 출신으로 중의원을 거쳐 외무장관, 관방장관 등의 요직을 거쳤다. 아베 신타로는 자민당 간사장에 오르는 등 차기 유력 총재 후보이자 총리 후보였으나 1991년 병으로 사망했다.

아베 신조는 1979년 첫 직장인 고베제강에서 근무하다가 3년 후인 1982년 당시 외무장관이었던 아버지의 비서관으로 자리를 옮기며 정치계에 입문했다. 해외 각국의 장관급 회담 때 비서관으로 동석하면서 일찍부터 아버지의 후계자 임무를 수행했다. 1991년 아버지가 사망한 뒤 1993년 아버지 지역구에서 그 기반을 물려받아 중의원 선거에 당선되었다. 2006년 9월 26일에는 전후 최연소 총리(52세)에 취임했다가 다음 해에 건강상의 이유로 물러났다. 2012년 9월에는 다시 자민당 총재에 재취임했고 같은 해 12월 26일 내각 총리에 재취임했다. 이렇게 한번 물러난 총리가 다시 등장하는 경우는 1949년 요시다 시게루 전 총리 이후 64년 만이다.

'부의 향유 세대'가 주도하는
'안의 세계'

아베 총리는 '부의 향유 세대'다. 그리고 일본의 미래를 고심하는 정치가 집안에서 태어나 자랐다. 패전세대인 할아버지, 외할아버지, 아버지와 달리 아베 총리는 전쟁에 대한 생각이 달랐다. 머릿속에 패전에 대한 부채가 없다. 도쿄올림픽과 만국박람회를 거치며 자부심을 배운 세대다. 그는 1970년대 미국에 유학하면서 강해진 일본과 이런 일본을 보는 미국을 체험했다. 미국을 두려운 존재이자 적국 그리고 '안의 세계'를 지배하는 힘으로 보았던 할아버지, 아버지 세대와는 다르다. 아베 총리에게 미국은 '밖의 1세계'다. 미국을 '안의 세계'의 힘으로 여기는 패전세대와는 달리 아베 총리는 친미(親美)이지만 미국과 거리를 둔 안보에 대한 고민도 있다.

아베 총리가 속한 '부의 향유 세대'를 '헤이와보케 세대'라 부르기도 한다. '헤이와'(平和)와 '보케루'(ボケる : 멍하게 있다)를 합친 조어다. 종전 이후 만들어진 평화헌법 아래 전쟁과 무관하게 평화 속에서 오랜 기간 살아서 전쟁이나 안보에 대한 상식이 없거나 막연한 이상론에 빠진 세대를 뜻한다. 이는 전쟁의 참혹함을 겪은 패전세대와는 확연하게 다르다. '헤이와보케 세대'는 미국이 만든 질서인 아사히적 사고의 눈〔目〕 지배를 받을 때는 그저 '미국이 알아서 지켜주니까 괜찮다'라는 막연한 의식 속에 산다. 역사나 전쟁 의식을 의도적으로 멀리한다. 그런 이야기를 하는 것 자체가 불편하기 때문이다. 안 하는 편이 주변의 눈〔目〕을 의식할 필요가 없고, 메이와쿠를 끼칠 가능성도 없애는 데 상책이다.

하지만 애국론으로 대변되는 메이지유신적 사고가 재등장하면서 '헤이와보케 세대'는 전혀 다른 국면을 맞는다. 전쟁의 참혹함을 모르는 세대이기 때문에 더욱 군사력 증강에 나서 주변 국가와의 긴장관계를 만드는 데 두려움을 덜 느낀다. '전쟁하는 일본'으로 가는 데 부담이나 공포가 덜하다. 민족적 자긍심을 고취시킬 때 오히려 '밖으로 나가 강한 일본을 보여줘야 한다'는 인식으로 흐르기 십상이다. 아베 총리는 그러한 세대를 대표한다.

교육 목표에 애국심을 추가한
아베 총리

2006년 총리가 된 아베 신조는 《아름다운 국가》라는 책을 출판했고, 이후 '아름다운 국가'를 정권의 슬로건으로 삼았다. 《아름다운 국가》는 '전후 체제에서의 탈피'(戰後レジームからの脱却)를 이야기한다. 전후 체제에서 벗어나 새로운 출발하자는 것으로 안전보장, 교육, 경제 등 제반의 틀을 새로운 시대에 맞게 대담하게 바꾸자는 것이다. 그 출발은 애국론이다. 아베 총리는 2006년 12월 교육기본법을 개정하고 교육 목표에 애국심을 추가로 넣었다. 그동안 내셔널리즘을 연상하는 단어로 금기시되었던 애국심을 공식적인 일본 교육의 이념으로 삼은 것이다. 그는 교육과 관련해 "가족, 영토, 역사, 전통, 문화, 국가 등 우리가 소중히 해야 할 것들, 일본인으로 태어난 것에 자부심을 갖기 위해서는 이런 것들을 아이들에게 가르치는 일이 중요하다"는 입장이다.

아베 총리는 '새로운 역사교과서를 생각하는 모임'을 지원하는 자민당 내 모임인 '일본의 미래와 역사교육을 생각하는 젊은 의원들의 모임'의 핵심 멤버로 사무국장을 역임했다. 아베 총리는 2013년 2월 국회에서 "전쟁의 매듭은 일본 자신의 손이 아닌, 말하자면 연합군 측 승리자의 판단에 의해 단죄가 이뤄졌다"고 말했다. 그리고 파장이 일면 "일본이 침략하지 않았다고 말한 적은 한 번도 없다"며 한발 빼는 형태를 보였다.

전후 미국이 만든 평화헌법은 아베의 '아름다운 국가'에선 손봐야 할 대상이다. 아베 총리는 여러 차례 헌법 개정 의지를 공식적으로 밝혔다. 그는 국회 연설에서 "현재의 헌법은 일본이 점령당했던 시대에 제정되어 60년 정도의 시간이 지나면서 현실에 맞지 않게 되었으며, 21세기에 어울리는 일본의 미래 모습과 이상을 헌법에 써야 할 필요가 있다고 생각한다"고 말했다. 애국론의 그 다음은 '전쟁하는 일본'으로의 변화다.

메이지유신의 정신이기도 한 '덴노제 중심 국가'에 대한 아베의 생각은 명확하지 않다. '여성 궁가 반대'라는 대목에서 그의 생각을 엿볼 수는 있다. 궁가(宮家)는 왕의 칭호를 갖는 일족을 일컫는다. 즉, 덴노가될 혈통인 셈이다. 전후 이런 궁가들이 황적(皇籍)을 벗어나면서 그 숫자가 줄었다.

문제는 이후 40여 년간 덴노 일가에서 아들이 태어나지 않은 것이다. 현재 황태자 부부도 딸만 두었을 뿐이다. 덴노제는 남성 혈통만을 인정한다. 황족이 일반인과 결혼하면 황적에서 벗어난다. 궁가는 오직 남성만이 이끈다. 이런 상황에서 여성도 궁가를 이끌게 하자는 것이다. 여성 궁가의 인정은 '여성 덴노'를 전제로 할 수밖에 없다. 일부 인사들은 '여성 덴노를 인정할 수 없으니 과거 황적을 이탈한 궁가를 다시 복귀시키자'는 주장을 편다.

아베 총리는 "덴노의 계승은 남자로 한다고 황실전범에 쓰여 있어 여성 궁가는 (이런 전범의 규정을) 만족시킬 수 없다"고 말한 적이 있다. 덴노는 '와의 세계'의 중심이다. 덴노를 중심으로 강하게 응집하려면 무엇보다 덴노의 흔들림이 없어야 한다. 여성 덴노를 받아들이기 쉽지 않은 이유다. 아베 총리가 생각하는 이상적인 일본은 역시 덴노를 중심으로 균일한 일본인이 매우 가깝게 그리고 하나로 뭉치는 모습일 것이다.

앞에서 말했듯 아베 총리는 요시다 쇼인과 미시마 유키오를 잇는 메이지유신적 사고를 이끄는 '먼저 움직이는 하나'로 일본에 재등장한 메이지유신적 사고가 어떤 모습으로 나갈지 가장 잘 보여줄 창(窓)이다.

아사히적 사고의 몰락과
애국론의 부상

"위안부 문제를 생각한다"(慰安婦問題を考える). 〈아사히신문〉은 2014년 8월 5일과 6일 이틀에 걸쳐 자사의 기사에 대해 검증과 반성을 하는 기사를 내보냈다. 〈아사히신문〉은 1982년 9월에 요시다 세이치(吉田清治, 2000년 사망)의 증언을 바탕으로 종군위안부의 강제 연행에 대해 대서특필했었다. 일본 침략 전쟁의 부정이란 아사히적 사고의 입장에서 가장 어두운 일본군의 추악한 모습을 주목한 것이다. 이후 종군위안부 문제는 일본 '안의 세계'에서 가장 뜨거운 감자가 되었다.

하지만 30여 년이 지난 이날 "위안부 문제를 어떻게 전달할 것인가, 독자의 의문에 대답합니다"라는 큰 제목 아래 Q&A 형식으로 종군위안부 기사에 대한 검증을 했다. 그 대상은 "강제 연행, 자유를 빼앗은 강제성 있었다", "제주도에서의 연행 증언, 뒷받침할 증거가 없어 허위로 판명", "(일본) 군 관여 보여준 자료, 본지 보도 전에 정부도 존재 파악", "(위안부와) 정신대 간 혼동, 당시는 연구가 미흡해 동일시", "타지의 보도는" 등 5건의 검증 기사였다.

핵심은 〈아사히신문〉이 특종으로 썼던 "요시다 세이치의 종군위안부 강제 동행 증언"이었는데, 검증 기사는 "요시다 씨가 제주도에서 위원부를 강제 연행했다는 증언은 허위로 판명되어 기사를 취소합니다. 당시 허위 증언을 꿰뚫어보지 못했습니다. 제주도를 재차 취재했지만 증언을 뒷받침할 증거는 얻지 못했습니다. 연구자의 취재에선 증언의 핵심 부분에 대한 모순이 여러 군데 명백하게 밝혀졌습니다"라고 밝혔다. 해당 기사를 취소한다는 내용을 밝혀 오보를 인정한 것이다.

또한 같은 해 요시다 마사오(吉田昌郎, 2013년 사망)에 대한 오보에 대해서도 사과했다. 2011년 동일본 대지진 당시 요시다 마사오 후쿠시마 원전 현장소장과 관련한 정부의 사고조사 보고서를 특종 보도했는데 내용이 왜곡되었기 때문이다. 〈아사히신문〉은 "요시다 현장소장의 명령을 어기고 원전 직원들이 현장을 이탈했다"고 보도했는데 이는 사실이 아니었다.

〈아사히신문〉의 기무라 다다카즈(木村伊量) 사장은 같은 해 11월 14일 이 같은 오보의 책임을 지고 사임했다. 다음날 보수신문인 〈산케이신문〉은 〈아사히신문〉의 사장 사임을 1면 톱기사로 다뤘다. 신문사가 다른 신문사의 사장 진퇴를 1면 톱기사로 쓰는 건 이례적이다. 국내외에서 매일 터지는 사건 사고 가운데 한 신문사의 사장 진퇴가 가장 중요한 사건이 되기는 어렵기 때문이다. 우익을 대변하는 〈산케이신문〉은 〈아사히신문〉 사장의 사임을 아사히적 사고의 붕괴로 봤을 것이다. 메센의 변화라는 의미가 1면 톱이었다는 게 〈산케이신문〉의 의식이었을 것이다.

애국론의 명분과
종군위안부

〈아사히신문〉이 상징하는 '아사히적 사고'는 슬슬 '안의 세계'의 '균일한 다'의 눈〔目〕에 메이와쿠로 비춰지기 시작했다. 양심적 세력의 대표가 아니라 일본에 메이와쿠를 끼치는 존재라는 것이다. 아베 총리가 생방송하는 TV 앞에서 "아사히의 사시는 아베 무너뜨리기라고 하더라"라고 직접 언급하는 것처럼 '자국의 총리 흠집 내기에 몰두하는 신문'이란 이미지가 급속하게 퍼져나가는 것이다. 아사히적 사고가 무너진 데는 일단 애국론과 '전후 레짐에서의 탈피'라는 메시지가 '안의 세계'의 메센으로 받아들여지기 때문이다. 애국론의 뒤에는 메이지유신적 사고가 있다.

애국론은 말 그대로 일본의 국기, 국가, 영토, 그리고 일본인을 사랑하는 것이다. 일본의 역사와 전통, 현재의 문화를 아낀다는 뜻이다. 어느 나라에서나 애국론은 국민의 마음을 이끄는 힘이지만 일본은 다르다. 전쟁을 일으킨 장본인인 일본은 패전과 함께 자기반성을 했고 아사히적 사고는 자기반성에 따른 새로운 '안의 세계' 만들기를 대표했다. '전쟁하지 않는 평화 일본'을 내세웠고 그런 이념 아래 일본은 다시 한 번 번성했다. 하지만 '잃어버린 20년'이란 경제 불황 속에서 '애국론'이 급부상했다. 스스로를 애국론자라고 칭하는 하쿠타 나오키 NHK 경영위원은 《애국론》에서 〈아사히신문〉에 대한 비판을 썼다.

나는 우익도, 보수도 아니다. 물론 좌익도 리버럴(진보)도 아니다. 나는 애국자다. 우(右)도 좌(左)도 아니다. 내가 사랑하는 것은 조국 일본이며,

이 나라를 사랑하는 사람들이다. 반대로 내가 증오하는 것은 반일과 매국이다. 전후 일본인은 점령군(GHQ)이 심어 놓은 '자학사상'에 따라 일본이란 나라를 사랑할 수 없는 국민이 되었다. 이것은 'War Guilty Information Program'으로 일본인에게 '우리가 나빴다'는 생각을 심었다. 이런 자학사상은 60년 이상 지난 지금도 일본인의 마음속에 뿌리 깊게 남아있다. 본래 '애국자'는 자부심 높은 단어여야 한다. 하지만 일본에선 이 단어가 '우익'이거나 '편협한 내셔널리스트'라고 받아들여진다.

나는 일본의 좌익이 싫다. 왜냐면 그들은 일본을 사랑하는 마음이 없기 때문이다. 어느 나라에든 우익과 좌익이 있고, 보수와 진보가 있다. 하지만 모든 나라는 정치적 대립을 해도, '국가를 사랑한다'는 기본 정신은 반드시 공유한다. 하지만 일본의 좌익은 다르다. 그들은 진보가 아니라 반일과 매국이다. 그렇기 때문에 일본과 일본인을 멸시하는 종군위안부의 날조를 더 크게 확대하는 좌익계 신문사, 그것에 동조하는 좌익계 문화인이 다수 존재한다.

하라 소이치로 · 하쿠타 나오키, 2014, 《애국론》, p. 257

아사히적 사고를 공격하는 애국론의 논리가 일본인에게 설득력 있게 다가가고 있다. 하지만 하쿠타는 일본이 일으킨 전쟁으로 이웃 국가에서 수십에서 수백만 명이 희생되었고 일본은 여전히 사죄하지 않았으며 반발한다는 점을 묵과했다. 이웃 국가와의 화해가 이뤄지지 않았다는 점은 평가 절하했다.

일본의 자칭 애국자들은 '전후 레짐으로부터의 탈피'를 원한다. 전후 레짐에서 탈피는 아사히적 사고와의 결별이기도 하다. 하지만 가해자인 일본은 스스로 선언한다고 전후 레짐으로부터 탈피할 수 있는 게 아니다. 전후 레짐에는 과거사가 포함되어 있으며 여기에 피해자와의 화해가 전제조건이다. 피해자와 가해자는 다르다. 피해자는 스스로 과거를 잊자며 가해자를 용서할 수 있다. 피해자는 스스로의 판단으로 자유로워질 수 있다. 하지만 가해자가 스스로 탈피 선언을 하고 과거의 잘못에 대해 자기 자신에게 면죄부를 줄 수는 없다. 면죄부는 피해자가 가해자에게 줄 수 있다.

전후 레짐에서의 탈피를 원하는 애국론의 가장 취약점은 종군위안부 문제다. 침략 전쟁을 일으킨 악(惡)이란 아사히적 사고의 근간을 깨고, '일본을 사랑하자'고 할 때, 종군위안부는 민족이나 국민을 떠나 인간 본성에 입각해 받아들일 수 없는 명제이기 때문이다. 애국론자들이 종군위안부가 급료를 많이 받은 고급 창부라는 주장까지 하는 이유는 그만큼 종군위안부 문제가 애국론의 약점이란 방증이다. 강제로 연행되어 성노예로 전락한 아시아의 꽃다운 처녀 희생자를 목도했을 때 '일본을 사랑하자'는 말은 나오기 어렵다. 더구나 과거보다 여성 인권이 신장된 만큼 일본인을 포함한 전 세계인은 여성의 성적 학대에 대해 훨씬 엄격한 잣대를 들이댄다. 일본의 우익은 종군위안부 문제에 민감할 수밖에 없다.

〈아사히신문〉의 오보 인정을 계기로 애국론은 승리를 눈앞에 두었다. '나라를 사랑하자'는 목소리는 히노마루와 〈기미가요〉를 사랑하자로 이야기로 이어진다. 히노마루와 〈기미가요〉는 일제 침략 전쟁의 상징이다. 하지만 애국론은 국기와 국가에 덧칠해진 제국주의를 감췄다. 애국론은 한발 더 나아가 '일본의 역사는 일본인의 시각으로 봐야 한다'는 데 이른다.

역사는 승리자만 써선 안 된다. 패배자에게도 패배자의 역사가 있다. 패배한 전쟁에도 정의가 있다. 역으로, 승리한 전쟁에도 악(惡)은 있는 것이다.
고바야시 요시노리, 2014, 《보수도 모르는 야스쿠니 신사》, p. 35

일본 군국주의가 전쟁을 일으켜 주변 국가를 침략했고 수많은 희생자를 냈다는 중일전쟁과 태평양전쟁이 어느 틈엔가 일본을 지키기 위한 지나사변이었고, 서양 열강에 침탈당하는 아시아 국가를 돕기 위한 대동아전쟁으로 탈바꿈했다. 다음 단계는 전범재판과 야스쿠니 신사다. 당시 미국 등 전승국이 행한 전범재판과 이로 인해 죽은 전범들은 무죄이고 패전국의 지도자였을 뿐이라는 논리다. 따라서 전범들은 나라를 위해 희생한 애국자이며 이들을 모시고 추모하는 야스쿠니 신사의 정신을 일본이 따라야 한다는 논리로 이어진다.

애국론의 득세로 그동안 〈아사히신문〉을 중심으로 진보적 문화인, 양심적 세력들이 보여준 아사히적 사고는 '안의 세계' 메센으로서 힘을 잃었다. 일본 '안의 세계'에서 이제 아사히적 사고는 메센이 아니다. 회식 자리에서 〈아사히신문〉 이야기가 나왔을 때 주변의 눈치를 보지 않고 〈아사히신문〉의 종군위안부 오보는 정도가 심했다고 큰 소리로 말할 때 누구의 눈[目]을 의식하지 않아도 된다. 오히려 종군위안부를 행한 일본은 정말 나쁘다는 말이 시대에 뒤떨어진, 이른바 '세켄'을 모르고 '공기'를 못 읽는 말이 되었다. 이는 '반일'(反日)이기 때문이다.

애국론은 애국자라는 우익에게 비판의 칼을 세우면 반일의 굴레를 씌운다. 아베 총리를 비난하면 그것도 반일이다. 이런 현상을 어렵지 않게 찾아볼 수 있다. 테러조직 IS가 일본인 두 명을 살해했을 때 아베 총리는 책임의 굴레에서 자유롭지 못했다. 자국민이 IS에 잡혀 목숨이 위태한 상황에서 아베 총리는 중동에 가서 테러와의 전쟁을 하는 아랍국에 2억 달러의 지원을 약속했다. 직접적으로 테러 조직을 자극했기 때문이다. 하지만 비참한 살해를 목도한 '안의 세계'는 아베 총리를 비판하지 않았다. 아베 총리에 대한 섣부른 비판은 반일이며 '안의 세계'

의 질서를 훼손하는 행위라는 인식이 점차 공고화되었다.

지난 10여 년간 일본은 많이 변했다. 10년 전만해도 〈기미가요〉나 히노마루를 추앙하면 곧바로 '위험한 극우'로 낙인찍혔다. '애국'이란 단어는 왠지 우익의 수상한 냄새가 나는 금기시되는 단어였다. 아사히적 사고가 강력한 메센으로 건재했던 시절이었다. 하지만 고이즈미 정권을 지나고 세대의 변화를 거치면서 메센은 바뀌었다. 아사히적 사고는 '안의 세계'를 지배하는 메센에서 밀려나 지금은 오히려 메이지유신적 사고의 등장을 막는 '반대하는 소수의 입장'이 되었다. 애국론은 이런 아사히적 사고가 반일과 매국이라며 배제를 시도하는 상황이다.

미국을 배제하려는
'와'의 논리 부상

애국론은 '1:균일한 다'의 '안의 세계'에서 결국 이상적인 모습을 찾으려 한다. '1'의 덴노가 중심에 자리 잡고 일본인이 모두 같은 거리에 놓인 '와'의 모습이다. 그리고 점차 일본인이 덴노와의 거리를 균일하게 좁혀 가면서 '와'를 완성하는 것이 일본식 애국론의 모습이다. 아사히적 사고가 몰락한 뒤 애국론이 새로운 메센으로 자리 잡는다고 가정하면 새로운 긴장 관계의 등장을 고려해야 하는데 바로 미국이다.

'1:다'의 '와'에서 미국은 이질적인 힘이다. 미국을 안에서 밖으로 밀어내야 이상적인 '와의 세계'를 완성할 수 있다. 메이지유신은 쿠로후네가 출현하고 '안의 세계'가 위험에 처했을 때, 이질적인 막부의 힘을 제거하고 이상적인 '와의 세계'를 만들려고 했다. 애국론은 '제 2의 메이지유신'으로 흐를 가능성이 적지 않다. 일본의 이른바 애국자들이 하루아침에 주일미군 철수를 주장하진 않을 것이다. 첫 단계는 '안의 세계'를 지킬 자위력의 강화다. 군대의 보유다. 애국론은 힘을 바탕으로 해야 한다는 게 메이지유신적 사고다. '전쟁할 수 있는 일본으로의 복귀'와 '강한 일본의 건설'이 그것이다. 평화헌법 개정과 군사력 증강이 이뤄지면 주일미군 철수 문제가 산발적으로 터져 나올 것이다. 주둔에 따른 비용을 올리는 방법으로 미국과 지루한 힘겨루기에 들어갈 것이다. 이른바 애국자들은 외부의 힘을 밀어낸 이상적인 '와'의 성취에는 주일미군 철수가 필수임을 직감할 것이다. 그때는 오키나와 주민뿐만 아니라 일본인 모두가 주일미군을 메이와쿠로 치부할 것이다.

미국은 아베 총리를 환영하지만, 그가 주장하는 '전후 레짐으로부터의 탈피' 정책이 무엇을 의미하는지 아직 제대로 맥을 못 짚고 있다. 진보와 보수를 떠나 일본 지식인 상당수가 전후 레짐으로의 탈피를 공감한다. 종전 70년은 긴 시간이기에 이제 일본이 새로운 변화에 나서야 한다는 공감대다. 하지만 그 탈피에는 한국·중국과의 과거사 탈피뿐만 아니라 미국과의 관계 재정립도 포함된다. 일본과 전쟁을 했던 미국이 되짚어봐야 할 대목이다.

애국론은 '와'의 응집으로 나갈 것이다. 《축소지향의 일본인》에서 응집은 둥근 원의 중심인 '1'과 '균일한 다수'와의 거리를 좁히는 것이라고 설명된다. 지금까진 좀처럼 내부 응집이 진행되지 못했다. 그 이유는 두 가지인데 미국이란 이질적인 힘이 '안의 세계'에 들어와 있기 때문이고, 아사히적 사고라는 진보적 문화인, 양심적 세력이 버텼기 때문이다. 반일과 매국이란 공격이 먹히고 아사히적 사고가 입을 다물게 되면 내부 응집이 시작된다. 내부 응집은 외부에 대한 배척으로 나타난다.

'안'의 거리를 좁힐수록 밖과의 거리가 멀어질 뿐만 아니라 응집을 위해 선 공동의 배척 대상을 갖는 것이 가장 효과적이고 보편적인 방법이다.

혐한이 바로 그 내부 응집의 한 산물이다. 이것이 혐한이 갖는 위험 성이다. 단순히 한일 간 감정이 좋다, 안 좋다의 차원이 아니라 일본의 '안의 세계'가 다시 한 번 내부로의 응집을 시도한다는 뜻이기 때문이 다. 역사는 반복된다.

혐한과 한류의 메센 전쟁

혐한과 한류 간 메센 전쟁은 '전후 민주주의'와 '전쟁 전 메이지유신 체제 회귀'라는 큰 메센 전쟁 바로 아래서 벌어지는 작지만 구체성을 띠는 메센 전쟁이다.

혐한이라는
유령

하나의 유령이 일본을 배회하고 있다. 혐한이라는 유령 말이다. 칼 마르크스는 1848년 출간한 《공산당 선언》에서 "하나의 유령이 유럽을 배회하고 있다. '공산주의'라는 유령 말이다"라고 썼다.

마르크스가 일컬은 유령은 '큰 파고처럼 유럽을 뒤덮지만 실체는 마땅히 꼬집어 말할 게 없고 설명하기 모호하지만 실제 사회를 변화시키는 구체적인 힘들이 내재된 무언가'였다. 마르크스는 19년이 지나 이런 유령의 실체를 보다 명확히 해 《자본론》(*Das Kapital*) 첫 권을 냈고 유령이라던 공산주의는 실체를 가진 세력으로 성장했다. 이후 공산주의는 구소련과 중국, 북한까지 이어지며 냉전시대를 만들었다.

일본 사회에서 '혐한'이 그렇다. 실체가 무엇인지 꼬집어 말하기 어렵지만 분명하게 사회의 변화를 이끄는 구체적 힘이다. 혐한은 현재로는 '유령'처럼 명확한 좌표의식 없이 만연하게 "한국인은 지저분하고, 예의가 없고, 트집만 잡고, 상종하지 말아야 한다"는 식의 감정적인 분노와 혐오의 덩어리다. 한국 식당들이 즐비한 도쿄 신오쿠보에서 "한국인은 돌아가라"는 구호를 외치면서 영업을 방해하고 태극기를 짓밟으면서 "한국인도 일장기를 태우는 무례함을 보이니 우리도 앙갚음한다"는 천한 모습을 보인다. 때론 과격한 구호도 적지 않게 나온다.

알 수 없는 '분노와 혐오의 덩어리'니 이를 분석할 수도 대처할 수도 없다. 하지만 위험하다. 혐한은 '재일(在日) 특권을 허용하지 않는 시민 모임'(재특회)이 주도한다. 이들은 가두집회를 열고 확성기 등을 통해 줄기차게 한국과 재일교포에 대한 악담을 구호처럼 외치고 다닌다. 일본 정부는 수수방관이다. 일부 야당 의원들이 이런 헤이트 스피치를 제재하는 "차별금지법" 제정을 추진했지만 입법은 무산됐다.

일본에서 태어나고 자란 아이들이 '무섭다'며 한국으로 가자고 재촉합니다. 학교에서 놀림받고 인터넷에선 욕설을 봅니다. 최악의 혐한 정서를 더는 견디기가 힘듭니다(도쿄 신오쿠보의 한 상인).

최근 2~3년 사이 헤이트 스피치가 격화된 이후 손님들은 '무섭다'며 신오쿠보를 찾지 않고 매출이 60% 이상 급감해 생계에 큰 타격을 입었다. 마스크로 얼굴을 전부 가린 시위대가 욕설을 퍼붓고 폭력을 휘두르는 모습을 본 아이들이 두려워 거리에 나가지 못한다(도쿄 신오쿠보에서 오작교를 운영하는 김덕호 씨).

일본에서 태어나고 자란 아이들은 한국 음식보다 일본 음식을 더 좋아할 정도로 일본 문화에 동화되어 성장했다. 그러나 최근 학교에서 '조센징(조선인)은 한국으로 돌아가라'고 손가락질을 받고 인터넷에서는 입에 담지 못할 욕설을 접해 엄청난 충격을 받았다. 학교 선생님이 일본으로 귀화한 한국인인 것을 안 학생들이 '조선 선생이 하는 짓이 그렇지' 하며 선생님을 따돌리는 사태까지 벌어지고 있다(20년 전 유학생으로 와 정착한 이승민 씨).

헤이트 스피치가 욕설과 막말에 그치지 않고 가게 안으로 들어와 종업원을 위협하고 기물을 건드리는 등 손님이 다시는 가게를 찾지 않도록 영업을 방해한다. 관련 법규가 없어 경찰의 역할에도 한계가 있는 상황이다(오영석 신주쿠한국상인연합회 회장).

"도 넘은 嫌韓 … 日 학생들까지 '조센징 先生은 한국 가라'"중 일부
(《조선일보》, 2015. 2. 7)

도쿄의 한류거리인 신오쿠보 등 일부 지역에서 벌어지는 헤이트 스피치도 문제지만, 이를 용인하는 일본 사회의 분위기가 더 위험하다. 독일에서 유대인 학살을 지지하는 집회가 열린다면 독일 사회는 어떤 반응을 보일까? 일본 사회는 혐한에 대해 '표현의 자유'라는 식으로 임한다. 상당 부분 혐한을 지지한다고 보는 게 맞다.

그들의 인식은 명확하다. "일본은 한국한테 사과도 했고 할 만큼 다 했는데 한국이 무례하게 계속해서 요구하고 잡음을 만든다", "한국이 자기는 힘도 없으면서 일본한테 요구만 하는데 그동안 너무 끌려다닌 게 나빴다. 한 번 혼쭐을 내야 한다", "종군위안부는 자신들이 알아서 돈 벌려고 매춘하러 간 게 본질인데 한국이 이걸 이용해 착한 일본인을 외국 방방곡곡에 나쁜 사람들인 것처럼 매도한다", "한국의 경제 발전은 다 일본이 도와준 것인데 그 은공은 하나도 모른다", "다케시마(독도) 는 일본 땅인데 무단으로 점령해놓고 한국의 한 대통령이 거기서 정치적 쇼를 하는 건 해도 너무 질이 나쁘다", "한국 사람들은 덴노에 대해 너무 존경하는 마음이 없이 폄훼한다", "일본은 중국과 미국과의 관계가 중요하지 한국은 내버려두면 다 해결될 지엽적인 문제다" 등이다.

유령과 같은 이런 '분노와 혐오의 덩어리'가 점차 실체를 갖춰가고 있다. 아베 총리의 '집단적 자위권'이나 헌법 개정의 움직임에서부터 일부의 '고노 담화에 대한 철회 시도' 등이 그것이다. 우리는 이를 흔히 '일부 우익인사들의 우경화로 인한 일본의 우향우'로 해석하지만 그렇지 않다. 일본 사회가 점차 '혐한'을 하나의 메센으로 받아들이는 것이다. 아직 명확한 실체도 없고 메센으로 굳어지지도 않았지만 그 방향성은 명확하다.

겉으로만 떠드는 한국의 반일과
증오로 응축하는 일본의 혐한

우리의 또 다른 오해는 일본의 혐한을 한국 내 반일과 같은 것으로 여긴다는 점이다. 혐한은 반일과는 다르다. 혐한은 실체를 갖춰가는 구체적인 힘이 있는 덩어리다. 싫어하는 척이 아니라 실제로 제재를 주려는 움직임이다. 이에 반해 한국의 반일은 다분히 명분론(名分論)적 측면이 강하다. 반일은 역사적 배경 속에서 '일본을 미워해야 한다'는 명분론과 당위성이 깔려 있다는 것이다. 하루키의 소설에 열광하고, 초밥을 맛있게 먹고, 일본 여행을 즐기지만 술자리에서 일본이 주제로 오르면 일본과 일본인을 비하하는 발언을 몇 번 해야 정상적이고 애국적인 한국인이다. 일본을 비하하거나 폄하하는 발언을 한두 번쯤은 하는 게 성인이다. 일본에 관심이 있건 없건 지식이 있건 없건 상관없다. '일본을 싫어한다'는 하나의 명제이지만 한국 사회에선 꽤나 죽은 명제다. 어찌 보면 '일본이 싫다'라는 말조차도 술자리에서 옛 추억을 이야기하는 '낭만적 반일'에 불과한지 모른다. 서울에서는 일본인이 운영하는 식당 앞에서 한국인이 '일본인은 일본으로 돌아가라'며 확성기로 떠들지 않는다. 일본인이 서울에 살면서 반일 감정에 불편함을 느끼는 일은 거의 없다. 정치적 수사라는 말처럼 일상생활과는 무관한 '반일'이다.

반일은 일본을 극복하고 넘어서 일본보다 더 부강하고 행복한 나라를 만들고 싶다는 염원도 바탕에 깔려 있는 심리이다. 반일에는 그래서 '일본을 배우자'라는 상반된 주장까지 포괄한다. 고려대, 중앙대, 한국외대 등 서울 주요 대학을 포함해 숱한 종합대학은 일어일문과와 일본어과를 개설해 학생들을 가르친다. 매년 수천 명의 일문과 전공자들이 사회로 나온다는 말이다. 일본은 다르다. 학부 과정에서 한국어나 한국문학을 가르치는 대학은 거의 없다. 외국어로서 일부 한국어를 가르치는 수준이지만 미미하다.

한국의 반일 감정이 명분론이라면 일본의 혐한은 실제론이다. 일본인은 '한국인이 싫다'는 세속적 감정에 휩싸인 것이다. 한국이 싫기 때문에 한국 여행을 자제해야 하고 한국 물건을 사지 말아야 한다는 식으로 구체성을 띤다. 특정 민족이나 나라를 대상으로 해서는 안 되는 수준인 '헤이트 스피치' 수준까지 왔다. 한국 정부도 일본 정부도 '헤이트 스피치'의 위험성을 간과하고 있다. 문제는 한국의 정치인을 포함한 대부분의 한국인이 '우리(한국인)가 일본을 싫다고 하는 건, 명분론적·낭만적인 반일이니, 그들(일본)이 한국을 싫다고 하는 것도 그런 명분론일 것이다. 실제로 일반 일본인이 한국을 싫어하는 것은 아니다'라고 지레짐작하고 믿는다는 것이다. 이렇게 한국인은 혐한의 문제를 단순히 극우 일본인 일부의 행동으로 평가 절하한다. 독일에도 러시아에도 미국에도 그리고 그 어느 나라에도 있을 수 있는 극소수의 극단적 민족주의자나 타 민족 배척주의자 쯤으로 본다. 또한 1970년~1990년대 일본이 그랬던 것처럼 양심적 지식인들이 건재해 그들이 이런 '극우 일본인 문제'를 내부에서 알아서 제어할 것이란 기대도 깔려 있다. '예의 바르고, 친절한 일본인'이 예전에 그랬듯 지금도 그럴 것이라고 믿고 싶은 것인지 모른다. '상식적으로 사고하고 행동하는 선진국 일본'에 대한 막연한 환상도 한국인의 머릿속에 들어 있다.

하지만 혐한은 '일본을 사랑하자'는 애국론에 바탕을 둔다. 일본의 애국론은 〈아사히신문〉이 대변한 양심적 지식인(좌파)들을 '일본을 비난하기만 하는 반(反) 애국자'라 칭하며 이는 이미 일본의 '안의 세계'에 메센으로 굳어지고 있다. 애국론이 무너지지 않는 한 혐한도 하나의 메센으로 힘을 얻어갈 것이다. 그런데도 한국의 신문과 방송에선 일부 양심적 지식인들이 혐한에 대응하는 선언문을 내거나 윤동주 시비를 건립한다거나 하는 우리가 보고 싶어 하고 듣고 싶어 하는 것만 골라 보여주는 경향이 없지 않다. 낭만적 반일을 하는 한국이 일본의 현실적 혐한에 대응할 수 없음은 자명하다.

혐한은 현실이다. 하지만 아직 일본 '안의 세계'를 지배하는 메센으로 굳어지지 않았으며 여전히 두 개의 메센이 상존하며 견제한다. 다른 한쪽의 대립각에는 한류가 있다. 애초에 혐한 시위대들이 힘을 얻은 계기가 된 사건은 후지 TV 앞 집회. 당시 후지 TV는 한국 드라마를 대폭 방송한 한류 전파의 최대 공신 중 한 곳이다. 혐한 세력이 후지 TV에 한국 드라마를 방송하지 말 것을 요청했고 후지TV는 이후 한국 드라마를 대폭 축소했다. 사실상 무릎을 꿇은 것이다. 단순히 시위대의 요구 때문이라기보다는 일본 사회의 분위기를 읽고 노선을 선회했다고 보는 게 맞다. 이후 후지TV 시위에 참여했던 상당수는 혐한 시위대의 원류가 되어 도쿄 거리를 활보하면서 헤이트 스피치를 하고, 때론 '고키부리(바퀴벌레)를 죽이자'며 소리를 높였다.

행동하는 1%와 이를 묵인하는 다수가 존재하면 사회를 전복할 수 있다. 혐한 시위대가 1% 역할(말하자면 새로운 메셈을 만들기 위한 '먼저 움직이는 하나')을 수행하자, 일본의 잡지와 신문('하나와 같은 혼네를 가진 다수')이 일제히 한국의 나쁜 점을 들춰 보도하기 시작했다. 일본의 일반인들이 혐한을 소비하기 시작했다. 혐한을 흡수한다.

일본의 한 60대 한류 팬은 "같이 한국 드라마를 좋아했던 친구가 이젠 말도 안 되는 이상한 국가인 한국 드라마를 더는 안 보겠다고 했다"고 말했다. 이는 혐한이란 메셈이 현실적 힘으로 존재하면서 일본 '안의 세계'에 대한 지배력을 높여가는 중이라는 방증이다. 아직은 '혐한 vs. 한류'의 메셈 전쟁이 끝난 것은 아니다. 고등학교 교실에서 '난 한국 드라마를 좋아한다'고 많은 눈〔目〕 앞에서 이야기한다고 메이와쿠가 되진 않는다. 하지만 점점 '왠지 그렇게 큰 소리로, 한국 드라마를 좋아한다고 공공연하게 떠들어선 안 될 것 같은 분위기'가 되어가는 것은 맞다. 혐한은 한류보다 점점 강해지고 있다.

혐한론의 뿌리 …
한국인에게 배신당했다는 일본의 패전세대

왜 일본인은 갑자기 한국을 미워하기 시작했을까? 왜 일본의 메센은 '혐한'의 색채를 띠기 시작했나? 일본인이 '한국 칭찬'을 할 때 주위의 시선을 의식하게 만들었나? 혐한의 뿌리는 생각보다 매우 깊다.

식민지 시대를 바라보는
서로 다른 시선

한국인에게 일본 지배 36년(1910~1945년)은 굴욕의 역사다. 한민족 5천 년 역사에서 숱한 침략을 겪었지만 국호마저 빼앗긴 시기는 이때가 처음이다. 일본이 진주만 공습을 하지 않고 미국과 영국 편에서 독일과 싸웠다면 아마 일본이란 국가 안에 일본인과 한국인이 존재하는 21세기를 보냈을지 모른다. 이런 한국인의 입장에선 반일은 어쩌면 당연한 정서다. 하지만 일본인은 항상 "왜 한국인은 일본을 미워하냐"고 묻는다. 한국의 입장을 지지하는 양심적 일본 지식인조차도 "수백만 명이 희생된 한국전쟁을 겪은 한국인에게 왜 공산주의에 대한 적개심보다 더 오래된 과거인 식민지를 떠올리는 반일이 더 큰지 이해하지 못하겠다"
고 말한다. 양국의 엇갈린 인식의 골은 이만큼 크다. 그만큼 혐한론의
뿌리는 깊다. 먼저 아래의 표를 보자.

1960년대 후반, 일본이 패전을 딛고 다시 선진국 대열에 참여한 시점
인 도쿄올림픽 이후 조사에서도 한국인에 대한 이미지는 '더럽다'(32.
2%), '속인다'(29. 3%), '비겁하다'(28. 3%), '예의가 없다'(24. 4%),
'군중심리에 잘 휩싸인다'(23. 7%)였다. 같은 조사에서 태국인에 대해선

일본인 학생들의 각 민족에 대한 호감/반감 조사

순위	1939년	1949년
1	일본인	일본인
2	독일인	미국인
3	이탈리아인	독일인
4	만주인	프랑스인
5	한국인	영국인
6	몽고인	이탈리아인
7	인도인	만주인
8	미국인	인도인
9	프랑스인	중국인
10	터키인	터키인
11	흑인	유대인
12	영국인	러시아인
13	중국인	몽고인
14	유대인	흑인
15	러시아인	한국인

* 당시 한국인은 조선인(조센징)으로 조사됨. 1939년은 만주지역에 청을 계승했다고
자칭한 만주국이 존재했던 시점임.
출처: 스즈키 지로, 1969,《인종과 편견》, p. 126.

'순박하다'(33%), '보수적이다'(30%), '미신을 믿는다'(38.4%), '얌전하다'(21.5%), '예의가 바르다'(15.9%)였다. 미국인, 영국인, 프랑스인에 대해선 말할 것도 없이 좋은 평가가 이어졌다. 유독 한국인에 대해서만 혐오 의식이 드러났다.

1939년엔 한국인을 좋아했던 일본인이 왜 1949년에는 태도가 급변했을까? 1939년을 보면 일본인은 당시 제2차 세계대전의 동맹국이었던 독일과 이탈리아를 가장 좋아했고 그 다음이 만주인과 한국인이었다. 만주인은 일본 관동군이 만주사변을 일으킨 후 만주 지역에 세운 국가로 청을 계승했다고 주장했으며, 이후 일본 편에서 중국과 전쟁한 나라다. 한국인은 같은 나라의 국민이며 일본의 2등 민족으로 여겼다. 같은 국가였으니 호감이 높았던 것이다. '내선일체'(內鮮一體)와 같은 일본 제국주의의 구호까지 언급하지 않더라도 당시 일본인은 어떤 형태로든 한국인과 자신들을 '운명 공동체'로 받아들였을 터다. 반면 국제적 대립 관계였던 영국, 중국, 러시아 등은 적대시했다.

하지만 10년 뒤 한국인은 최하위로 떨어졌고 히로시마 등 두 곳에 원자폭탄을 떨어뜨리며 점령군으로 진주한 미국인이 가장 좋아하는 민족이 되었다. 4년 전의 적국에서 완전 탈바꿈한 것이다. 연합국군 총사령부로 도쿄에 진입한 미군은 일본인의 '와의 세계'에 들어온 '밖'이다. 존중받는 존재로 바뀐 것이다. 미국은 '1:다'의 '와'에서 이질적이긴 하지만 다수(多數)보다는 '1'에 더 가깝고 더 많은 영향을 줄 수 있는 '힘'이기도 했다.

패전세대의
혐한 의식

한국인은 최하위였다. 같은 국가에서 다른 국가가 된 탓도 있지만 중국인이나 흑인보다 밑으로 추락한 것은 단순히 그것만으론 설명되지 않는다. 그 답은 일본인이 "한국인에게 배신당했다"고 느꼈기 때문이다. 일본인은 침략 전쟁을 저지르며 한국인을 피해 당사자로 보지 않고 같이 침략 전쟁에 나선 2등 국민으로 생각했다.

그런데 패전 후 한국인은 패전국민이 아닌 승전국민으로 행동했다. 일본인에게 수십 년간 차별과 착취를 받았던 한국인, 특히 일본에 살던 재일한국인은 자신들의 권리 찾기에 나섰다. 하지만 냉정한 국제 정세는 당시 한국을 승전국으로 인정하지 않았다. 일본에 연합국군 총사령부가 진주해 점령한 것과 마찬가지로 일본이 지배했던 한반도엔 각각 미군과 소련군이 주둔해 점령했다. 일본인의 눈에 비친 한국인의 모습은 다음의 두 글에서 엿볼 수 있다. 하나는 당시 연합군 점령군의 일원으로 일본에 있던 미국인 군인 출신의 학자가 쓴 논문이고 또 하나는 일본 잡지에 실린 18세 일본인의 글이다.

그들(한국인, 당시 지칭은 조선인이다)은 절대 패전국인 일본인과 같은 입장에 서지 않고 오히려 전승국민과 같은 편으로 서 있으려고 했다. 조선인은 일반적으로 일본의 법률을 그들에게 적용될 수 없는 것으로 봤고, 미국 점령군의 지령도 같이 거의 의식하지 않았다. 이 때문에 일본 내에 심각한 혼란을 일으켰다. 점령 초기의 몇 달간 재일조선인 탄광 노동자의 강한 반항 탓에 일본의 중요 산업인 탄광 산업의 재건은 장애를 받았다. 경제적 영역에 있어서 조선인의 여러 활동은 일본 경제 재건의 노력을 자주 저해했다. 1948년 고베에 긴급사태 선언은 일본의 교육 개혁을 조선인이 방해한 결과, 내려진 조치다. (…) 일본인과 조선인 간의 전통적인 적대 감정은 한층 깊어졌다. 과거와 마찬가지로 전후에 있어서도 재일조선인 사회는 일본인으로부터 불신과 경멸을 받았다.

테타이킨, 1995, 《한국의 이미지》, pp. 63~64
(이 책에서 인용한 에드워드 와그너의 논문 "일본에 있어서의 조선 소수민족" 재인용)

전철이 움직이기 시작하자, 이들(재일조선인)은 늦어서 타지 못한 우리들(일본인)에게 손을 흔들며 '독립, 만세'를 일본어로 소리치고 다시 크게 웃었다. 독립! 무언가 직감하는 게 있어 나는 얼굴이 굳어졌다.

같은 책, p. 65
(이 책에서 인용한 잡지 〈세계〉 1945년 8월호에 실린 "나의 8월 15일" 재인용)

일본인은 이질감을 느꼈을 것이다. 자신들이 점령군 미국에 대해 온갖 협조를 하면서 재건을 꿈꾸는데 조선인은 미국에도 비협조적이면서 승전국 행세를 했다고 생각한 것이다. 당시 일본인의 정서로는 2등 국민이 우쭐해서 1등 국민을 비난한다고 받아들였을 것이다. 그 결과가 1949년과 1960년대 후반의 설문조사에서 드러난 혐한 의식이다. 패전세대는 이런 혐한의 뿌리에 해당하는 세대다. 이후 패전세대는 재일한국인을 '안의 세계'에서 차별했고 끊임없이 '배제'하려 했다. 없는 존재로 무시하는 게 그들의 선택이었다.

패전세대는 의도적으로 한국을 '밖의 3세계'에 놓았으며 '안의 세계' 일원인 재일한국인에겐 말을 걸지 않는 무시라는 이지메를 행했다. 그 사이 일본의 혐한은 점차 수그러들었다. 한국에 긍정적인 생각을 갖게 되었다기보다는 무시하다보니 존재 자체가 점차 희미해졌고, 싫고 좋고의 문제를 떠나 무관심에 다다른 것이다.

'부의 향유 세대'의 무관심을
'친한'(親韓)으로 본 한국인의 착각

1980~1990년대 세계의 돈줄을 쥐었던 일본에게 한국은 안중에도 없었
다. 버블 시기다. 미국의 부동산을 사들이고 유럽 여행을 가 최고급 와
인을 샀다. 유명 명품 브랜드는 모두 일본 소비자의 호감을 사기 위해
부산스러웠다. 일본인은 영어를 몰라도 됐다. 엔화만 들고 가면 다들
엔화의 힘에 굴복해 일본인의 비위를 맞췄다. 일본인은 돈을 썼다.

미국 51개 주 정부 모두가 일본에 관광 유치 사무실을 차리던 시기다. 유럽
과 미국의 최고급 호텔과 레스토랑 어디를 가도 일본인을 위한 음식과 일본
어로 된 메뉴가 준비되었다. 1980년대 말 파크 에비뉴에 위치한 최고의 호
텔 월드프 아스토리아(The Waldorf Astoria)의 숙박비는 도쿄의 3평짜리
비즈니스룸 숙박비와 비슷했다고 한다. 세계 최고의 호텔인 파리의 리츠
(Ritz) 호텔 스위트룸 숙박비는 도쿄의 4성(四星)급 호텔 숙박비 정도였다
고 한다. "왜 이렇게 싸지?"라는 말이 당시 서방의 최고급 문화와 문명을 접
한 일본인의 공통적인 반응이었다. 어디를 가도 환영을 받는 최고의 손님이
바로 일본인이었던 것이다.

유민호, 2014, 《일본내면풍경》, pp. 102~103

유럽과 북미에 각인된 '친절한 일본인' 신화는 이때 간결하게 생겼다. 서양인에게 돈을 쓰는 아시아인은 일본인이 처음이었다. 고급 호텔에서 돈을 쓰는 손님에게 그들은 친절했다. 패전의 기억이 남아 있던 일본인은 승전국에 관광을 가서 그들의 눈치를 봤다. 승전국에서 돈을 쓸 때마다 친절한 대우를 받고 자신감을 되찾으며 다른 한편으론 진심으로 감사했다. 이것이 친절한 행동으로 비춰졌다.

일본의 관심은 미국, 프랑스, 영국, 독일, 이탈리아 등 G7에 쏠렸다. 그리고 그들에게서 열렬한 환영을 받았다. 한국인에 대한 배신감도 한쪽으로 사라졌다. 일부 인권운동과 더불어 재일한국인에 대한 차별이 완화되기도 했던 시절이다. 재일한국인의 주장을 들어줬다기보다는 일본인에게 '재일한국인 인권 문제'는 귀찮고 대하기 싫은 주제였을 뿐이다. 피했을 뿐이다.

한국에 대한
무관심의 시대

1980~1990년대를 보낸 '부의 향유 세대'에게 한국은 '이웃국가'가 아니었다. 1980년대 소학교와 중·고등학교를 다닌 한 일본인은 "집에서나 학교에서나 한국 이야기는 들어본 적이 없다. 이웃나라와 친하게 지내야 한다는 말은 자주 들었다. 이때 이웃나라는 언제나 중국이었다"고 말했다. 당시 한국에선 반일이 한창이었다. 극일(克日)은 언제나 큰 주제였다. 그러나 고려대 등 전국 각 대학교에는 일문과가 생겼고 수많은 인재들이 일문과를 택했다. 한국에게 일본은 증오와 흠모의 대상이자

'가깝고도 먼 이웃'이었다.

하지만 일본의 '부의 향유 세대'에 한국은 무관심의 대상이었다. 한일전 축구에 한국은 열광했고 승패에 집착했지만 일본은 일부 축구팬을 제외하곤 관심 밖이었다. 그 일부 축구팬들도 '일본의 국가대표전'인 것이 중요했지 상대가 한국이란 데는 별다른 감흥이 없었다.

2002년 한일월드컵을 앞두고 일본의 한 채널에서는 '한국을 제대로 알자'라는 취지의 프로그램을 방송했는데 2001년으로 기억한다. 지나가는 초·중·고등학생들을 붙잡고, 아시아-태평양 지도를 보여주고 한국이 어디에 있는지 그려달라고 했다. 제대로 그린 학생은 없었다. 그들은 한국이 어디에 있는지 몰랐다. 한 소학생은 하와이 옆에 큰 섬을 하나 그렸다. 전설 속의 무대륙처럼 한국을 그렸다. 방송 프로그램에서 여러 테스트를 했지만 대부분 일본인의 한국에 대한 지식은 전무했다. 프로그램은 "같이 월드컵을 여는 한국에 대해서 최소한 이 정도는 알아야 한다"는 계몽으로 흘렀다.

일본에 한국은 아예 존재하지 않았던 것이다. 1990년대 전여옥의 책 《일본은 없다》가 출판되고, 한국에선 '일본은 없다, 있다'는 논쟁이 붙었다. 하지만 실체적 결론은 "한국은 일본에 관심이 과잉되어 일반 시민까지 술자리에서 열띠게 일본론 논쟁을 벌일 정도였지만, 일본에게 한국은 없는 존재였다"는 것이었다. 일본이 한국에 무관심했던 반면 한국은 일본을 많은 외국 중 하나가 아닌 별도의 존재로 생각하고 대했다. 애증이 교차되는 짝사랑 같은 상황이었다.

1964년 도쿄올림픽 이후 고도 성장기를 거치며 세계 경제대국으로 부상하는 일본에게 한국이란 나라는 철저하게 관심 밖이었다. 바로 옆 나라에서 1988년 서울올림픽이 열렸지만 그것뿐이었다. 일본의 메센은 '무관심'이었다. 이때 한국은 일본의 전후 반성세대들과 만났다. 전후 민주주의와 침략 전쟁에 대한 반성과 평화헌법의 지지를 내세운, 아사히적 사고를 따르는 양심적 지식인들이었다. 풍요로움이 넘치는 일본을 배경으로 이들은 본격적으로 한국 편에 서서 각종 지원을 했다. 뒤늦게 일본을 따라가기 시작한 한국으로선 그들의 도움이 절실했고, 그들은 손을 잡아줬다. 삼성전자가 1970~1980년대 일본의 전자 기업에게 많은 기술 이전을 받은 것은 주지의 사실이다. 한국에선 정치계와 경제계 할 것 없이 '극일'이란 기치 아래 일본과의 관계 맺기에 여념이 없었다. 일본과의 튼튼한 관계는 한국에서 무엇을 하든 도움이 되는 것이었다. 해외에 나가면 가장 절실하게 일본의 도움이 필요했다. 즉, '반일 감정'이 팽배한 명분론으로 살아 있었지만 실제 관계에선 현실적인 실리 찾기에 나선 것이다.

풍요로운 부가 넘쳤던 일본의 일부는 한국의 이런 이해를 맞춰준 측면이 없지 않다. 하지만 이것은 일본 사회가 용인한 정도지 한국과의 본격적인 관계 개선이나 친한(親韓)의 시대가 열린 것은 아니었다. 일본인은 한국을 좋아한 게 아니었다. 일본 사회는 한국에 무관심했고 전략상 한국을 도와주는 게 맞았을 따름이다. 일본인은 한국에 무관심했기 때문에 일본 정부나 기업들이 무엇을 하든 '와의 세계'는 그것에 관심조차 없었다. 여기엔 미국의 이해가 맞아떨어졌다. 냉전시대에 미국으로선 한국은 최전방에서 공산주의와 맞선 국가였고, 배경에 있는 일본이 한국을 도와줄 필요가 있었다. 일본으로서도 한국이 혼란에 빠지는 것보다 튼튼한 체력을 갖추고 자력으로 안보의 첨병 역할을 다해주는 게 자국의 이익에 도움이 됐다.

한국은 착각했다. 일부 정치인과 경제인들은 국민들 앞에선 강성 반일 발언을 하고 뒤에선 일본인과 만나 친일 발언을 했다. 한국인도 술자리에선 반일을 성토하지만 일본인을 만나거나 일본 여행을 가면 그들의 친절함에 감사하는 시절이었다. 사회, 문화, 경제 등 거의 모든 측면에서 일본은 한국을 압도했고 한국은 축구 한일전에 매달려 있던 시기였다. 1970~1990년대 유일하게 극일이 가능한 분야가 축구와 같은 스포츠였기 때문이다.

혐한과 고슴도치 딜레마

추운 겨울 고슴도치 두 마리가 서로의 온기를 나누려고 다가갔다가 서
로의 가시에 찔리고 그 아픔을 피해 멀리 떨어진다. 다시 추위는 거세
지고 다시 한 번 서로에게 다가갔다가 역시 가시에 찔리는 반복이 이어
진다. 찔림과 멀어짐을 반복하면서 고슴도치는 서로를 찌르지 않으면
서 온기를 나눌 수 있는 간격을 찾는 게 중요하다는 걸 발견한다.

　이는 독일 철학자 쇼펜하우어의 "고슴도치 우화"로 인간관계를 고슴
도치의 가시에 빗대 설명한 것이다. 인간관계에서도 적당한 거리를 유
지하면 서로의 가시에 찔릴 일도, 추위에 얼어 죽을 일도 없다는 것이
다. 반대로 다른 이의 가시에 찔리는 것을 두려워하면 결국 자신만의
온기로 겨울을 나야 한다. 이렇게 멀어질 수도 가까워질 수도 없는 관
계를 고슴도치의 딜레마(*Hedgehog's dilemma*)라고 한다.

몰랐던 한국에 옛 '쇼와'의 정취를 느끼며 다가섰다가
반일 정서의 가시에 찔린 일본

1990년대까지 일본에게 한국이란 나라는 '밖의 3세계'였다. 무관심의 대상이었다. 일본의 젊은이들은 한국과의 과거사는 물론이고 한국이 지정학적으로 어디에 있는지조차 몰랐을 정도다. 2002년 한일월드컵 개최와 한국의 4강 진출은 일본에 한국을 각인시켰다.

2003년 4월 NHK의 위성방송인 BS2에서는 〈겨울연가〉를 방송했다. 40~60대 여성 팬들이 보인 예상외의 호응에 NHK는 2003년 12월에 재방송을 했고 다시 2004년 4월에는 지상파 NHK에서 방송했다. 시청률은 16.3%로 시작해 최고 28.8%까지 오르며 20%대를 유지했다. 욘사마(배우 배용준)와 함께 '밖의 3세계'에 머물던 한국이 일본의 눈〔目〕 앞에 재등장했다. 2004년 11월 욘사마의 일본 방문에 나리타공항엔 5천여 명의 팬들이 새벽부터 모여들었고, 이곳저곳에 '환영합니다', '사랑해요'라는 한글 플래카드가 등장했다. 나리타공항은 도쿄에서 전철로 1시간 30분~2시간 30분 걸리는 먼 거리다. 일본 민영방송사들은 '욘사마 방일'을 생중계하기 위해 헬기를 띄웠다. 정규 프로그램 중에도 욘사마를 태운 자동차가 현재 일본의 어디를 지나고 있는지 보여줄 정도였다. 외신들도 이런 일본 반응에 놀라 "한국의 드라마 스타가 도쿄공항에 수천 명을 운집시켰다"(AP), "용사마(Yong-sama) 도착, 팬들 광란하다"(로이터) 등의 기사를 내보냈다.

〈겨울연가〉를 시작으로 한국 드라마가 일본에 속속 방송되었고 일본의 40~60대 여성 팬들의 마음을 사로잡았다. 여성 팬들은 한국 드라마에서 자신들의 청춘 시절인 1970년대 일본을 배경으로 한 사랑 이야기를 봤다. 한국은 1990년대까지 줄곧 '극일'을 외치면서 다른 한편으론 '일본 따라 하기'로 일본의 옛 시스템과 문화를 흡수해 일본인의 눈에 그런 한국은 '옛 추억의 쇼와 시대'로 비쳐졌다. 쇼와 시대는 현재의 헤이세이(덴노의 연호) 시대 이전으로 1926~1989년인데, 일본인이 말하는 쇼와 시대는 대략 1960~1980년대 초반을 일컫는다. 한국 드라마가 일본인이 잃어버린 옛 향수를 들고 일본열도에 들어온 것이다. 무관심의 대상이었던 '밖의 3세계'가 한번에 '안의 세계'까지 들어와 버렸다. 한류 팬은 한국을 일본의 쇼와 시대로 생각했다.

그러나 이게 문제였다. 너무 가까이 다가와 버렸다. 고슴도치의 딜레마가 발동했다. 한국에 대한 관심이 높아지면서 한국 정보가 대량으로 들어오면서 한국은 '옛 추억의 쇼와 시대의 일본이 아니라 외국'이었다는 사실을 뒤늦게 깨달은 것이다. 한국은 일본을 싫어하는 반일이란 걸 그제야 깨달았다. 일본의 여성 팬들은 '왜?'라는 역사문제 인식에 앞서 '일본인을 싫어하는 한국인'이란 가시에 찔렸다. 곧바로 한국의 삼성전자가 세계 전자제품 시장에서 모노즈쿠리(혼신의 힘을 쏟아 최고의 물건을 만든다는 뜻)의 일본을 상징하는 소니를 압도한다는 뉴스가 들어왔다. '부의 향유 세대'와 남성 샐러리맨에게 소니는 1970~1990년대 '세계 1위 일본'이란 자긍심의 상징 같은 존재였다. 모노즈쿠리에 대한 무한한 자존감을 가진 일본의 샐러리맨 남성들은 민감해졌다.

일본인은 한국을 '외국이 아닌 안의 세계 일원'으로 보았기 때문에 이런 '반일'과 '세계 1위 자존감 훼손'은 메이와쿠다. '안의 세계'에서 '균일한 다'의 일원들은 다른 균일한 구성원을 짓밟으면 안 된다. '반일'과 '세계 1위 자존감 훼손'은 애국론을 자극했다. 하지만 2000년대 중후반까진 '한류 붐'은 애국론을 누를 정도의 힘을 가졌다. TV에선 어느 채널을 돌려도 한국 가수의 노래가 흘러나왔고 한국 드라마가 방송됐다.

2011년 3월 동일본 대지진에서 '안의 세계'의 '균일한 다'는 다시금 언제든 생명을 앗아갈 수 있는 자연재해를 각인하며 '안의 세계'로 응집했다. 여기서 외부에 대한 폐쇄성이 강해지면서 애국론과 맞물려 한국에 대한 부정적인 공기가 만들어졌다. 일본 사회에서 소외된 계층을 중심으로 불만이 터져 나왔는데 그 대상이 한류였다.

계기는 한 영화배우의 트위터다. 영화배우 다카오카 소스케는 "채널 8(후지TV)은 한국 TV라고 생각한다. 일본인은 일본 전통 프로그램을 원한다"고 트위터에 썼다. 그의 소속사가 트위터 글을 문제 삼아 다카오카를 해고했다는 이야기가 인터넷에 돌면서 반(反) 한류의 기류가 강해졌다. 후지TV는 가장 저렴한 비용(판권료)으로 시청률을 잘 올릴 수 있는 한국 드라마를 대거 방송하고 있었다. 2011년 11월 7일 후지TV 본사 앞에 '한류를 그만하라'고 주장하는 2천 5백 명(주최 측 추산)에 달하는 시위대가 모였다. 시위대 사이에선 〈기미가요〉가 흘렀다. 후지TV는 이후 한국 드라마 방송을 자제하는 한편 재빠르게 '한국 비판'에 앞장섰다.

혐한의 시작이었다. 이후 재특회의 헤이트 스피치 데모에는 후지TV 시위대의 상당수가 흘러 들어왔다. 혐한 데모가 하나의 시위 세력으로 성장했다. 혐한은 일본의 사회 변화에 피해를 받고 소외된 약한 고리가 표출하는 분노였다. 분노의 대상은 앞서 말한 기류를 타고 일본의 '안의 세계'를 찌른 '한국'이었다. 여기에 혐한 시위대를 암묵적으로 지지하는 분위기가 형성되었다. 한국이 일본을 누른다는 경쟁의식이다.

혐한은 한국을 '일본의 일부'가 아닌
'외국'의 경쟁자로 인식

혐한은 찔린 가시에 대한 반작용이며 '안의 세계'에서 한국을 배제하려
는 움직임이다. 혐한도 초기엔 한국을 '안의 세계' 일원으로 보고 이를
배제해 무라하치부나 이지메를 하려 했다. 하지만 혐한 세력의 헤이트
스피치는 일부 극단적인 행동이며 '안의 세계'가 이를 메이와쿠로 느끼
면 더 이상 세력 확장도 어려우며 소멸되기 십상이다. 하지만 '안의 세
계'에서 '한국에 대한 경쟁의식'이란 또 다른 기류가 생겨났다.

2000년대 중반 이후부터 등장한 일본의 새로운 리더십인 '부의 향유
세대'는 1980년대 버블 시기를 관통하며 세계 최고라는 자부심을 가진
세대다. 강한 일본을 꿈꾸며 패전에 따라 지워진 굴레인 전후 레짐(평
화헌법 등)에서의 탈피를 주장한다. TV와 반도체로 대표되는 '세계 1위
의 일본 전자제품'과 망가(만화), 재패니메이션, 제이팝(J-pop) 등 아
시아를 대표하는 일본 문화는 투 트랙으로 비(非)서양을 대표하는 일본
의 위상을 상징적으로 보여줬다. 일본인은 비서양권에서 법과 제도,
콘텐츠 등 모든 분야에서 자신들이 최고라는 의식이 강했다.

하지만 '메이드 인 재팬' 전자 제품은 2000년대 들어 한국의 삼성전자
에 쫓기다가 역전당했고 이후 몰락했다. 예컨대 TV 시장 점유율에선
삼성전자가 유럽 39.7%(2014년 평판 TV 기준, 디스플레이 서치 집계)과
북미 35.4%를 앞세워 압도적인 세계 1위다. 세계 2위인 LG전자와 합
치면 세계 평판 TV의 절반 정도는 '메이드 인 코리아'다. 반도체, 냉장
고, 세탁기, 에어컨, 스마트폰 등의 전자제품은 거의 대부분 삼성전자
와 LG전자에게 밀렸다. 그리고 전자제품 시장에 이어 일본이 '아시아

(단위: %)

1. 방콕	만화/애니메이션	드라마	영화	음악	패션/화장품
한국	0.5	27.8	17.0	7.8	11.1
일본	25.5	5.9	5.0	2.0	6.5
2. 싱가포르	만화/애니메이션	드라마	영화	음악	패션/화장품
한국	4.0	26.0	20.8	15.8	15.8
일본	16.2	10.4	11.0	9.4	12.0
3. 마닐라	만화/애니메이션	드라마	영화	음악	패션/화장품
한국	52.1	42.4	24.9	9.5	17.1
일본	12.5	6.4	9.8	5.4	16.0

* 15~54세를 대상으로 자국, 일본, 한국, 미국-유럽 중 즐기는 만화, 드라마, 영화, 음악, 패션(화장품 포함) 등
을 조사한 자료 중 방콕, 싱가포르, 마닐라 등 주요 3개 도시의 조사 결과를 발췌했다.

에선 1위'로 자부하는 콘텐츠(영화, 드라마, 음악, 만화, 패션)에서도 한
국은 한류 붐과 함께 일본의 경쟁자로 등장했다. 일본의 문화 콘텐츠는
더 이상 아시아 시장에서 독보적이며 상징적인 존재가 아니다.

중국에서 일본 콘텐츠의 대표는
AV 배우인 아오이 소라

2012년 중국에서 반일 시위가 촉발됐을 때, 중국 시위대는 '댜오위다오
(일본명 센카쿠)는 중국 것, 아오이 소라는 세계의 것'이란 팻말을 들고
나왔다. 아오이 소라는 일본 AV(어덜트 비디오의 약자) 시장의 스타다.
일본 AV가 불법으로 한국, 중국 등으로 흘러갔고, 아오이 소라가 인기
연예인으로 등극했다. 중국에서 활동하는 가장 파워풀한 일본인 연예

인 스타가 AV 배우인 셈이다.

2000년대 이전까지 누구나 인정하는 아시아 문화의 대표는 일본 문화 콘텐츠였지만 1위라는 자부심만 컸지 이런 문화를 아시아 국가와 나누려는 노력에는 상대적으로 소홀했다. 예컨대 한 번 제작하면 소비에 따른 추가 비용이 없는 콘텐츠의 특성을 살려 아시아의 빈국이 받아들일 수 있을 정도로 저렴한 가격에 제공하는 식의 문화를 함께 누린다는 인식이 적었다.

몇십 년간 일본 문화 콘텐츠는 아시아를 대표했지만 아시아인에겐 충분히 일본 문화 콘텐츠를 소비할 기회가 적었던 것도 사실이다. 그나마 소비한 게 아오이 소라로 대표되는 AV 동영상이다. 불법으로 중국에 흘러간 AV 콘텐츠가 중국인에게 일본의 AV 문화를 소비시켰고 아오이 소라라는 스타를 중국에 띄운 셈이다. 반면 한류는 아시아 각국의 국민들이 쉽게 접할 수 있는 저렴한 가격에 제공되었고 그만큼 많이 소비되면서 하나의 문화 기류로 만들어졌다.

한일 간
새로운 관계 만들기

무관심의 대상이었던 '밖의 3세계'인 한국은 한류를 타고 '안의 세계' 일원으로 진입했다가 배척되면서 경제와 문화 분야에서 경쟁을 하는 '밖의 2세계'의 성격을 띠기 시작했다. '안의 세계'에서 '밖의 2세계'는 이겨야 하는 잠재적 적(敵)이다. 이런 상처받은 자존심은 혐한을 자극했고 애국론으로 이어졌다.

혐한과 한류의 메셴 전쟁에서 긍정적인 대목은 고슴도치처럼 서로를 찌르지만 이 과정이 적정한 거리를 찾는 데 도움이 된다는 것이다. 현재 혐한이 도를 넘어선 상황을 막고 한류가 안착해 한류 팬들이 '안의 세계'에서 한국을 좋아한다는 말을 편하게 할 수 있다면 말이다.

또한 혐한과 한류의 메셴 전쟁은 한국을 바라보는 '와의 세계'의 시선을 수정하고 있다. 이전에 한국인이 주로 만났던 일본인(패전세대와 단카이 세대의 일부 진보적 문화인)는 식민지 사고방식에 사로잡혀 '밖의 3세계'인 한국에 대한 시혜의식이 강했다. 같은 수준의 주권국가라기보다는 과거 일본의 일부였던 조선의 연장선상에서 한국을 대했던 측면이 컸다. 아사히적 사고를 하는 양심적 세력이나 진보적 문화인들도 무의식중에 이런 시혜의식이 적지 않았다.

혐한 세력은 한국을 배제하는 의식에서 출발했지만 점차 경쟁의식으로 바뀌고 있다. 여전히 혐한 세력의 상당 부분은 한국을 '안의 세계'의 구성원이므로, 배제해 이지메를 해야 한다는 의식이 적지 않다. 하지만 경제와 문화 분야에서 한국과의 경쟁을 접하면서 오히려 혐한 세력이 먼저 '구시대의 식민지적 한국 인식'에서 벗어나고 있다. 사실 혐한 세력은 한국을 과거처럼 무관심의 대상인 '밖의 3세계'에 놓고 싶어 한다. 한국은 나쁘고(惡韓論: 악한론), 비겁하고(卑韓論: 비한론), 부끄러움도 모르고(恥韓論: 치한론), 곧 망할 것이다(沈韓論: 침한론)는 식이다. 한 혐한론자는 언론과의 인터뷰에서 "혐한 책이 팔리는 현실도 옳지 않다. 한국은 그 정도 관심을 가질 가치가 없다. 무관심해야 한다"고 말했다. 하지만 1990년대의 무관심 시대로 돌리기엔 한국의 크기가 일본 안에서 매우 커졌다.

한류 스타들이
친일(親日)을 말하는 날

'와의 세계'는 내선일체에 젖어 1945년 종전에도 일본인처럼 조선인도 패전국민이라 믿었지만 일본에 살던 조선인은 독립 만세를 불렀고 이때 일본인은 고슴도치의 가시에 찔렸다. 재일한국인에 배신감을 느낀 '안의 세계'는 이후 줄곧 재일한국인에게 배제와 이지메를 끊임없이 시도했지만, 큰 메센인 '전후 민주주의와 아사히적 사고'로 인해 노골적인 배제까진 이어지지 못했다. 이웃나라 한국을 철저한 무관심으로 '밖의 3세계'로 봤다. 그 기간 한국은 '극일'이란 명분 아래 일본을 좇아가는, 제3자가 보면 짝사랑으로 보이는 시절을 보냈지만 일본이 둔 거리 탓에 서로 고슴도치의 가시에 찔리는 일은 없었다.

오랜 무관심으로 정말 한국을 잊어버렸을 시점에 한국 드라마가 등장했고 한류 팬들이 한국을 재발견하며 한국을 자신들과 같은 '안의 세계'의 균일한 일원으로 인식하고 받아들였다. 한류 팬이 한국 드라마에서 일본의 쇼와 시대를 봤기 때문이다. 하지만 한국에 대한 관심이 높아지면서 한국인의 반일 정서를 알고 다시 고슴도치의 가시에 찔렸다. 일본이 갑자기 너무 가깝게 와서 한국의 반일 가시에 찔린 셈이다. 정작 실질적인 반일이었던 1980년대 이전엔 무관심으로 일관하며 반일의 가시에 안 찔리고 괜찮다가 2000년대 이후 반일이 '명분론'으로 변하고 실생활에선 일본인에 대한 증오가 사그러진 시점에 와서 반일에 상처를 입었다.

일본 '안의 세계'는 한류를 통해 한국을 일원으로 받아들였던 만큼 한국의 반일은 '안의 세계'에선 메이와쿠였고, 이번엔 한국을 '안의 세계'에서 배제하려는 혐한이 등장했다. 반면, 한국은 한류로 역사상 최고로 친해진 한일 관계에 취했다가 일본의 혐한과 아베 총리의 야스쿠니 신사 참배라는 가시에 찔렸다.

혐한을 활용하는
일본 우익의 애국론

고슴도치는 서로 가시에 찔리는 반복을 통해 적정한 거리를 확인한다. 찔리지도 않으면 따로 혼자 겨울을 나야 하는 고슴도치보다는 찔리면서 서로 온도를 나눌 거리를 찾는 게 긍정적인 관계다. 한일 간 적정 거리는 어느 정도일까? 한류와 혐한 간 메센 전쟁이 그 거리를 정하는 전쟁이 될 것으로 보인다.

한류와 혐한 간 메센 전쟁은 '안의 세계'의 향후 방향성을 결정할 큰 메센 전쟁인 '아사히적 사고'와 '애국론'(반아사히) 간 충돌과 연동된다. 애국론은 자체 강화를 위한 수단으로 혐한이 필요하며 이를 적극적으로 활용한다. 일본 민영방송에선 한국에서 일어난 사건을 국내 뉴스 다루듯 시시콜콜하게 전부 방송한다. 한국과 관련해 '역시 후진국이다', '이상한 나라다', '나쁘다' 등과 연결될 만한 사건이면 뭐든지 크게 다룬다.

일본 주간지에서는 박근혜 정권에 레임덕 현상이 생길지도 모른다는 식의 기사가 메인 기사다. 외국에서 쿠데타가 벌어진 것도 아닌 단순히 국가원수의 레임덕이 올지도 모른다는 추측성 기사가 가장 주요한 이슈인 것은 이상 현상이다. 과잉 관심이다.

애국론은 일본의 영토와 일본인을 사랑하며, 역으로 일본을 비난하는 외부를 배척하는 행동이다. 애국론은 보다 균일한 '1:다'의 세계를 만들고 1과 '다'의 거리를 가깝게 하며, 종래는 '1:다'의 사이에 존재하는 이질적인 존재(현재는 미국)의 힘을 제거해 이상적인 '와의 세계'를 만드는 것이다. '일본은 아름답다', '일본은 세계에서 존경받는다'는 류의 방송과 기사, 책들이 넘쳐난다. 같은 측면으로, 한국을 '일본을 싫어하는 외부'의 대표로 규정짓고 한국을 배척하는 방송과 기사, 책들역시 넘쳐난다. '반일하는 한국을 싫다고 말하는 게 애국'이라는 왜곡된 논리가 혐한의 본질이다. 이런 혐한이 완결되면 다음은 혐중이 될 것이고, 혐중의 다음은 이질적인 힘의 제거로 흐를 것이다. 각 단계는 서로 겹치면서 진행될 것이다. 애국론은 혐한을 활용하는 것이다.

사실 한국이 싫어하는 일본은 현대의 일본이 아니라 근대의 일본'(1945년 종전 이전)이다. 식민지 지배를 정당화했던 제국주의, 군국주의 일본이다. 하지만 애국론(구 메이지유신적 사고)는 근대 일본과 현대 일본을 동일시하며 혐한을 앞세워 전후 '아사히적 사고'라는 지배적인 메센의 힘에 눌려 금기시되었던 군국주의의 상징인 히노마루나 〈기미가요〉 등을 해금했다. 애국론은 '내부 응집'('1:다'의 거리 축소)에 성공하고 있으며, 이는 아베 총리가 이끄는 자민당이 선거에서 압도적인 승리를 거둔 것으로 입증되었다.

'와'의 균열과
균일성 훼손 위기

하지만 일련의 혐한이 만들어지는 배경엔 '균일한 다'의 균열이 있다.
1990년대 초반 버블 시기가 끝나며 전후 고도 성장기도 종료되었다.
'잃어버린 20년'이 이어지면서 고용 환경은 악화됐고 비정규직이 전체
노동자(약 5천 2백만 명) 중 36.7%(약 1천 9백만 명, 2013년 총무성 노동
력 조사)에 달한다. 넷우익의 부상 배경엔 이런 비정규직이란 고용환경
악화가 있다.

　2000년 이후에 고등학교와 대학교를 졸업해 사회에 나온 자신들이
'균일한 다'인지 회의하기 시작한 것도 당연하다. 균일 의식은 여전히
정신을 지배하지만 현실의 삶은 연봉 1천만 엔의 정규직과 4백만 엔 이
하의 비정규직으로 나뉘어 균일하다고 보기 힘들어졌다. 이들은 해외
에 나가본 적도 없고 나가고 싶어 하지도 않으며 오직 '균일한 다'의 일
원으로 인정받으며 평균적인 정도의 삶을 원하는 젊은 초식남(草食男)
이다. 이들은 '균일한 다'의 지위를 유지하기 위한 경제적인 기반을 못
만드는 정부를 공격하는 대신 넷우익이란 이름으로 외부에 분노를 표출
하는데 혐한이 그 하나의 사례다.

　혐한이 기폭된 사건은 자연재해라는 위기의식을 섬〔島〕 사람에게 재
각인한 동일본 대지진이다. 2011년 동일본 대지진과 후쿠시마 원전 사
고는 '안의 세계' 다수에 직·간접적인 피해를 입혔고 이에 대한 분노
표출은 2012년 이명박 전 대통령의 '덴노 사과 요구 발언'을 계기로 한
국을 향했다. "독립운동을 하다 돌아가신 분들을 찾아가서 진심으로 사
과하면 좋겠다"는 이명박 전 대통령의 발언을 두고 일본의 인터넷에선

도게좌를 요구하는 것이라며 '안의 세계'의 분노를 연출했다. 이명박 전 대통령은 일본에서 태어났고 일본어가 가능한 인물로 알려져 있다. 도게좌라는 단어를 알았을 그는 사과라는 단어를 썼다. 단순한 직역〔(日本帝國主義時代の植民地だった朝鮮の) 獨立活動をなさって(そのせいで) 亡くなった方々に申し譯なかったと言ってくれて欲しい〕이 일본에 전해 졌다면 큰 문제까지 안 갔을지도 모른다. 하지만 도게좌로 전해졌고 굴 욕으로 받아들여졌다.

혐한은 현실이 되었다. 일본 정부 여론조사에서 '한국에 대해 친밀감 을 느끼지 않는다'라는 답변은 2014년 66.4%(2011년 36.7%, 2012년 59%, 2013년 58%)로 역대 가장 높았다. 한국이란 나라가 어디에 있는 지도 잘 몰랐던 1980~1990년대보다 더 나빠진 것이다. 하지만 혐한은 미래로 가는 한일 관계라는 긴 안목에선 한 번은 건너야 할 강이다. 무 의식에선 여전히 한국을 일본의 일부로 여기는 패전세대와 한국을 '밖 의 3세계'로 여기며 무관심했거나 혹은 일부 시혜의식으로 대하는 '부의 향유 세대'를 넘어서야 하기 때문이다.

한국은 일본의 일부도 아니며 그렇다고 일본이 무관심해도 될 단순 히 시혜를 베풀고 존경을 요구하면 그만인 '밖의 3세계'도 아니다. 혐한 은 패전세대와 부의 향유 세대가 가진 한국에 대한 왜곡된 인식과 모순 을 깨는 측면이 있다. 감정적이고 충동적인 혐한이 잦아들면 보다 이성 적인 혐한이 다가올 것이며, 이때는 한일 관계에 대해 '경쟁자로서의 한국'에 대한 연구가 진행될 것이다.

그러나 혐한은 앞서 말한 역할론에도 불구하고 메센으로 고착되어선 안 된다. ① '먼저 움직이는 하나'(헤이트 스피치를 하는 재특회)와 ② '하 나와 같은 생각의 다수'(넷우익과 비정규직, '잃어버린 세대' 등 경제적 소외 계층)에서 머물러야지 ④'민나가 되었는지를 저울질하며 주저하는 나머지'까지 메센으로 받아들여선 안 된다. 이것이 고착되면 ③'반대하는 소수'인 한류 팬들이 설 자리가 없어진다.

회식 자리에서 한국 드라마를 좋아한다고 큰 소리로 이야기하는 것이 '일본을 싫어하는 한국을 좋아하는 일본인은 매국노'라며 메이와쿠가 되는 상황은 피해야 한다. 이미 상당수의 한류 팬들이 주변 이들에게 더는 한국 드라마를 좋아한다고 자신 있게 말할 수 없는 상황까지 왔다.

한류 팬에게
일본을 사랑한다고 말할 자신감

즉, 혐한이란 일본의 고슴도치 가시에 찔린 한국이 움찔 물러섰지만 목소리만 높여 비판할 게 아니라 다시 적정 거리를 찾기 위해 다가서야 할 차례라는 것이다. 혐한과 한류의 메센 전쟁에서 중요한 역할은 한류 팬들에게 걸려 있다. 한류 팬은 한국과 일본이 서로를 향해 가진 고슴도치 가시의 길이를 줄일 수 있는 잠재력이다. 한류 팬은 한국 드라마가 좋아서 한국에 여행을 오고, 한국 음식을 먹고, 한국어를 배우기 시작한다.

일본에서 한국어는 한류 붐의 영향으로 한때 영어에 이은 두 번째 학습 언어였다. 2000년대 중반 NHK 어학 교재 판매량을 보면 영어가 전체 2/3로 압도적으로 많은 가운데 한국어는 매월 32만 부(발행부수)로 중국어의 29만 부를 넘어섰다. 프랑스어, 독일어, 이탈리아어 등 유럽의 언어보다 월등하게 많았다. 하지만 NHK출판은 최근 실적 발표에서 한글 강좌의 심각한 부진으로 판매 권수가 크게 줄었다고 밝혔다.

일종의 유행인 한류는 애국론이란 사상적 기반을 둔 혐한을 이기기 어렵다. 하지만 한국어 학습은 다르다. 한국어를 배우면 한국을 이해하게 되며 한국과 만나 제대로 이해하는 소통 능력이 된다. 한국어 구사자의 증가는 고슴도치 가시를 짧고 무디게 만들 수 있다. 한류가 가져온 이런 기회를 그대로 방치해선 안 되는 이유다. 한국어를 배우기로 하고 어학원을 찾거나 서점에서 NHK 한글강좌를 구매하는 일본인이 중도에 포기하지 않고 한글의 자음과 모음을 외우고 간단한 회화를 하고, 길게는 통역과 번역까지 길을 계속 가도록 도와주는 게 현재 한국이 일본에게 할 수 있는 가장 중요한 일이다. 한국 정부와 기업이 미국 등 서양의 몇몇 대학에 한국어 코스를 개설하는 데 투자하는 시간과 금액이 소중한 만큼 일본에서 한국어를 배우는 일본인도 한국의 미래에 소중한 존재다. 한국은 한류 자랑에만 급급했고 돈 벌기에만 관심이 컸을 뿐 정작 한류가 가져올 새로운 한일 관계에는 눈감았다.

일본 '안의 세계'에서 한국의 반일은 근대 일본에 대한 반일이다. 우리는 현대를 사는 일본인과 교린을 유지하겠다는 메시지를 끊임없이 보내야 한다. 한국인은 현대 일본에 대해선 증오가 아닌 콤플렉스를 가졌다는 게 솔직한 표현일지 모른다. 그리고 콤플렉스는 이제 우리 스스로 많이 해소했고, 한국은 그래도 될 만큼 충분히 성장했고 성숙한 사회가 되었다.

한류의 다음은 친한(親韓)이어야 하며, 이는 욘사마와 같이 어느 날 문득 눈을 떠보니 유명해졌다는 식으론 오지 않는다. 노력으로 얻어야 할 결과물이다. 한류는 일본인이 일본 TV 홈쇼핑을 통해 한국의 화장품을 구매하고, 유명한 일본 식당 체인에 '치게' 메뉴가 등장하고, 김치가 TV 광고에 등장하는 데까지 스스로의 힘으로 발전했다. 한류가 친한으로 거듭나기 위해 스스로 진화한 것이다. 걸림돌로는 혐한과 같은 메센도 있지만 이 같은 진화를 뒷받침할 사회·문화 인프라가 없다는 점이다. 한국 여행상품 몇 개를 제공하는 것만으론 이들의 계속된 진화를 도울 순 없다.

한류 스타의
역할론

류시원 콘서트에 여러 번 갔고, 한국에 있는 류시원 씨 빌딩에도 간 적이 있어요. 류시원은 노래는 잘 못하지만, 그래도 열심히 부르는 모습이 너무 좋았어요. 콘서트에서 일본 팬들에게 고맙다는 말, 사랑한다는 말을 여러 번 해요. 그런 말 들을 때마다 참 좋아요. 그런데 일본에서 이렇게 인기가 있는데, 일본 좋아한다는 말도 해줬으면 좋겠는데, 그런 말은 안 하네요. 역시 한국은 반일인가요?

60대 한류 팬이 느끼는 솔직한 감정이다. 한류 팬은 잃어버렸던 초등학교 친구를 찾은 것처럼 반갑고 친밀한 한국을 재발견했다. '와의 세계'에서 눈〔目〕의 지배에 살아가는 '균일한 다'인 일본인은 한국의 한류 스타를 일본인 스타와 마찬가지의 마음으로 받아들였다. 한류 팬들은 한국으로 여행을 오고 한국어 공부까지 시작했다. 한류 스타들에게 이들만큼 고마운 존재는 없을 것이다. 그만큼 이들의 나라, 일본도 고마운 존재다. 하지만 한류 스타들이 나서서 일본인 한류 팬에게 '나는 일본을 사랑한다'고 말하지 않는다. '친일'은 한국에서 금기어이기 때문일 것이다. 한국은 지금까지 줄곧 '극일'의 시대를 살았다. 일본보다 잘하면 좋은 것이고 일본에게 지면 더욱 분발해야 한다. 국가의 기준이 타국과의 우열이라면 그것도 슬픈 일이다. 류시원은 일본 팬들에게 "일본을 사랑한다"고 말해도 좋다. 배용준, 동방신기, 이병헌, 권상우, 원빈, 송승헌, 장근석, 이준기, JYJ 등 사랑받는 한류 스타들이 "일본을 사랑한다"는 메시지를 솔직히 전달하는 게 맞지 않을까?

한국은 그만큼 강해졌고 컸다. 독립 70년, 이제 '극일'이라는 스스로 씌운 굴레를 벗어도 좋을 정도로 성장했다. '극일 콤플렉스' 없이 일본과 같은 눈높이와 같은 어깨로 마주봐도 될 때가 됐다. 세계인의 축제인 올림픽과 월드컵을 개최했다. 영토는 세계에서 109번째(북한 제외)며, 인구는 26위지만 경제 규모(GDP 기준)는 세계 13위다. 미국, 중국, 일본, 독일, 프랑스, 영국, 브라질, 이탈리아, 인도, 캐나다, 오스트레일리아가 한국보다 앞에 있을 뿐이다. 중국, 브라질, 인도는 모두 인구 2억 명이 넘는 인구 대국이다.

한국의 뒤에는 무적함대의 전설인 스페인과 아시아 지배로 번영했던 네덜란드가 나란히 있다. 1백 년 전 주요 열강은 지금도 강국이며, 당시 빈국은 지금도 빈국인 냉엄한 세계 질서에서 한국은 그 벽을 넘어선 유일한 나라이다. 한국은 국제 원조를 받던 나라에서 원조를 주는 나라로 변신한 유일한 사례다. 한국은 1990년대 후반까지 국제 사회로부터 129억 달러(현재 가치로 환산할 시 약 6백억 달러)를 받았고, 이제는 조금씩 이런 마음의 빚을 다른 개도국에 원조하며 갚아 나가고 있다.

세상에 어느 누구도 자기를 싫어하는 사람을 좋아하지 않는다. 국가는 더욱 그렇다. 한류 스타들을 시작으로 정치인, 기업인, 문화인 등 누구든지 공식적인 자리에서도 부담 없이 일본이 좋다면 좋아한다고 말하는 게 혐한과 한류 간 메센 전쟁에 필요하다. 한국말로 인사하고 한국 음식을 좋아하고 한국에 여행을 오고, 한국 연예인을 사랑하는 일본 한류 팬에게 한국은 고마워하고 감사를 표하는 것에 한류 팬들은 행복할 것이다.

혐한은 거대한 담론인 애국론의 전위대 역할을 할 정도의 힘이 있지만, 한류 팬들이 ③ '반대하는 소수'로서 건재할 수 있다면 '안의 세계'를 장악할 순 없다. '반대하는 소수'가 건재하면 ④ '혐한으로 갈지 말지 주저하는 나머지'는 움직이지 않을 것이다. 한류 팬들이 행복하다면 혐한이 '와의 세계' 전체를 장악하는 메센이 되는 날은 오지 않을 것이다. 한일 양국의 고슴도치 가시도 덜 날카롭고 더 짧아진다. 서로의 온기를 더 느낄 수 있다면 한국과 일본이 아시아의 평화 시대를 담보하는 안보 균형자 역할을 하는 날도 불가능하지만은 않다.

제 4 부

'밖의 세계'와
일본

6 がつ 16 にち （げつ）

なまえ そん すびん

はっぱが ⑤まいに なりました

ざらざら

ざらざら

ざらざら

つるつる

つるつる

おせわ いっぱい する から きれいな はなを さかせてね。

よくできました

아사가오(朝顔, 아침의 꽃: 나팔꽃)의 꽃말은
'단단한 인연', '이뤄지지 않은 사랑', '냉정함' 등 꽃 색에 따라 여러 가지다.
대등한 이웃으로서의 한일 관계의 씨앗은 어쩌면 이제야 처음 뿌려졌는지 모른다.
꽃 색은 이번 세대가 정해야 할, 피할 수 없는 숙제다.

쿠로후네와 '밖의 1세계'

1853년 7월 8일 오후. 2,450톤의 거대한 쿠로후네가 에도(당시 일본의 수도)로 들어가는 입구인 우라가(浦賀) 앞바다에 모습을 드러냈다. 페리 제독이 이끄는 미국 해군 동인도 함대의 주력 함선인 '사스크에 한나(Susque hannna) 호'다. 이 배는 미국 펜실베이니아 주의 강에서 이름을 땄다. 쿠로후네의 등장은 일본인에겐 힘의 논리를 앞세운 '밖의 세계'가 눈앞에 나타난 공포의 사건이었다.

'사스크에 한나 호'는 규모도 규모거니와 일본인이 처음 보는 증기선이었다. 뿜어내는 연기가 일본인을 압도했다. 일본의 '안의 세계'를 대표해 도쿠가와 막부는 '일본을 떠나라'고 했지만, 페리 제독은 미국 대통령의 친서를 받지 않으면 무력을 행사하겠다며 거절했다. 일본은 싸워보지도 않고 굴복했고 친서를 받았다. 이듬해 2월 쿠로후네인 '사스크에 한나 호'는 다시 에도 만에 진입해 불평등조약인 '미일 화친조약'을 체결했고 일본은 개항했다. '안의 세계'가 '밖의 세계'의 힘에 굴복한 것이다.

'안의 세계'인 '와'는 혼란에 빠졌다. 밖의 힘에 의해 '안의 세계'가 지배당할 것이란 위기와 공포가 들끓었다. 화살은 '안의 세계'에서 '1:다'

의 응집을 가로막는 막부에게 쏠렸다. 메이지유신은 이질적 존재였던 막부를 끌어내리고 보다 안정적인 '안의 세계'를 만들려는 '균일한 다'의 행동이었다.

일본의 '와'가
밖의 '전'에 굴복한 사건

1945년 8월 15일. 덴노는 미국을 포함한 연합국에 무조건 항복을 선언했다. 미군을 포함한 연합국 군대가 일본열도에 진입해 연합국군 총사령부의 지배가 시작되었다. 일본은 주권을 잃었다. 일본의 '안의 세계'가 처음으로 '밖의 세계'의 힘에 굴복해 아예 지배하에 들어갔다.

하지만 '안의 세계'의 구성원, 즉 '균일한 다'의 혼동은 있었지만 예상보다 큰 혼란을 겪지는 않았다. 일거에 일본 메이지유신의 메셴이 부정됐고 새로운 '안의 질서'인 '전후 민주주의'가 강압적으로 밀려왔고 혼란이 당연해 보였지만, '안의 세계'의 다(多)의 입장에선 예전과 같은 대응을 하면 되었다. 메셴이 무엇인가를 확인하고 따르기만 하면 될 뿐이었다.

전범 체포와 재판, 무장 해제, 농지 개혁, 재벌 해체, 교육 개혁, 언론 통제 등 연이어 외부의 힘에 의한 개혁이 추진됐다. 일본 전통문화 중 하나인 가부키(歌舞伎)는 공연이 금지되었다. 심지어 일본어는 한자가 많아서 문맹률이 높기 때문에 이를 로마자로 표기해야 한다는 계획이 추진되는 등 일본 전통 문화에 대한 부정이 잇따랐다. 참고로 일본어 로마자 표기 계획은 이후 1억 7천만 명의 일본인을 대상으로 한 문자읽기 평가에서 문맹률이 2.1%란 결과가 나오면서 중단되었다. 일부는 과거에 집착하며 새 메센에 반대했지만 '안의 세계'는 오히려 이들을 메이와쿠로 간주하고 숱한 눈[目]으로 견제했다. 일본은 1951년 샌프란시스코 강화조약을 맺으며 국제 사회에 복귀했고 이듬해 주권을 돌려받고 급속한 성장기에 들어갔다. 엄청나게 빠른 '정착'과 '안정'이었다.

'안의 세계' 붕괴가 남긴
일본인의 깊은 상처

'밖'의 힘이 '안의 세계'를 지배한 경험은 일본인에게 처음이었다. 하지만 눈[目]의 지배에 따르는 일본인의 생활태도는 바뀐 게 없었다. 애초에 격렬한 저항을 예상했던 미국이 오히려 당황했을 정도다. 하지만 미국은 '1 : 다'의 '안의 세계'에서 무게 중심이 되는 '1'이 되지는 않았다. 침략 전쟁에 대한 직접적인 책임에서 면책을 받은 덴노는 여전히 '1'이었다. 미국은 이질적인 힘이자 현실적인 권력이었다. 메이지유신 이전의 막부와 같은 존재일 따름이다. 혼동 여부와 무관하게 이런 '안의 세계'가 외부에 의해 붕괴된 경험은 일본인에겐 깊은 상처였다.

　'이전의 안의 세계'(메이지유신의 세계)에 집착하며, '새로운 안의 세계'(침략 전쟁의 부정과 전후 민주주의 성립. 현재의 일본 우익이 주장하는 자학사관)에 적응 못한 숱한 이들이 자살을 택했다. 예컨대 일본의 문인 다자이 오사무는 1948년 연인과 함께 자살했다. 다자이 오사무가 일본 제국주의의 향수에 빠졌다는 이야기가 아니다. 급격한 질서의 변화 속에서 약한 고리들이 그랬다는 것이다. 다자이 오사무는 5번이나 자살을 시도할 정도의 약한 고리였다. 이들은 딱히 '일본 제국주의의 수호'를 원했다기보다는 변화의 충격을 감내하지 못했을 뿐이다.

1970년에는 일본을 대표하는 작가 미시마 유키오가 할복자살하며 '과거의 안의 세계'에 집착한 이들은 일단 정리되었다. 하지만 역설적으로 과거의 질서에 대한 연민과 지지는 뿌리 깊게 이어졌다. 혼네가 다테마에로 가지 못하고 부정당했지만 이런 부정은 다수 눈〔目〕의 지지를 못 받아서라기보다는 이질적인 힘, 즉 미국의 거부가 더 컸기 때문이다. 혼네는 다테마에와 다르게 수면 밑에서 이어졌다.

'밖의 1세계'의
성립

쿠로후네와 태평양전쟁은 이렇게 '밖의 1세계'를 만들었다. '안의 세계'를 붕괴시킨 첫 번째 외부의 힘이다. '안의 세계'는 현실화된 힘에 순응했고 이를 받아들인 '안의 세계'를 만들었다. 일본인은 미국 등 서양을 자신들의 '안의 세계'를 규정하는 준거로 받아들인다. 일본인이 '밖의 1세계'에게서 자신들의 '안의 세계'가 평가받고 인정받기를 원하는 것은 이 같은 논리로 당연하게 받아들여진다. 더구나 '밖의 1세계'는 메이지 유신 이후 일본 근대화의 선생님이기도 했고, 패전 이후 다시 고도 성장에 나선 일본 현대화의 모범이기도 했다.

일본의 TV 프로그램에선 아직도 백인이 등장해 '일본 음식은 맛있다', '일본 어디를 가봤더니 대단했다'는 말이 넘쳐난다. 짐작했겠지만 중국인(밖의 2세계)이나 아랍인(밖의 3세계)이 등장해 '일본 음식은 맛

있다'라고 말하는 장면은 거의 찾아볼 수 없다. 일본인의 의식 속에서 인정받아야 할 대상은 오직 '밖의 1세계'일 뿐이기 때문이다. 서점에선 서양인이 쓴 '내가 본 아름다운 일본' 같은 류의 책들이 끊임없이 출판되고 팔려나간다.

일본의 프레샤즈(フレッシャーズ)가 사회인 5백 명을 대상으로 국제결혼을 한다면, 원하는 국가에 대해 조사(487명 답변)했더니 1~5위는 모두 '밖의 1세계'로 미국(19. 5%), 이탈리아(12. 1%), 프랑스(10. 7%), 영국(10. 3%), 독일(4. 9%) 등의 순이었다. 그 뒤로는 러시아(4. 3%), 대만(3. 1%), 스웨덴(2. 9%), 오스트레일리아(2. 9%), 우크라이나(1. 6%)였다. 일본의 옆 나라인 중국과 한국은 없었다. 물론 아프리카도 동남아시아도 아랍도 남미도 없었다. TV에선 일본 축구스타 혼다 케이스케(本田圭祐)가 베네세(Benesse) 광고에 나와 일본어가 아닌 이탈리아어로 말한다. 일본에선 처음으로 '세계 테니스 톱 10'에 진입한 니시코리 케이(錦織 圭)는 JACCS카드 광고에서 영어로 말한다.

'밖의 1세계'인 서양인에게서 일본이 인정받는다는 인식은 곧 '안의 세계'를 더 공고하게 결속시키는 역할을 한다. '안의 세계'를 굴복시킬 힘이 있는 '밖'이 '안'을 인정했기 때문에 '안'에 있는 다(多)는 '1'과의 균일한 거리를 유지하며 엔료와 메이와쿠, 다테마에에 충실하면서 '안의 세계'가 나가는 방향인 메센만 충실하게 따라가면 된다는 논리가 공고해진다.

'밖의 1세계' 비판에
본능적으로 민감하게 반응하는 일본

같은 논리로 일본은 '밖의 1세계'의 비판에는 귀를 기울인다. '밖의 1세계'의 메센은 '안의 세계'에도 영향력을 가진다. 2014년 일본 도쿄 도의회 회기 때 시오무라 아야카 의원이 출산, 육아, 불임 등에 대한 여성지원 문제에 대해 질의하는 도중 자민당 측에서 '(너는 애를) 못 낳는 거냐', '빨리 결혼이나 해라'라는 야유가 나왔다. 성희롱 발언에 시오무라 의원과 소속당인 모두함께당(みんなの党)은 발끈했다. 일본에서 이렇게 여성 의원에게 성희롱에 해당하는 야유가 날아드는 경우는 종종 발생하는 고질적인 문제다. 〈마이니치신문〉 등이 관련기사를 썼지만 그냥 이대로 지나가는 것 같았다. 자민당이 다수당이었기 때문에 도의회 차원에서의 제재가 어려운 게 현실이었다.

그런데 영국 〈가디언〉이 이 문제를 기사화하면서 분위기가 바뀌었다. 이어서 미국 언론들도 관심을 보였고 시오무라 의원은 24일 외신 기자회견을 잡았다. 외신 기자회견 전날, 성희롱성 야유를 보낸 자민당의 스즈키 아키히로 의원은 시오무라 의원을 찾아 고개를 숙여 공식 사과했고 자민당을 탈당했다. 사실상 부담을 느낀 자민당에서 스즈키 의원을 내보낸 것이다.

이렇게 일본 '안의 세계'에 직접적인 영향력을 행사할 수 있는 '밖'은 미국, 영국 등 '밖의 1세계'다. 그만큼 '안의 세계'가 이들의 눈〔目〕을 의식한다는 것이다. 반면 '밖의 2세계'나 '밖의 3세계'의 반응은 그다지 중요하게 여기지 않는다. '안의 세계'에서 볼 때, 그저 '밖'일 따름이다. '밖'은 앞서 설명한 대로 '안의 질서'가 통용되지 않고 균일하지 않은

'차'(差)의 세계다. 그런 '밖'의 입장을 '와의 세계'가 귀 기울일 필요가 없는 것이다.

한국의 종군위안부 문제가 그 예다. 한국은 20년 넘게 종군위안부에 대해 문제를 제기했고 주한일본대사관 앞에서는 매주 집회가 열렸다. 일본은 무관심했다. 하지만 재미교포들이 미국에 '평화의 위안부 상'을 세우자 일본은 한국의 메이와쿠라는 인식으로 크게 불쾌해했고 다른 한편으론 노심초사했다.

일본 우익 인사인 하쿠타 나오키 NHK 경영위원은 "(한국이) 세계 각지에 위안부의 상을 세우면 일본인이 멸시당하고 일본인이 세계에서 살아가기 힘들게 된다. 방치해선 안 된다"고 말했다. 위안부의 상은 '평화의 소녀상'을 지칭한다. 물론 여기에서 그가 지칭하는 세계 각지는 중국이나 아프리카가 아닌 미국과 서유럽 국가를 뜻할 것이다. 일본을 두고 일부에서 '국가의 체면'을 중시한다고 말한다면 한국 등 아시아에 대한 체면이 아니라 그들이 존중하는 미국과 유럽에 대한 체면이다. 〈로마인 이야기〉, 〈나의 친구 마키아벨리〉 등 많은 역사서를 낸 한국에서도 베스트셀러 작가인 시오노 나나미(塩野七生)가 네덜란드 여성을 종군위안부로 동원한 '스마랑 사건'에 대해 발언한 것이 한 사례다.

일본 여성 작가 시오노 나나미 씨가 일본군이 과거 인도네시아에서 네덜란드 여성들을 위안부로 동원한 '스마랑 사건'에 대해 일본 정부는 조속히 손을 써야 한다고 주장했다. 시오노 씨는 일본 보수 월간지인 〈문예춘추〉(文藝春秋) 10월호 기고를 통해 〈아사히신문〉이 지난 8월 초 특집을 통해 스마랑 사건 등을 예로 들며 위안부 동원에 '강제성'이 있었다고 지적한 데 대해 이같이 엉뚱한 주장을 폈다.

현재 이탈리아에 거주하고 있는 그는 특히 "우리 일본인에게 미국과 유럽을 적으로 돌리는 것은 현명하지 못한 일이며 네덜란드 여자도 위안부로 삼았다는 등의 이야기가 퍼지면 큰일"이라면서 "그전에 급히 손을 쓸 필요가 있다"고 진상파악 등을 위한 조속한 대처를 주문했다. (…) 스마랑 사건은 1944년 2월부터 약 2개월간 일본군이 인도네시아 자바 섬 스마랑 근교 억류소에서 20명 이상의 네덜란드 여성들을 위안소로 연행해 강제 매춘을 시킨 사건을 말한다. 이 사건과 관련, 전후 바타비아(현 자카르타)에서 열린 B · C급 전범 군사재판에서 사형 한 명을 포함해 일본군 장교 7명과 군속 4명이 유죄 판결을 받았다.

"시오노 나나미 '네덜란드 여성 위안부 동원 빨리 손 써야'"
(연합뉴스, 2014. 9. 13)

시오노 나나미의 입장에선 수만, 수십만 명의 한국인과 중국인 종군 위안부 문제보다 20명의 네덜란드 종군위안부 문제가 훨씬 더 중요하게 보였다. 이것이 '안의 세계'에서 바라보는 '밖의 세계'의 계급이다. '밖의 1세계'의 20명이 '밖의 2, 3세계'의 수만, 수십만 명보다 훨씬 더 무게감이 있는 존재인 셈이다. 이것이 '안의 세계'에 사는 일본인이 잠재적으로 가진 심리이다.

일본 정치인들의 야스쿠니 신사 참배 때마다 일본 정계는 미국의 발언 수위에 촉각을 곤두세운다. 한국이나 중국의 극렬 반응보다 미국의 논평 한 줄이 더 절대적인 영향을 미친다. 2013년 12월 아베 총리의 야스쿠니 신사 참배 때 미국은 '실망했다'(disappointed)라는 논평을 냈다. 한 줄을 두고 일본 우익이 좌절하기도 했다. 미국의 논평은 '안의 세계' 일본인 모두에게 영향력을 갖는 힘이기 때문에 노심초사하는 것이다.

이런 '밖의 1세계'에 대한 일본인의 의식은 지금까지의 일본론이나 일본인론이 다소 왜곡된 형태로 세계인에게 알려지는 이유이기도 하다. 서구에서는 자신들과 일본의 다른 점을 찾아 일본론을 정의했고, 일본인은 '안의 세계'를 평가할 유일한 잣대이자 준거인 '밖의 1세계'와 비교해 자신들의 일본인론을 바라봤다. 결국 서양과 일본 간 비교가 일본론의 주(主)였던 셈이다. 이에 대해 이어령 교수는 《축소지향의 일본인》에서 "서양 문화의 대립 개념이 일본 문화일 수 없다는 것은 상식", "서양은 곧 세계라는 일본인의 환각 증세"라고 비판했다.

재등장한 '전'의 세계와
'밖의 2세계'

2010년 중국의 GDP는 5조 8,786억 달러를 기록해 5조 4,742억 달러에 그친 일본을 제쳤다(세계은행과 중국 국립통계청 통계). 일본은 1968년 세계 2위 경제대국으로 올라선 지 42년 만에 3위로 밀렸다. 같은 해 미국은 14조 6천 2백억 달러, 한국은 9,860억 달러 정도였다. '전쟁을 금지한 일본'에게 경제력만큼은 미국에 이은 세계 2위라는 자존심은 컸다. 세계에서 존경받는 아름다운 일본이라는 애국론 정서는 상처를 입었다. 아시아의 최강국이란 자부심도 꺼내기 어려워졌다.

일본 정부는 "경제 규모는 그렇지만 1인당 GDP는 여전히 일본이 중국보다 10배나 많다"며 위안했다. 20년 전인 1990년 일본의 GDP는 3조 580억 달러로 당시 중국의 3,570억 달러보다 9~10배 정도 컸다. 중국의 부상은 그만큼 무서울 정도로 빠르게 진행되었고, 같은 기간 버블 시기가 끝난 일본은 줄곧 정체의 정체를 거듭하는 '잃어버린 20년'을 보냈다.

요코하마에 거주하는 한 지인(대학교수)은 "중국에 대한 경계는 경제 규모의 역전에서 온 측면이 있다"며 "무엇보다 이제 역전되었고 앞으로 일본이 중국을 재역전하는 게 불가능하다는 걸 일본인도 안다"고 말했다. 중국은 그 후 3~4년 만에 일본 GDP 규모의 두 배로 커졌다.

경제는 곧바로 안보 이슈로 이어졌다. 2010년 9월엔 중국 어선이 센카쿠 열도에서 조업을 하다가 퇴각 명령을 내리는 일본 순시선과 충돌하는 사건이 발생했다. 당시 일본은 민주당이 전후 처음으로 자민당을 누르고 정권을 쥔 상황이었다. 민주당 정권은 중국 어선을 강제 송환하지 않고 시간을 끌다가 중국 측이 강하게 반발하자 그제야 돌려보냈다. 중국의 반발에 일본이 물러선 모양새다. 일본이 전후 처음으로 '미국의 안보 우산 밖'이 어떤 곳인지 경험했다.

전후 평화시대가 끝났다는 일본 …
'와' 보호의식의 발동

60여 년간의 전후 평화시대가 끝나고, '밖의 2세계'가 현실적인 힘을 가진 존재로 '안의 세계' 앞에 나타난 것이다. '밖의 2세계'는 '안의 세계' 질서를 힘으로 훼손할 위험성을 가진 '전'의 존재다. '밖의 2세계'는 '안의 세계'보다 우위이거나 대등한 힘을 가져야 '밖의 2세계'인 셈이다. 패전 이후 '밖의 2세계'는 일본에게 존재하지 않았다.

미국의 안보 우산 안에 들어갔던 일본에게 당시 소련은 '밖의 2세계'라기보다는 동맹국인 미국의 적국으로 멀리 있는 존재였다. 더구나 일본은 평화헌법으로 보호받는 '전쟁하지 않아도 되는 존재'였다. 전쟁 금지는 제재이기도 했지만 반대로 혜택이기도 했다. 일본은 패전 후 20여 년 만에 영국, 프랑스 등 서양의 선진국을 제치며 경제대국으로 컸다. 미국의 힘만 따르면 '밖의 2세계'는 없는 것이나 마찬가지인 상황이 계속 이어졌다. 전후 평화시대다.

하지만 중국이 2010년 '밖의 2세계'로 재등장했다. 평화시대엔 크게 힘을 얻지 못했던 메센인 애국론(예컨대 메이지유신적 메센으로의 회귀)이 '안의 세계'에서 급부상하기 시작했다. 공포가 눈앞에 나타난 이상 이 공포를 제어할 방법을 찾아야 했다. 1853년 쿠로후네가 등장하며 발생한 공포와 비슷하다. '안의 세계'가 밖의 힘에 의해 훼손되거나 지배당할지 모른다는 것이다. 정도의 크기는 작지만 성격은 같다.

연이어 2011년 3월 동일본 대지진이란 자연재해가 일본열도를 덮쳤다. 자연재해가 끼친 심리적 불안감도 애국론에 힘을 보탰다. 일본이 다른 나라에 비해 '안의 세계'와 눈〔目〕의 지배가 특이할 정도로 강한 이유로 '섬나라', '언제 터질지 모르는 자연재해가 주는 심리적 불안정 상태' 그리고 '아름다운 일본·일본인에 대한 믿음, 즉 단일민족·순수혈통론'이라고 설명한 바 있다.

섬나라가 느끼는 '밖의 세계'에 대한 공포가 되살아났고, 사람의 한계를 넘어선 대지진이 일본열도를 덮치니 '안의 세계'가 향한 큰 줄기는 명확해졌다. 애국론의 급부상이다. 이는 '안의 세계'의 응집력을 더욱 높이려는 노력이다. '안의 세계'의 '균일한 다'는 일제히 기준 '1'을 향해 한발씩 더욱 다가갔다. '안의 세계' 응집력은 '밖의 2세계'의 위협에 대해 심리적 안정과 함께 국론 통일이라는 실질적인 힘을 더하며 자연재해에도 견딜 수 있다는 안정감을 주기 때문이다. 자연스럽게 '아름다운 일본'에 대한 갈구가 커졌고, '단일민족·순수혈통'에 대한 갈증도 더해갔다. 애국론은 기존의 메센인 '아사히적 사고'를 압도할 정도로 컸다.

무관심과 시혜의식이 팽배한
'밖의 3세계'

'밖의 3세계'는 일본인에겐 무관심의 대상이어서 관심을 끌기 어렵다. '밖의 3세계'는 '양'(큰 바다) 저편에 있는 '안의 세계'와는 무관한 존재다. '밖의 3세계'에 대한 일본인의 의식을 엿볼 수 있는 단면은 TV 도쿄의 방송 프로그램 〈왜 거기에 일본인이 살까 수수께끼: 알려지지 않은 파란만장한 그들의 삶〉(世界ナゼそこに日本人？: 知られざる波亂万丈伝)에서 볼 수 있다. TV 도쿄는 "세계에서 활약하는, 알려지지 않은 일본인을 취재 소개해 왜 거기에서 일하는지, 왜 거기에서 계속 살고 있는지 그 이유를 파란만장한 인생 드라마와 함께 풀어헤쳐 해외 일본인의 활약에 공감하고 일본인이란 자부심을 가지고 일본을 응원하는 다큐멘터리 버라이어티"라고 프로그램에 대해 설명했다.

이 프로그램은 일본인 리포터가 해외의 '취재 대상 일본인'을 찾아가면서 시작되는데, 굉장히 멀다는 점이 강조된다. 비행기를 타고, 다시 비행기를 갈아타고, 자동차를 타고, 버스를 타고, 결국 1박 2일 걸려 그 일본인이 사는 마을에 도착한다는 식이다. 대부분의 경우 일본보다 훨씬 못한 삶의 환경이다. 전기가 자주 끊겨 냉장고를 못 쓴다든지, 수돗물이 깨끗하지 못하다든지, 목욕(오후로)을 할 수 없다든지, 대개 일본인의 삶 수준에서 봤을 때 납득하기 어려운 낙후된 환경이다.

'취재 대상 일본인'은 대개 일본어를 가르치거나, 봉사를 하거나, 지역민에 도움이 되는 직업을 갖는 등 현지에 좋은 인상을 주면서 활약한다. 취재 지역은 태평양의 섬, 중남미, 아프리카, 중앙아시아, 동남아시아, 아랍 등이다. 유럽, 북미도 몇 차례 나왔으며 이런 경우에도 오지여서 척박한 환경을 전제로 한다.

이를 통해 무관심의 대상인 '밖의 3세계'에 대한 '안의 세계'의 인식을 쉽게 알 수 있다. '멀다'는 원칙이 가장 중요하다. 가장 가까운 한국은 등장한 적이 없다. 프로그램 저변에 깔려 있는 생각은 시혜다. '안의 세계'의 일본인이 멀리 있는 '밖의 3세계'에 가서 베풀면 '밖의 3세계' 사람들이 이에 존경을 표하는 식이다. '안의 세계'에게 '밖의 1세계'는 존경·추종, '밖의 2세계'는 위협·공포·경쟁이라면, '밖의 3세계'는 시혜 의식이다.

예를 들어 대동아 공영권은 '밖의 3세계'에 대한 시혜 의식이 구체화돼 나타난 형태다. 앞에서 언급했던 '병아리를 죽인 선의'가 '밖의 3세계'에 대한 생각이다. 노인이 병아리에게 '뜨거운 물'이란 시혜를 내려주는 것이다. 그것이 잘못되어 병아리가 죽더라도 그 행동은 병아리를 위한 선의였기 때문에 이를 문제 삼으면 안 된다는 식이다. 조선의 식민지 지배도, 동남아시아 점령도 '밖의 3세계'는 혼자 힘으론 위기를 헤쳐 나갈 수 없기 때문에 일본이 나서서 도와주는 시혜를 베풀어야 한다는 것이다. 물론 시혜에는 존경이 반대급부로 와야 한다. 최근 일본 내 혐한의 원인에는 '안의 세계'가 기대하는 존경(식민지 지배가 시혜였다는 의식)이 아닌 반일이 오는 것에 대한 거부감도 일부 작용했다고 볼 수 있다.

신(新) 대동아공영권인
'자유와 번영의 활'

현재 아베 정권이 외교 전략으로 말하는 '자유와 번영의 활'(自由と繁榮
の弧)에도 이 같은 '밖의 3세계' 인식이 적용된다. 바탕에 깔린 인식의
정도는 다르지만 대동아 공영권과 다르지 않다. 일본은 이 외교 전략을
'가치관 외교'라고 일컫는다. 자유, 민주주의, 기본적 인권, 법의 지배
등 보편적인 가치관을 공유하는 국가 간 연대를 통해 번영을 만들자는
것이다.

이런 가치관을 공유하는 국가가 이어지면 일본에서 동구권까지 크게
휘어지는 활 모양이 나온다. 이것이 '자유와 번영의 활'이다. 이 활에는
'밖의 1세계'도 '밖의 2세계'도 포함되지 않는다. 이 활은 '밖의 3세계'를
잇는다. 일본으로선 전후에 누구보다 빨리 서구(밖의 1세계)가 만들어
놓은 보편적 가치관을 배웠고, 청출어람일 정도로 제대로 배웠다는 자
부심이 있다. 아직도 제대로 배우지 못한 '밖의 3세계'를 도와주며, 시
혜를 베풀면 그 대가로 존경을 받을 수 있다는 것이 바탕에 깔린 인식이
다. 리더십을 갖겠다는 뜻이다. 시혜를 베풀어주면 일본을 존경할 밖
이 바로 '밖의 3세계'인 셈이다.

'안의 세계'가 충분히 응집력이 생겼을 때, 위협 제거를 위해 '밖의 2
세계' 제압에 나선다면, 시혜하고 존경을 받고, '안의 세계' 질서를 외부
에도 적용하기 위해 '밖의 3세계'로 나가는 흐름을 보인다.

한국을 일본의 일부로 보는
왜곡된 무의식

일본 '안의 세계'에서 볼 때 한국은 '밖의 1·2·3세계' 중 어디에 속할까? '밖의 세계'를 규정하는 '양, 전, 차'로 봤을 때 특이점을 찾을 수 있다. '양'으로 보면 물리적인 거리에서 가장 가까운 밖이다. '전'으로 보면 일본보다 인구가 적고 영토도 작아 직접 '안의 세계'를 정벌할 물리적 힘은 없지만 과거 사례(고려-원나라 연합군의 일본 공격)과 같이 '밖의 2세계'와 연합해 '안의 세계' 위협을 더욱 크게 할 요소가 있다. '차'는 어떨까? '안의 세계'의 지배, 즉 눈[目]의 지배가 통용되지 않는 곳이 '밖의 세계'다. '안'과는 다른 게 '밖'이다. '안의 세계'는 밖이 다르다는 점을 잘 인지하고 인정한다. 그래서 '밖으로의 추방'에 무서움을 느끼는 것이기도 하다. 하지만 한국에 대해선 '차'가 조금 다르다.

한국의 외교를 고자질이라고 비판하는
일본인

일본 사회에선 박근혜 대통령에 대해 '구치츠게 가이코'(口つげ外交),
이른바 '고자질 외교'라는 말이 유행했다. 박 대통령이 해외 국가원수와
의 회담 때 일본과의 관계에 대한 이야기가 나오면 "일본은 과거 역사의
잘못을 인정하고 진심으로 사과를 해야 한다"고 표현하는 것을 두고 고
자질이라고 보는 것이다. 일본의 우익 세력과 정치인, 일반 국민들은
물론이고 이른바 문화적 지식인이란 진보 세력과 이들의 지지기반인 단
카이 세대들도 고자질 외교에 대해 불쾌해 한다. 그러나 일본인 아무도
고자질 외교라는 말 자체가 이상하다는 생각은 안 한다.

한국과 일본은 다른 나라다. 일본은 일본의 주권을 행사한다. 일본
이 원하는 바가 있다면 외교를 통해 풀며 일본의 주장을 관철시키기 위
해 노력한다. 한국도 마찬가지다. 외교의 세계는 냉정하며 오직 각 국
가의 이해득실만을 고려하는 결과물이란 것도 다들 인지한다. 근데 고
자질이란 말이 성립하는가? 한국은 한국의 이해득실을 관철시키기 위
해 한국이 옳다고 생각하는 바를 전 세계에 끊임없이 발신한다. 일본을
고려해서 발언 수위를 낮출 수도 있지만 이것조차도 한국의 주권에서
스스로 판단해 결정하는 것일 뿐이다. 일본과 한국은 다른 나라고 다른
주권이기 때문이다.

고자질은 우선 같은 '소속 집단'이어야 성립된다. 동생이 형을 엄마에
게 고자질하려면 같은 가정에 소속되어야 한다. 친구를 담임선생님에
게 고자실하려면 친구가 같은 담임선생님을 가진 학급 동료여야 한다.
즉, 같은 소속감을 가진 동질의 집단 속에 소속되어야 성립한다. 그리

고 고자질을 듣는 상대방은 엄마, 담임선생님과 같이 평가를 내릴 수 있는 존재여야 한다. 주권 국가는 기본적으로 같은 집단이 될 수 없다. 국가의 크기와 영향력과 상관없이 주권은 국가 스스로가 결정하고 행사하는 것일 뿐이다.

사실 박근혜 대통령이 해외 국가원수들에게 일본을 언급하는 것이 고자질 외교가 된다면, 중국의 시진핑 주석도 마찬가지로 고자질 외교를 하는 것이다. 해외의 누군가가 일본에 대해 안 좋은 언급을 한다면 그게 다 고자질 외교가 된다. 하지만 일본인은 유독 한국에 대해서만 고자질 외교라고 말한다. 왜일까? 일본인은 잠재의식 속에서 한국을 국가로 인정하지 않고 일본의 일부로 여기기 때문이다. 내선일체라는 명제와 같은 형태로, 이런 의식이 일본인에게 남아 있지는 않다. 상식적으로 내선일체와 같은 명제를 입 밖으로 내는 것 자체가 '나는 비상식인이다'라는 것으로 입증될 뿐이라 누구도 현대 사회에서 이를 말하지 않지만 무의식에선 여전히 한국을 일본의 일부로 본다.

'오후로'와
'오시보리'

40대 일본인 여성과 대화를 나눈 적이 있다. 한국에서 공부한 적이 있는 일본인이다. 한국에 대해 이해도가 높다는 뜻이다. 한국의 풍습과 관련해 "한국 사람들은 일본인처럼 매일 오후로(おふろ: 욕조)에 들어가지 않는다. 더울 때는 대부분 샤워를 한다"니 그는 매우 놀랐다. "왜 매일 오후로에 안 들어가느냐"는 반응이었다. 다른 일본인과 대화할 때

도 마찬가지로, 한국의 주택에는 상당수 오후로가 있는 게 사실이지만, 한국인 중에 매일 오후로에 들어가는 사람은 별로 없다고 말하면 상당히 놀란다. 그러면서 "매일 오후로에 안 들어가면 불결하다"라는 생각을 조금씩, 조심스럽게 이야기한다.

사실 오후로 문화는 세계에서 유례를 찾기 힘든 일본만의 독특한 문화다. 일본열도가 화산 활동이 많아 온천이 많고 기후적으로도 태평양의 영향으로 습도가 높아서 따뜻한 물에 들어가는 습관이 생긴 것이다. 한국은 일본과 다르다. 사실 온천이라고 할 만큼 따뜻한 물이 자연발생적으로 생기는 경우 자체가 거의 없다. 기후도 다르다. 그런데 일본인들은 '매일 오후로에 안 들어가는 한국인'이란 말을 듣는 순간 불결하다고 느낀다. 의식 저편에서 '한국도 일본과 같을 것이다. 한국인도 일본인과 같은 생활을 할 것'이라고 믿기 때문이다.

일본인끼리 대화에서 예컨대 '이바라키 현(도쿄 옆에 위치)에선 사람들이 오후로에 거의 안 들어간다'고 한다면 매우 놀라면서 불결하다고 느끼는 게 당연하다(이바라키 현은 일본이기 때문에 거의 대부분의 사람들이 매일 오후로에 들어간다). 같은 맥락으로 일본인은 한국인이 오후로에 안 들어가는 것도 불결하게 느낀다. 만약 '미국인은 오후로에 들어가는 습관 자체가 없어서 샤워만 하고 일상생활을 한다'는 말을 들었을 때 일본인은 어떤 반응일까? 당연하다고 느낄 것이다. 미국이니까, 다른 나라니까, 당연히 다른 생활방식을 취하는 게 당연하니까. '차'를 당연시하기 때문에 불쾌함도 없다.

오후로와 비슷한 사례로는 오시보리(おしぼり: 물수건)가 있다. 일본의 식당이나 친구 집에 가면 식사를 내올 때 예외 없이 물수건을 내놓는다. 식사 전 물수건으로 손을 닦고 먹으라는 것이다. 물수건을 내놓

는 습관은 일본의 최고(最古) 역사서라는 《고지키》(古事記)로 거슬러 갈 정도로 오래된 것이다. 패전 후 경제성장과 더불어 각 식당에서 이런 습관이 퍼졌고 지금도 손님에게 식사를 내놓을 때 물수건을 먼저 건네는 게 하나의 룰처럼 굳어졌다. 1959년 일본항공은 국제선에 처음으로 승객에게 물수건을 제공하는 서비스를 선보였고 이후 한국, 중국, 싱가포르 등 각국의 항공사가 같은 서비스를 제공하기 시작했다. 이를 설명한 이유는 오시보리를 쓰는 습관은 일본 고유의 것으로 다른 나라로 퍼져나갔다는 점이다.

한 한국인 아줌마가 도쿄에서 마마토모 그룹과 점심을 하는데, 아들이 마침 화장실을 갔다 와서 손을 깨끗하게 씻었기 때문에 오시보리를 쓰지 않고 바로 젓가락을 들었다. 앞에 앉은 일본인 아줌마가 "한국에선 식사 전에 오시보리를 안 쓴다죠?"라고 한마디 한다. 물론 한국은 여전히 불결하다는 의미다. 불쾌함의 표시다. 한국인 아줌마도 불쾌하긴 마찬가지다. 식사 전 손을 깨끗하게 하려면 냅킨을 쓰든, 먼저 화장실에 가서 씻든, 물수건을 사용하든 상관없는 일이다. 일본의 습관을 안 따른다고 불결하진 않다.

일본인이 한국에 여행을 와서 불결하게 느끼는 대목도 이렇게 오시보리를 안 주는 식당이거나, 주는데도 안 쓰고 바로 식사를 하는 한국인을 볼 때다. 한국에 대해 '안의 세계'의 잣대를 들이대는 것이다. 물론 같은 일본인이 하와이 여행을 갔는데 레스토랑에서 오시보리를 주지 않는다고 불쾌해하지 않는다. 미국인이 맥도널드에서 오시보리도 안 쓴 채 손으로 햄버거를 먹는다고 해도 당연하게 생각한다. 일본인의 머릿속에 한국은 여전히 일본의 일부분인 셈이다.

일본에는 〈유(YOU)는 뭐 하러 일본에 왔니〉(ユーは何しに日本へ來

た) 라는 인기 TV 프로그램이 있다. 공항에서 막 일본에 들어오는 외국인에게 마이크를 들이대고 일본에 온 이유를 묻는다. 그리고 재밌는 외국인을 발견하면 그들의 관광을 따라다니며 동행 취재를 하는 형식이다. 미국, 캐나다, 네덜란드, 멕시코, 동남아시아 등 수많은 외국인이 등장한다. 몇 달째 보다가 뭔가 이상함을 느꼈다. 한국인은 등장하지 않는다. 일본에 오는 관광객 숫자로 보자면 중국인에 이어 한국인은 두 번째로 많다. 멕시코에 비교할 바가 아니다. 하지만 프로그램에 한국인은 없다. 여러 이유가 있겠지만 그중 하나는 '시청자인 일본인이 한국인을 외국인으로 보지 않기 때문'일 것이다. 이 프로그램의 특성상 한국인은 맞지 않는 셈이다.

실제로 '가이진'(がいじん: 외국인) 이란 단어에는 한국인이 포함되지 않는다. 일본인에게 물어보면 '가이진'은 하얀 피부를 가진 백인이며, 더 넓게 봐도 흑인까지, 더 넓게는 아랍까지이다. "한국인을 가이진으로 보세요?"라고 물으면 다들 웃으며 대답을 회피한다. 아니라는 뜻이다. 다른 단어인 '가이코쿠진'(がいこくじん) 도 비슷하다. 일본인 간의 대화에 등장하는 가이코쿠진이 한국인을 일컫는 경우는 거의 없다. 비서양권 외국인을 지칭할 때 주로 쓰는 단어가 가이코쿠진이지만, 한국인을 지칭할 때는 거의 예외 없이 '칸코쿠진'(かんこくじん: 韓國人) 이라 한다.

이시하라 신타로 전 도쿄 도지사가 한국·중국인 등을 '제삼국인'(第三國人: さんごくじん) 이라고 지칭하며 문제 있는 거주자들이라고 공격한 것도 이런 일본인의 혼네에 기반을 둔 것이다. 외국인으로 보지 않는 한국인에게 삼국인이라는 꼬리표를 확고하게 붙이려는 시도였던 것이다. 이시하라의 시도는 절반은 성공했고 절반은 실패했다. 제삼국

인은 '당사국이 아닌 제 3국의 국민'이란 뜻으로, 일본의 패전 이후 미군정과 당시 정부에서 일본인이 아니면서 일본에 거주하는 과거 식민지 출신자들을 일컬었다. 당사자인 미국과 일본이 아닌 제 3국이란 뜻이다. 미군정이 당시 'Third Nationals'(전승국민과 중립국민 어느 쪽에도 포함되지 않는 국민) 또는 'Non-Japanese'로 지칭한 것을 일본인이 번역해서 썼다는 설도 있다. 다시 이 용어를 집어든 것이 이시하라다. 2000년에 그는 육상자위대 창립식에서 "불법 입국한 많은 '삼국인'과 외국인이 흉악범죄를 저지르고 있다. 큰 재해가 발생하면 이들이 소동을 벌일 가능성이 있다"고 했다. 삼국인과 가이코쿠진을 구분해 인식한 것이다.

일본인은 한국을 '구니'(國)로 여긴다. 가와바타 야스나리의 유명한 소설 《설국》에서 보듯이 일본에서는 예전부터 특정 고장이나 지역을 구니라고 불렀다. 구니는 통일된 일본의 입장에서 보면 일부분이며 지방이다. 그들의 의식 속에 한국은 '본토'와 떨어진 구니이고, 그곳 구니를 대표하는 국왕이 있었다. 덴노와 비교할 때 구니를 대표하는 국왕은 한 단계 아래다.

이런 의식은 역사가 오래 되었다. 임진왜란 때 도요토미 히데요시는 "명을 치러 갈 테니 조선은 길을 비켜 달라"고 요청했다. 물론 전쟁의 구실을 만들기 위해서였지만 그 안쪽엔 이런 의식도 없지 않았다. 도요토미 히데요시는 분열된 일본 전국시대에 숱한 다이묘들과의 전쟁과 합종연횡을 통해 전국을 통일했다. 예컨대 수많은 구니로 분열된 일본열도에서 "저쪽 너머에 있는 다른 나라를 치러 갈 테니 구니는 길을 비켜 달라"는 요구는 전쟁의 구실로 쓸 만한 명분인 셈이다. 그들의 머릿속엔 일본의 일부인 조선과의 전쟁이 아닌 명나라와의 전쟁이 바로 임진왜란이며, 중간에 낀 구니인 조선이 길을 비켜주지 않아서 명나라로 가기 위해 조선과 싸운 것이란 개념이 없지 않았다. 이런 뿌리 위에 조선이란 국호를 없애고 식민지로 지배하며 일본으로 조선을 통합했던 36년이란 시간에선 한국이 일본의 일부라는 의식(내선일체)을 강화했다.

앞서 언급한 고자질 외교도 이런 일본인의 의식 속에선 자연스러운 표현이다. 한국은 일본의 일부인데 어찌 다른 나라 원수를 만나서 일본을 비난하니 배신감이 드는 것이다. 일본 지식인조차 '박근혜 대통령의 해외 외교는 정도를 벗어났다'고 생각하는 것 역시 자신들도 의식 못하는 '한국은 일본의 한 부분'이란 잠재의식에 사로잡혀 있기 때문이다. 내가 한 가족의 아버지(또는 형)인데 아들 또는 동생이 이웃집에 가서 집안 험담을 하는 것으로 비춰지는 셈이다. 집안 문제를 집안에서 풀지 않고 집 밖으로 갖고 나갔다고 생각하는 것이다. 일본인의 머릿속엔 한국에게 일본도 외국이고, 미국도 똑같은 거리의 외국이란 것을 이해 못하는 것이다. 그래서 고자질이라는 표현이 아무런 위화감 없이 일본에서 쓰이는 것이다.

타하라 소이치로는 《애국론》이란 책에서 한국을 두둔하면서 한마디했다. 우파 지식인의 주장에 대한 반론에서였다. '한국 정치인들이 일본 지인들을 만나서 자신들이 일본을 좋아한다고 말하면서 지원만 요청하고, 다른 한편으론 일본 편이란 행동을 하지 않으면서 한국 내 반일감정 때문에 어쩔 수 없는 것을 양해해 달라고 하는데, 이건 한국에게 전략적으로 이용당하는 것이다'라는 우파의 주장에 대한 그의 답은 명료하다.

하쿠타 한국인들은 매우 교활하니까 일본의 정치가 앞에선 친일인 척하는 것 아닌가.

타하라 아니다. 한국은 그렇게 전략적이지 않다. 조선인들이 그렇게 전략적이었으면 그렇게 오랫동안 중국의 꼬붕 따위가 되지 않았을 것이다.

'한국은 본래 오랫동안 중국의 꼬붕(졸개)'이라는 게 지식인 타하라가 본래 품었던 속내의 일단이었던 것이다. 결국 일본과 중국이 국가 대 국가로 겨루는 동급이라면 한국은 중국의 오랫동안 꼬붕이었으니 그 격에 맞지 않는 셈이다. 일개 구니에 불과했던 주변 지역이라는 것이다. 일본의 한국 지배에 대해서도 '어차피 중국의 속국이었던 조선을 일본의 속국으로 바꾼 것이니 그리 큰 잘못은 아니다. 잘못이라기보다는 오히려 일본이 조선의 경제 발전에 도움을 줬으니 좋은 일을 한 측면이 크다'(선의론)라는 일본 우파의 논리가 성립되는 것이다.

'안의 세계' → '밖의 3세계' → '안의 세계' → '?'

일본 '안의 세계'에서 한국은 밖이면서 밖이 아닌 존재다. 이러한 인식은 한국을 '양'과 '전'으로 명확하게 구분할 수 없어, 마지막 기준인 '차'와 관련해 시대와 상황에 따라 인식이 매번 바뀌면서 생긴 현상이다.

앞서 혐한의 생성에 대해 고찰하면서 일본 '안의 세계'가 생각하는 한국의 변화를 살펴봤다. 전쟁 전(식민지 시대)엔 일본의 일부, 즉 '안의 세계'에 있는 아래 계급으로 봤다가, 종전과 함께 자신들의 패전이 한국의 해방임을 알고는 '차'를 인지했고, 이를 이해 못한 일본인은 분노했고, 이후 무관심을 지속하며 한국을 '밖의 3세계'로 취급하다가, 한류와 월드컵으로 다시 한국을 접하자 다시 '안의 세계'의 일부로 친근감을 느꼈다. 다시 한국을 대하면서 그제야 반일하는 한국을 알게 되었고, 반일의 원인에 대한 이성적 판단에 앞서 다시 '차'를 인지하곤 즉각적인 분노의 반응을 보였다. 이것이 현재의 혐한 활동을 지지하거나 암묵적으로 묵인하는 '안의 세계'의 숱한 눈〔目〕의 인식이다.

애플과 삼성전자 …
일본 소비자들이 보는 '밖의 1 · 2 · 3세계'

일본인이 '밖의 세계'를 각각 1 · 2 · 3세계로 나눠 전혀 다른 시각으로
바라보고 다른 가치를 부여한다면 당연히 소비자의 구매 패턴도 이를
따른다. 외국 기업이 일본 소비자에게 물건을 팔려면 이런 소비자 의식
을 고려해야 한다. 만약 똑같은 제품을 똑같은 마케팅을 써 일본에서
판다고 해도 기업의 국적에 따라 성패가 갈릴 수 있다.

일례로 한국 기업에게 일본 시장은 무덤으로 여겨질 정도로 어려운
시장이다. 반면 미국, 유럽 등 서구의 회사들은 일본 시장에 쉽게 안착
하며 대비된다. 한국 기업의 진입 실패의 이유는 일본 시장의 특수성을
들면서도 시장 공략에 서구의 마케팅 기법을 활용하는 것이다. 한국 기
업이 미국 기업과 똑같은 마케팅을 일본 소비자에게 펼쳤을 때 반응이
똑같지 않다는 데 문제가 있다. 일본인을 이해하지 않고는 일본 시장을
공략할 수 없는데도 한국 기업들은 서구의 마케팅 기법에만 집착하면서
제대로 된 실패 원인을 못 찾는 것이다.

일본 시장 공략 …
'밖의 1 · 2 · 3세계'에 따라 다른 접근방식

일본 소비자들은 '밖의 1 · 2 · 3세계'에 서로 다른 가치를 부여하기 때문에 각 세계는 다른 형태의 마케팅 기법을 택해야 한다. 일본 소비자는 미국 기업과 한국 기업을 같은 눈으로 보지 않는다. '밖의 1세계'인 미국 기업은 '와의 세계'에 들어올 티켓을 지닌 존재이며 이에 대한 거부감이 없다. 세계 TV 시장 1위, 2위라는 삼성전자와 LG전자는 일본 시장에선 점유율 0~2%에 머무르는 마이너 브랜드다. 삼성전자는 2007년 일본 점유율 0.1%란 굴욕을 겪고 시장에서 철수했다. 세계 TV 시장에선 한국 브랜드에 밀려 심지어 일부 시장에서는 철수하는 굴욕을 겪었던 소니, 파나소닉, 도시바, 샤프 등 일본 브랜드가 일본 TV 시장의 90%를 장악한다.

일본의 스마트폰 시장은 이런 일본 소비자의 의식을 단적으로 보여준다. 40대 주부인 일본인 지인은 "몇 년 전에 삼성전자의 갤럭시S를 썼는데 친구가 히코쿠민(非國民: 비국민)이라고 해서 그 다음부턴 애플 아이폰을 사용한다"고 말했다. 한국의 전자제품을 쓰는 건 비국민이고 미국 제품은 괜찮다는 논리다. 세계 스마트폰 시장에선 삼성전자와 애플이 박빙의 승부를 펼치지만 일본 시장에선 애플의 아이폰이 40%가 넘는 점유율로 압도적인 우위를 보여준다. 제품 차이로만 이해하기 어려운 상황이다. 한국 기업인 삼성전자는 일본 소비자에게 '내가 일본 브랜드보다 낫다'라는 마케팅을 펼쳤지만, 그들은 이런 마케팅 메시지를 용납하지 않았다. 하지만 애플은 똑같은 메시지를 더욱 쉽게 전파할 수 있었다.

물론 아이폰을 쓴다고 히코쿠민이란 이야기를 들을 일도 없다. 일본 소비자들은 '밖의 1세계'인 미국의 제품이 1위를 하는 것에 거부감이 없으며 오히려 인정하면서 스스로에게 만족감을 느낀다. '밖의 1세계'는 '안의 세계'에 영향을 미치는 준거이기 때문에 이들 제품의 소비는 준거에 맞춘 삶인 셈이다. 눈〔目〕의 지배에서 자유롭다. 반면 '밖의 2세계' 제품을 쓸 때는 남의 시선을 느껴야 한다. 가능하면 피하고 싶은 것이다. '와의 세계'를 공략하는 방법은 '밖의 1·2·3세계'가 모두 다르다.

'밖의 1세계'는 백인과 서양의 이미지를 앞세우며 서양에서 인기 있는 제품이란 점을 강조하면서 일본인에 맞게 개량했음을 내세우면 수월하다. '밖의 1세계' 준거 의식을 극대화하는 전략이다.

'밖의 2세계'는 브랜드가 외부에 드러나는 상품에선 성공하기 쉽지 않다. 해당 제품을 구매하면 히코쿠민이 될 수 있다는 시선을 의식하는 순간 판매는 불가능해진다. 대체 상품이 없다면 모를까 같은 상점에 일본 대체 상품과 같이 진열된 상태에선 더더욱 어렵다. 사람들이 모였을 때 화제가 되는 제품, 예컨대 스마트폰과 같은 상품은 특히 어려운 분야. 전략상 국가 브랜드를 내세우지 않고 일본 제품으로 착각하게 유도해야 한다.

'밖의 3세계'는 거부감이 '밖의 2세계'보다 오히려 적다. '밖의 3세계'는 일본 소비자들의 개방성을 활용하는 게 좋다. '안의 세계'에 대한 자신감은 외부 문물에 대한 개방성을 드러내며 이는 새로운 콘셉트의 물건이면 일단 소비하고자 하는 욕구로 이어진다. 이는 '밖의 1·2·3세계' 모두에게 적용되는 이야기이다. 하지만 거부감 측면에서 '밖의 3세계'가 '밖의 2세계'보다 적기 때문에 같은 상황이라면 오히려 '밖의 3세계'가 유리할 수 있다. 하지만 새로운 콘셉트라는 이야기는 일본 브랜드와의 직접 경쟁이 없어야 한다는 뜻이다. 가장 쉽게는 음식이다. '와쇼쿠'(和食: 화식)과 터키 음식이란 식이다. 일본에 '밖의 3세계'를 지향하는 음식점이 성황을 이루는 것도 이런 맥락이다.

'전'의 거부감을 최소화하거나, 압도적인 힘을 보여주거나

한 가지 생각해볼 대목은 '밖의 1·2·3세계' 구분을 떠나 어차피 '안의 세계'에서 '밖의 세계'는 '전'이라는 대목이다. '안'에 위협이 되는 '전'인지 아닌지에 민감하게 반응하는 것이다. 시장에서 팔리는 제품 가운데 일본 브랜드와의 경쟁이 없는 분야는 사실상 전무에 가까울 것이다. 그렇다면 '밖의 세계'가 선택할 수 있는 방식은 결국 두 가지다. '전'의 거부감을 최소화하거나 압도적인 힘을 보여줘야 한다는 것이다.

거부감 최소화의 전략은 몸을 낮추고 참고 인내하는 것이다. 거부감은 결국 '안의 세계'가 배제라는 메커니즘을 움직인 결과다. 무라하치부나 이지메 등의 배제는 메이와쿠에 대한 벌이기 때문에 일정 시간이 지나면 다시 일원으로 복귀시켜주는 특징이 있다. 일본 교실에서 벌어지는 이지메는 대부분 특정 1인에 대한 다른 모든 구성원의 무시라는 형태로 이뤄지며 일정 시간이 지나면 풀린다. 엔료가 에도시대 때 사무라이가 자신의 집에 연금된 상태를 뜻한 것처럼 메이와쿠에 대한 벌을 가만히 받아들이는 엔료는 이지메의 해결법이다. 배제가 풀리면 곧바로 균일한 구성원으로서 똑같은 눈으로 받아들여준다.

몸을 낮추는 것은 어떨까? 쉽게 말해 '일본 기업의 제품보다 우리 제품이 우수하다'라는 식의 마케팅이 역효과라는 이야기다. LG전자는 최근 2~3년간 일본 TV 시장 개척에 공을 들이고 있다. 삼성전자가 사실상 철수한 일본 시장에 먼저 들어가서 선점하겠다는 의도일 터다. 하지만 LG전자는 '우리 제품이 일본 제품보다 성능이 좋으면서도 가격이 싸다'고 마케팅을 한다. 몸을 낮추지 않으니 이건 참고 견디는 엔료가 아니다. '밖의 세계'에 대한 거부감을 줄이려면 '우리 제품은 일본의 부품을 쓴다'는 메시지가 더 낫다. LG전자가 투여한 마케팅 비용만큼 효과를 못 보는 이유는 일본 소비자의 심리를 못 꿰뚫기 때문이다. 적극적으로 '일본인을 위해 특별하게 제작한 제품', '일본 최고 기업의 부품을 탑재해 성능을 극대화', '일본 디자이너가 참여한 창의적인 제품' 등과 같은 메시지를 일본 소비자에게 끊임없이 보내야 한다. 엔료하니 배제에서 풀어달라는 메시지인 셈이다.

압도적인 힘 전략은 어차피 '안의 세계'에서 나를 배제할 수 없다는 메시지를 보내는 것이다. 일본 소비자들의 거부감은 배제 심리이기 때문에 배제할 수 없다는 인식이 퍼지면 거부감도 없어지고 구매와 소비도 원활하게 이어진다. 네이버의 메신저 서비스 라인이 보여준 방식이 여러 가지 시사점을 보여준다.

라인은 한국 네이버가 100% 지분을 보유한 회사다. 국적을 따지자면 한국 회사인데 일본의 믹시와 같은 SNS와 경쟁관계다. 일본 언론에서는 라인 '이지메'에 나섰고 "라인이 한국 국정원에 가입자 정보를 넘긴다"는 기사까지 등장했다. 라인은 언론이나 소비자를 대할 때 '한국'이란 단어를 금기시했다. 라인은 소비자와의 커뮤니케이션에서 항상 '일본에서 만들어진 서비스'와 '새로운 콘셉트의 서비스'를 내세웠다. 거부감을 최소화하면서 외부 문물에 개방적인 일본 소비자의 성향을 활용한 것이다.

이용자가 2천만, 3천만 명을 넘어서면서 점차 라인에 대한 거부감은 가라앉기 시작했다. '압도적인 힘'으로 각인되기 시작했기 때문이다. 일본 언론의 라인 '이지메'도 잠잠해졌다. 일본 소비자들도 모두 라인이 한국 회사라는 사실을 알지만 거부감 없이 라인을 쓴다. 혐한이 들끓어도 크게 동요되지 않는다.

2013년 라인 가입자 3억 명 돌파를 기념하는 도쿄 행사에서 이해진 네이버 의장이 기자 앞에 나타났다. 물론 전체 행사의 주인공은 라인재팬의 대표였고 한국인은 전혀 등장하지 않았다. 이해진 네이버 의장은 한국 기자들 앞에 모습을 드러내 라인의 전략을 말했다. 여전히 일본 소비자의 시선을 의식하며 한국의 이미지를 드러내지 않으려는 기조는 이어지지만 조금 달라진 것이다.

삼성전자의 도전 ⋯
로고만 지웠다고 통할까?

삼성전자는 2015년 4월 전략 스마트폰 갤럭시S6와 갤럭시S6 엣지를 일본에서 출시하면서 삼성 로고를 지웠다. 상품명인 갤럭시만 내세운 것이다. 한국을 '밖의 2세계'로 여기는 일본 소비자들의 거부감을 줄여보겠다는 선택으로 상징적인 사건이다. 하지만 일본 소비자의 머릿속에선 '갤럭시S = 삼성전자 = 한국'이란 등식이 성립되어 있다. 여기서 중간 고리인 삼성전자를 뺐다고 갤럭시S와 한국 간 등식 연결이 사라질지는 두고 봐야 한다.

일본이 꿈꾸는
자유와 번영의 뒷면

일본 '안의 세계'는 '와'의 방향성, 즉 메센을 둘러싸고 큰 갈등을 빚고 있다. 전후 70년간 '안의 세계'의 입장이었던 아사히적 사고가 흔들리며, 애국론이 새로운 행동과 발언 기준으로 부상하는 중이다.

'밖'은 어떨까? 60여 년간 존재하지 않았던 '밖의 2세계'(고도 성장기에 들어선 중국)가 등장했다. 힘으로 '와의 세계'를 위협할 수 있는 밖이다. 경제(GDP)와 안보(연간 국방비)에서 모두 일본을 넘어섰다. 위기에 직면했다. 19세기 쿠로후네만큼의 충격까지 아니었지만 센카쿠 열도에서의 중국 어선과 일본 순시선의 충돌은 '안의 세계'에 위협의 메시지를 던져주기에 충분했다. 위기를 인지한 '안의 세계'는 애국론을 말하는 아베 총리에게 조타수를 맡겼다. 아베 총리의 생각은 개인의 방향이라기보다는 새로운 메센인 구 메이지유신적 사고(애국론)가 향하는 방향이다. 아베 총리는 새 메센의 '먼저 움직인 하나'였으며, 요시다 쇼닌과 미시마 유키오를 잇는 메이지유신 정신의 맥이다.

한국 배제를 택한
일본 정권

아베 총리가 2012년 말 두 번째 총리로 재등장한 뒤 국회에서 자신의 정책과 전략 입장을 발표하는 시정연설에 흥미로운 대목이 있다.

> 한국은 자유, 민주주의라는 기본적인 가치와 이익을 공유하는, 가장 중요한 이웃 국가입니다(韓國は自由や民主主義といった基本的価値と利益を共有する最も重要な隣國です).
>
> **2013년 2월 28일 총리 취임 후 첫 번째 시정연설**

> 한국은 기본적인 가치나 이익을 공유하는 가장 중요한 이웃 국가입니다(韓國は基本的価値や利益を共有する最も重要な隣國です).
>
> **2014년 1월 24일**

> 한국은 가장 중요한 이웃 국가입니다(韓國は最も重要な隣國です).
>
> **2015년 2월 12일**

수식어가 줄었다. 칭찬하는 것 같았던 몇 줄이 사라졌다. 하지만 이는 단순히 원고 분량을 줄인 게 아니고 아베 정권의 대(對) 한국 전략이 변했음을 보여준다. 아베 정권의 가치관 외교 전략에서 한국을 연대 대상에서 제외하려는 움직임이다. '자유와 민주주의라는 기본적인 가치와 이익을 공유하는'이란 문구는 아베 정권에서 핵심적인 '밖'을 향한 전략이다. '가치관 외교'와 '주장하는 외교'라는 아베 정권의 외교 전략이다. 기본적 가치를 함께하는 국가들과 함께 새로운 일본의 '밖의 연대'를 만들려는 게 아베 정권의 방향이다.

'자유와 번영의 활'과 '아시아의 민주주의 안보 다이아몬드 구상'이 그것이다. 바꿔 말하면 새롭게 등장한 '밖의 2세계'를 더 이상 확장하지 못하도록 봉쇄하자는 게 일본 '안의 세계' 전략이다. 아베 총리는 2006년 첫 번째 총리와 2012년 두 번째 총리로 재등장할 때도 외교 전략에서 '가치관 외교'를 일관되게 추진했다. 즉, 기본적 가치로 자유·민주주의·기본적 인권·법의 지배 등 4가지를 정하고 이를 공유하는 국가와 연대해 번영을 일구자는 주장이다. 일본열도에서 동유럽까지 큰 활 모양의 연대를 상정해 '활'이란 표현을 썼다. '자유와 번영의 활' 전략은 '밖의 3세계'를 묶어 일본이 존경받는 리더가 되겠다는 인식이 저변에 깔려 있다. 이 전략엔 물론 '밖의 2세계'를 견제하는 안보 라인이란 의미도 함께 내재되어 있다. 여기에 중국은 포함되지 않는다.

일본열도에서 인도차이나반도, 동남아시아, 인도, 중동, 동유럽으로 이어지는 연대가 실현되면 중국이 남하할 여지가 없다. 봉쇄인 셈이다. 중국도 이런 봉쇄 전략을 알고 인도차이나반도에선 베트남에게 강공을, 라오스나 캄보디아, 태국에게는 사탕을 내밀며 남하 전략을 구체화하고 있다. 인도를 두고도 일본과 중국은 인도를 서로 자신의 곁에 두기 위해 치열한 외교전을 펴고 있다.

2012년 12월 밝힌 '아시아의 민주주의 안보 다이아몬드 구상'은 이런 가치관 외교를 바탕으로 한 국제 안보 구상이다. 일본-미국(하와이)-호주-인도의 4개 국가가 안보동맹을 맺어 아시아의 안보를 담보하는 틀이 되자는 구상이다. 4개 국가를 연결하면 다이아몬드 모양이 되는데 이는 '자유와 번영의 활'을 지키는 안보 구상인 셈이다.

아베 총리는 첫 번째 총리 시절인 2006년 12월 존 하워드 호주 총리와 '안보보장협력에 관한 일-호주 공동선언'을 했다. 테러 대책이나 북

조선 문제 등 안보 문제에서 일-호주가 협력하며 이를 위해 안보보장협의위원회를 설치한다는 게 골자였다. 2007년 8월엔 인도와 수뇌회담을 갖고, 일본과 인도가 기본적 가치와 이익을 공유하는 아시아의 2대 민주주의 국가로서 정치, 안전보장, 경제, 환경, 에너지 등 각 분야에서 협력하기로 합의했다. 인도 국회에서는 두 개의 대양(태평양과 인도양)에서 교류하자는 메시지를 내놓았다. 2014년엔 일본이 향후 5년간 인도 기간산업 확충에 총 3조 5천억 엔을 투자 또는 융자 형태로 지원하는 등 경제 협력을 강화하는 한편, 합동 군사훈련도 추진하기로 했다. 인도에겐 중국과 국경 문제를 놓고 갈등을 빚던 참에 일본의 손길은 반가운 제스처였다.

중국의 팽창을 막기 위한
일본의 팽창

'자유와 번영의 활' 전략도 진행형이다. 아베 총리는 2012년 12월 두 번째 총리로 재취임한 다음 달 첫 방문국가로 베트남, 타이, 인도네시아 등 동남아시아 3개국을 정해 찾아갔다. 아소 다로(麻生太郎) 부총리는 미얀마를 방문했다. ASEAN(동남아국가연합) 국가들을 우선시하는 노선을 분명히 했다. '자유와 번영의 활'을 만들려면 일본에서 동남아시아로 이어지는 연대가 첫 선결 목표이기 때문이다. 아베 총리는 'ASEAN 외교 5원칙'을 밝히고, 같은 해 향후 5년간 2조 엔의 정부개발원조(ODA) 등 대대적인 경제 지원을 약속했다. 'ASEAN 외교 5원칙' 내용은 다음과 같다.

① 자유·민주주의·기본적 인권 등 보편적 가치의 안착과 확대를 위해 ASEAN 국가들과 함께 노력한다.

② '힘'이 아닌 '법'이 지배하는, 자유로 열려 있는 바다(해양)를 ASEAN 국가들과 함께 전력으로 지킨다. 미국의 아시아 중시 정책을 환영한다.

③ 다양한 경제 네트워크를 통해 물건, 돈, 사람, 서비스 등 무역과 투자의 흐름을 더욱 촉진해 ASEAN 국가들과 함께 번영한다.

④ 아시아의 다양한 문화, 전통을 함께 지키고 키워나간다.

⑤ 미래를 짊어질 젊은 세대의 교류를 더욱 활성화해 상호 이해를 촉진시킨다.

아베 정권의 논리에서 중국의 팽창을 막는 것이 일본 '안의 세계'의 안정을 확보하는 방법이며, 이는 '자유와 번영의 활'에 있는 모든 국가의 이해관계와도 맞아떨어진다는 것이다. 여기에 경제대국 일본이 경제 협력까지 같이 들고 와 안보와 경제 두 측면에서 밀접해진다는 것이 '일본의 세계 구상'이다. 아베 총리의 '안의 세계'가 밖으로의 팽창에 나선 행보이기도 하다.

이는 중국의 팽창을 막기 위한 일본의 팽창이다. 20세기의 상황과 유사하다. 중국의 확장을 막기 위해 청일전쟁, 러시아의 확장을 막기 위해 러일전쟁, 서구 열강의 아시아 확장을 물리치기 위해 대동아전쟁을 각각 감행했다. 이는 일본의 확장을 다르게 표현했을 뿐이다. 명분은 항상 '일본 안의 세계'를 지키기 위해 불가피한 전쟁이라는 똑같은 논리다. 반(半) 식민지가 된 청나라의 속국인 조선을 그냥 두면 조선이 서구 열강의 식민지가 되고, 그러면 일본도 서구 열강에게 식민지가 될 수밖에 없기에 청나라와 전쟁을 해서라도 조선을 독립국으로 만들어야 했다는 논리(청일전쟁), 러시아의 남하 정책을 막지 않으면 만주와 조선을 잃고 그 다음 수순은 일본이 러시아의 식민지가 되는 것이기에 전쟁을 감행했다는 논리(러일전쟁), 미국을 중심으로 ABCD(미국·영국·중국·네덜란드)의 포위망이 일본을 압박해 석유가 모자란 상황에서 '일본 안의 세계'를 지키는 길은 오직 진주만 공격밖에 다른 선택은 없었다는 논리(대동아전쟁)와 같다. 전과 다른 게 없다.

　'밖의 2세계'의 위협이 현실로 다가왔을 때 '안의 세계'가 취하는 대응은 한 가지다. 내부의 힘을 응집해 국력을 기르고 힘을 외부로 팽창시켜 '밖의 2세계'를 제압해 공포를 없애는 방식이다. '밖의 2세계'를 제압하는 방향으로 일본이 밖으로 팽창해야 한다는 방향성은 애국론이란 메센에서 정해졌다. '안의 세계'에서 애국론과 아사히적 사고의 메센 전쟁에서 애국론이 이기면 더욱 노골적인 외부 팽창이 진행될 것이다. 여기서 '밖의 2세계'와의 갈등을 눈앞에 둔 '안의 세계'는 하나의 중대한 판단을 해야 할 갈림길에 서 있다. 한국을 어떻게 볼 것이냐의 문제다.

　전통적인 판단에서 한국은 '중국의 속국이기 때문에 중국을 제압하려면 먼저 제압해야 할 대상'이었다. 후소샤에서 나온 일본 우익 역사교과서는 19세기 제국주의 시대의 정세와 관련해 한반도(조선반도)의 지정학적 위치가 일본열도를 향해 돌출되었다고 설명한다. 대륙이 열도를 침략하는 발판이란 설명이다. 반대로 보면 열도가 대륙을 침략하는 발판이 되기도 했고 그런 아픈 역사도 실제 있었지만 일본 우익교과서는 그런 설명을 하지 않는다. 이런 지정학론은 '일본을 지키기 위해선 한반도가 중국 손에 들어가선 안 된다'는 청일전쟁의 정당성을 강변하는 논리이다.

　아베 총리의 2015년 시정연설에는 이런 우익 교과서의 사고가 묻어 있다. 아베 총리는 자민당 내 모임인 '일본의 미래와 역사교육을 생각하는 젊은 의원들의 모임'의 사무국장을 역임했고 현재도 고문이다. 한국을 '밖의 2세계'로 바라보는 것이다. 상식적으론 아베 총리가 기본적 가치(자유·민주주의·기본적 인권·법의 지배)를 공유하는 국가로 미얀마, 캄보디아, 베트남 등을 인정한다면 당연히 한국도 인정해야 하지만 2~3년 전 포함했던 이런 수식어를 제외했다. 일본 외무성도 인터넷 홈페이지에 있는 한국 소개 문구에서 '자유와 민주주의, 시장경제 등의 기본적 가치를 공유하는 중요한 이웃 나라'라는 표현을 '가장 중요한 이웃 나라'로 바꿨다. '자유와 민주주의, 시장경제 등의 기본적 가치를 공유하는' 부분이 삭제되었다.

일본 정재계의 애국론자들은 미국과 만날 때마다 '한국은 중국 편'이란 이야기를 자주 한다. 한국은 2000년대 들어 경제 측면에서 세계에서 두 번째로 커진 중국 시장을 적극적으로 공략했고 각종 생산 공장을 중국으로 이전했다. 2000년대 한국이 IMF와 리먼브러더스 쇼크라는 두 차례 경제 위기를 극복한 데는 중국 시장이 상당 부분 역할을 한 것도 사실이다. 하지만 일본은 이를 더욱 부풀리며 확대 재생산하는 데 여념이 없다. 일본이 야스쿠니 신사 문제 등 과거사 문제를 끄집어내며 중국과 한국이 같은 목소리를 내는 상황을 연출해 세계에 보여주는 듯한 인상마저 있다. 세계의 절대적 강자인 미국이 '한국을 배제'하는 판단으로 가길 바라는 것이다.

일본의 애국론이 바라는 목표가 '와의 세계'를 지키는 것 하나라면 사실 한국이 '자유와 번영의 활'과 '아시아의 민주주의 안보 다이아몬드 구상'에 꼭 필요한 존재다. 일본의 새로운 메센인 애국론은 구 메이지유신적 사고를 잇는다. 일본인은 아시아에서 가장 앞선 우수한 민족이며 열등한 다른 아시아인에 시혜를 베풀고 존경을 받으며, '안의 세계'의 '와'를 아시아에 전파해 보다 더 큰 '와의 세계'를 만들고 싶은 것이다.

이런 애국론자의 주장은 소(小) 중화주의에 휩싸여 일본보다 자신들이 더 우수하다며 중국의 속국으로 돌아가려는 한국인을 받아들일 수 없는 것이다. 한국이 스스로 고개를 숙이고 일본의 '와'에 들어오지 않는 한 말이다.

미국이 일본의 팽창에
우호적인 이유

일본의 이런 팽창 전략은 미국의 아시아 전략과는 조금 다르다. 미국은 국방비 등 비용을 최소화하면서 아시아에서 현재와 같은 영향력을 유지하거나 더욱 강화하는 게 목적이다. 테러와 같이 전쟁으로 막을 수 없는 새로운 위협과 싸우는 미국의 상황에서는 아시아의 안보 질서가 현 상태로 유지되기를 바란다. 현 상태 유지에 큰돈을 쓰고 싶지 않은 것이지 일본의 팽창 자체를 지지하는 게 아니다. 일본의 '집단적 자위권'을 지지하는 이유는 일본의 군사력이 아시아 안보에 역할을 한다면 그만큼 미국의 부담이 줄어들기 때문이다. 미국은 일본에 대한 영향력만 확보하면 된다는 논리다. '전쟁할 수 있는 일본'이 미국의 비용 절감 측면에서 유효하다.

　미일동맹과 마찬가지로 한미동맹도 같은 맥락에서 유의미하다. 한국의 군사력이 동북아시아에서 질서 유지에 공헌하면 그만큼 미국의 부담은 줄어든다. 돈을 적게 쓰면서 아시아에서 현재와 같은 안보 위상을 갖기 위해선 한일 간 안보동맹을 강화해 이 힘으로 중국을 억제하고 동남아시아, 호주, 인도 등은 2선에서 한일 안보동맹을 지지하면서 평화와 안정을 유지하고 그 대가로 아시아의 영향력을 현상 유지한다. 전제는 미국이 한국과 일본에 대한 영향력을 제대로 확보해야 한다.

이렇게 '투톱' 안보론이 갖춰지면, 일본의 애국론이 바라는 '밖으로의 팽창'은 한계에 부딪친다. 한국의 역할이 커질수록 미국 입장에선 일본의 역할을 더 키울 필요성은 적어진다. 미국에게 일본은 한때 전쟁의 적국이었던 기억이 있다. 애국론은 '밖으로의 팽창'을 위해 미국의 지지가 절대적으로 필요하다. '밖의 1세계'의 지원 없이는 일본이 나서서 '밖의 3세계'를 하나로 묶는 연대 세력 구축은 쉽지 않을 뿐만 아니라 '와의 세계'를 지키는 것 역시 '밖의 1세계'가 없으면 불안하다.

일본이 미국에 끊임없이 보내는 메시지는 '한국은 이미 중국 편이다', '한국인은 소중화주의와 사대주의 민족이기 때문에 중국으로 갈 수밖에 없다', '미국이 한국을 과도하게 믿어선 안 된다', '한국의 안보 측면에서 언젠가 배신할 것이란 점을 염두에 두어야 한다'는 식이다. 미국이 언젠가 한국에서의 영향력을 잃을 날이 돌발적으로 온다는 메시지다. 한일 투톱은 불가능하며 미국 입장에서는 일본 지지만이 정답이란 이야기를 하고 싶은 것이다. 여기엔 일본이 미국의 영향력에서 벗어나지 않는다는 대전제가 있어야 하며, 일본의 애국론자들은 미국에게 '집단적 자위권'과 같이 '미국과 함께 전쟁하는 일본'을 강조한다.

한국과 미국이 모르는
야스쿠니 신사의 진실

'와의 세계' 내부의 대결인 아사히적 사고와 애국론 간 메센 전쟁에서 종군위안부 문제는 애국론의 아킬레스건이다. 애국론이 '와의 세계' 메센이 되려면 종군위안부 문제는 꼭 이겨야 하는 논쟁이다. 그리고 야스쿠니 신사는 메이지유신적 사고의 근원이면서 '와의 세계'가 외부로 팽창하는 방향성에 영향을 미치는 아킬레스건이다.

애국론의 입장에서 야스쿠니 신사 참배 문제를 양보하거나 패배한다면 외부 팽창을 포기해야 한다는 뜻이다. 야스쿠니 신사 참배에서 지면 '자유와 번영의 활', '아시아의 민주주의 안보 다이아몬드 구상', '전쟁할 수 있는 일본의 부활', '평화헌법 개정' 등 아무것도 애국론자들의 뜻대로 만들지 못한다. 애국론자들은 총리와 각료의 야스쿠니 신사 참배에 대한 중국과 한국의 비난을 내정 간섭이라고 비판한다. 하지만 야스쿠니 신사는 일본의 내치가 아닌 외부 팽창을 위해 존재한다.

숭배 대상인 신으로 모셔진
야스쿠니 신사의 전범

베스트셀러 작가이자 만화가, 사회평론가인 고바야시 요시노리(小林よ
しのり)는 2014년에 나온 《보수도 모르는 야스쿠니 신사》에서 2013년
12월 26일 야스쿠니 신사를 참배한 아베 총리를 비판했다. 참배 행위를
비판한 게 아니라 참배 뒤 "일본은 두 번 다시 전쟁을 일으켜선 안 됩니
다. 저는 과거에 대한 뼈아픈 반성 위에서 이렇게 생각합니다. 전쟁에
서 희생한 분들의 영혼 앞에서 앞으론 부전(不戰)의 맹세를 견지하겠다
는 결의를 새롭게 했습니다"라는 아베 총리의 발언을 문제 삼은 것이
다. 이 발언이 영령(英靈)을 욕보였다는 것이다.

야스쿠니 신사는 쿠로후네 출현 이후 일본을 지키기 위해 목숨을 바
친 245만 6천여 명의 영령이 모셔진 곳이다. 이들 영령은 옳은 일(선행)
을 했기 때문에 신으로 모셔진 존재이며, 참배는 신으로 모셔진 이들
영령의 뜻을 따르겠다는 의미라는 것이라는 게 고바야시의 주장이다.
전쟁터에서 죽은 영령은 희생자가 아니며, 즉 전사는 옳은 일인데 이들
을 위로하고 다시는 전쟁하지 않겠다는 결의를 했다는 아베 총리의 발
언이 부적절했다는 것이다. '밖의 세계'의 위협이 현실화된 뒤 '안의 세
계'를 지키기 위한 전쟁(고바야시는 청일전쟁, 러일전쟁, 중일전쟁, 태평
양전쟁 모두 일본이 자기 자신을 지키기 위해 어쩔 수 없이 선택한 전쟁으로
보았다)에서 목숨을 바친 영령들이 바로 야스쿠니 신사의 신들이란 설
명이다.

고바야시는 야스쿠니 신사에 모셔진 고위직(A급) 전범에 대해서도
이들을 전범으로 규정하고 사형을 내린 도쿄 재판 자체가 승전국이 마

음대로 정한 불공평한 재판이며, 이후 일본이 1958년 유족지원법을 수
정해 전범재판 수형자를 범죄자로 인정하지 않는 판단 기준을 명확하게
정했기 때문에 더 이상 전범이 아니라고 주장했다. 한때 전범으로 취급
되었지만 1958년 이후엔 전범이 아니란 것이다.

> 당시 일본 국민은 결코 그들(도쿄재판에서 전범으로 판결받은 범죄자)을
> '범죄자'로 보지 않았다. 일본변호사연합회의 '전범의 사면 권고에 관한 의
> 견서'를 시작으로, '전범석방운동'은 전국으로 퍼져, 모인 서명만 약 4천만
> 명에 달하는 엄청난 양에 달했고 (…) 일본 정부는 1953년 8월 '전쟁범죄에
> 의한 수형자의 사면에 관한 결의'를 중의원 본회의에서 가결 (…) 1958년 5
> 월 30일까지 (수형자) 전원을 석방했다. (…) 1958년 8월 유족지원법을 수
> 정해, 전범재판 수형자는 일본의 국내법에선 범죄자로 인정하지 않는 판단
> 기준이 명확해졌다. 유족에겐 유족연금과 조위금이 지급됐다. (…) 그리고
> 전범재판 사형자는 이상의 수속절차를 밟아 '공무순직'으로 야스쿠니 신사
> 에 합사(合祀) 됐다. (…) 이른바 A급 전범도 1978년 가을에 합사됐다.
>
> 고바야시 요시노리, 2014,《보수도 모르는 야스쿠니 신사》, pp. 60~64

전범 석방 운동에 약 4천만 명이 서명했다는 사실은 당시 메센이 전
범을 범죄자로 취급하지 않길 바랐다는 이야기가 된다. '모두와 함께라
면 빨간 신호도 무섭지 않다'며 빨간 신호에 횡단보도를 다함께 건넌 일
본인은 같이 신호를 어긴 일부가 범죄자 취급을 받는 것에 불편해 했음
이 당연하다. 또한 고바야시의 지적처럼 영령들은 '안의 세계'의 입장
(메센)에서 세상을 바라보았고 '안의 세계'가 일으킨 전쟁에 나가 전사
했기 때문에 '안의 세계'에겐 옳은 일이자 공적이다.

야스쿠니 신사의 영령은 모두 신이며, 고위직(A급) 전범들도 신이
다. 야스쿠니 신사 참배는 당시 전쟁의 정당성을 인정하는 행위이다.

아베 총리의 '다시는 전쟁을 하지 않기 위한 참배'라는 주장은 앞뒤가 맞지 않는다. 또한 야스쿠니 신사의 영령은 '밖의 세계'의 위협에서 '와의 세계'를 지키다가 전사한 신들이며, 따라서 야스쿠니 신사 참배는 '안의 세계'를 지키겠다는 다짐이다. '와의 세계'는 외부의 위협에 대해 공격하고 제압해 싹을 자르는 형태로 안을 지킨다. 미국이라는 '밖의 세계'의 위협에 직면하자 싹을 자르겠다고 나선 게 진주만 공습이었다.

야스쿠니 신사는 애국론을 상징하는 메센이다. 아베 총리가 야스쿠니 신사의 의미를 몰랐을 리 없다. 그의 발언은 미국에 대한 겉포장 설명이었다. 야스쿠니 신사 참배와 관련해 이미 일본의 애국론자들은 한국과 중국의 비판에 개의치 않는다. '밖의 2세계'(애국론자들은 한국을 중국과 같은 밖의 2세계, 즉 잠재적 적으로 여긴다)의 비판은 불쾌하지만 당연한 일이기 때문에 따로 이를 해명할 필요는 없다.

그러나 '밖의 1세계'인 미국은 다르다. 미국은 여전히 '안의 세계'를 규정하는 하나의 준거다. 야스쿠니 신사 참배에 대한 미국의 인정을 받아야 한다. 아베 총리의 신사 참배 당시 미국의 '실망했다'란 논평에 일본 우익들이 민감하게 반응한 이유다. 일부 우익은 '실망했다는 미국에 우리가 실망했다'며 비판하기도 했다. 아베 총리의 보좌관인 에토 세이치로(衛藤晟一) 참의원은 "실망한 것은 일본이다. 미국이 동맹국 일본을 왜 중시하지 않나"는 동영상을 유튜브에 올렸다. 미국은 전승국으로 도쿄재판을 주도했고 야스쿠니 신사의 고위직(A급) 전범을 사형한 장본인이다. 이런 미국을 고려하면 아베 총리가 할 수 있는 발언은 지극히 한정적일 수밖에 없다.

일본은 야스쿠니 신사 참배와 관련해 한국과 중국의 비판엔 '내정 간섭'이라며 귀를 막는 한편 미국의 반응을 면밀하게 주지한다. '안의 세계'의 숱한 눈〔目〕은 미국을 준거로 보기 때문에 미국이 야스쿠니 신사에 대해 '노'(No) 라며 뚜렷한 반대 목소리를 내면 이것의 파급력은 적지 않을 것이다. 신사 참배를 못하는 한 일본 정권은 외부 확장 전략을 적극적으로 펴나갈 수 없다. 평화헌법의 일본에서 '전쟁할 수 있는 일본'으로 선회 자체가 어려워질 수 있다. '전쟁할 수 있는 일본'이 필요한 미국이 야스쿠니 신사 참배 문제에 대해 다소 불분명한 태도를 취하는 이유다. '실망'이라는 다소 강한 논평을 내긴 했지만 이와 관련해 '실망'은 '참배 행위가 아닌 주변국을 자극하는 행위'에 대한 표현이라는 설명이 나중에 미국 정부에서 나오기도 했다.

아베 총리의 야스쿠니 신사 참배는 미국에게 한 가지 메시지를 분명하게 던졌다. 한일 간 동맹 강화로 중국을 견제하는 미국이 원하는 전략에 대한 거부다. 하지만 미국의 전략을 거절하면서도 이를 일본이 거절하는 것은 또 아니라고 항변한다. 일본은 따르고 싶지만 한국이 이미 중국 편으로 갔으니 어쩔 수 없다는 것이다.

사실 일본이 계속 야스쿠니 신사 참배를 강행하는 한 한국이 일본과 안보동맹을 강화하기는 쉽지 않다. 한일동맹을 파국으로 모는 원인을 한국이 아니라 일본이 제공한 셈이다. 일본은 의도적으로 한일동맹은 존재할 수 없는 카드라고 미국에게 주입하려는 전략을 쓴다. 미국은 이런 일본의 전략에 말려 오판하고 있다. 미국이 잊지 말아야 할 점은 일본이 원하는 '안보 그림'의 주역은 일본이지 미국이 아니란 점이다.

일본의 이상론에 물을 끼얹을 현실론

안보는 유독 섬나라 일본에게만 중요한 문제는 아니다. 전 세계 모든 국가와 민족에게 가장 핵심적인 삶의 문제이다. 안보란 무엇일까? 여러 정의가 있겠지만 단순화시켜 볼 수는 있다. 안보는 최악의 상황, 예컨대 주변의 가장 군사력이 강한 국가와의 전쟁을 상정하고 시뮬레이션한 뒤 나온 결과를 유리하게 바꿔놓기 위한 모든 행동이다. 국방비를 높여 군사력을 강화하거나, 이해관계가 맞아떨어지는 주변 국가와 군사적 동맹을 맺거나 또는 가장 위협적인 군사력을 보유한 국가와 전략적으로 우호 관계를 맺거나, 경제 협력으로 최악의 상황으로 갈 가능성을 줄이는 행위 등이다.

평화는 이런 안보의 정의에 따르면 단순해진다. 평화란 주변 국가와 최악의 상황을 상정한 시뮬레이션을 할 때 두 나라 또는 주변 여러 국가가 같은 결과를 인정하고 공유하는 상태다. 예컨대 A국과 B국이 각각 전쟁 시뮬레이션을 했는데, 둘 다 '공멸'이라는 같은 결과를 산출하고 이를 양국이 인정하고 공유하는 상태다. 이런 상황에서 최악의 상황은 벌어지지 않는다. 만약 A국이 승리한다는 시뮬레이션 결과를 A국과 B국이 똑같이 산출하고 이를 공유했어도 최악의 상황은 벌어지지 않는다. A국의 요구에 B국이 양보하면서 최악의 상황을 피할 것이다. 힘의 논리에 따른 질서 재편이다. 전쟁은 주변 국가들이 각각 다른 시뮬레이션 결과를 얻고 이를 맹신할 때 발생한다. 갈등이 생겨도 서로 양보하지 않고 극단적인 대립으로 치닫기 때문이다.

물론 2백 개가 넘는 국가들이 크든 작든 서로 안보에 영향을 미치기 때문에 이렇게 단순화한 안보와 평화 논리로 모든 상황을 설명할 순 없다. 또 일본의 진주만 공습과 같이 비이성적인 전쟁 판단도 있을 것이다. 하지만 안보 문제를 명확하게 들여다보는 방식으로 안보와 평화의 정의를 단순화했다.

평화는
가상 적국과의 시뮬레이션을 공유하는 것

한국, 일본, 중국, 러시아, 미국, 북한 등이 직접 이해관계가 얽힌 동북아의 안보와 평화에서 일본은 주변의 가장 강한 군사력을 보유한 미국, 중국과의 최악을 상정하고 시뮬레이션을 한다.

일본과 미국은 군사력 차이는 현격하며 미국과 일본 모두 미국의 압도적인 군사적 우위를 인정하기 때문에 전쟁은 일어나지 않는다. 일본은 미국과의 동맹을 최우선으로 여기며 미국의 요구엔 외교적으로 양보한다. 일본과 중국은 시뮬레이션 결과를 공유하지도 인정하지도 않는다. 센카쿠 열도의 무력 충돌 시나리오가 나왔을 때 가장 중요한 변수는 일본 자위대의 군사력이 아니라 미국이 어느 정도 적극적으로 이에 관여하느냐다. 미국이 미일동맹에 따라 자국 영토 수호와 같이 참전한다면, 중국도 미일동맹군의 승리를 인정할 것이다.

중국은 '미국이 정말 일본의 주변 섬에서 벌어진 국지적 무력 충돌에 자국 군인의 전사를 각오할까'에 대해 의문을 갖고 계속 미국의 의중을 타진한다. 일본은 미일동맹의 카드 중 하나로 '집단적 자위권'을 꺼냈다. 미국이 공격당하면 일본도 함께 전쟁에 나갈 각오가 되었다는 메시지를 보냄으로써 중국과의 무력 충돌 시 미국의 참여를 보다 확실하게 보장받으려는 포석이다. 일본의 가치관 외교라는 '자유와 번영의 활'과 '아시아의 민주주의 안보 다이아몬드 구상'도 경제적 연대와 군사적 동맹을 강화하는 안보 행보다.

일본과 중국 간 최악의 상황이란 전제에서 한국의 위치는 어디일까? 앞에서는 일본 '와의 세계'에서 벌어지는 두 개의 메센 전쟁인 '아사히적 사고 vs. 애국론'과 '한류 vs. 혐한'을 살펴봤다. 안보의 상황에서 보면 아사히적 사고와 한류는 최악의 상황에서 한국이 한미동맹에 따라 일본의 동맹군이 될 것이란 견해다. 반면 애국론과 혐한은 한국은 이미 중국 편, 즉 '밖의 2세계'라는 주장이다. 아베 총리의 '아시아의 민주주의 안보 다이아몬드 구상'과 '자유와 번영의 활'에선 한국을 확실하게 포함했는지는 불분명하며 오히려 뺀 것 같은 뉘앙스가 느껴진다.

'와의 세계' 입장에서 사물을 바라보는 메센이 잘못된 방향으로 흐를 때 이를 제지하는 방법은 현실론이다. '미즈오 사수'(水を差す: 야마모토 시치헤이가 일본 사회 공기의 지배를 깨는 방법으로 제시한 이른바 물을 끼얹는 것)이다. 메센이 현실을 무시하고 폭주하기도 하지만 그럼에도 메센의 방향을 수정하는 길에는 현실론이 가장 강한 기제다.

물[水]은
한국의 군사력

구 메이지유신적 사고를 하는 일본 애국론자에게 들려줘야 할 현실론은 19세기 때와 같은 행동을 반복하기엔 상황이 바뀌었다는 사실이다.

우선 한국의 군사력이다. 19세기의 조선은 군사력 측면에서 무시해도 될 수준이었다. 조선이 청일전쟁과 러일전쟁에 미칠 영향력은 거의 제로에 가까웠다. 현재 한국은 전 세계에서 군사력이 10위권 이내로 평

세계 주요 국가의 국방비 순위

(단위: 억 달러)

순위	국가	국방비
1	미국	6,000
2	중국	1,122
3	러시아	682
4	사우디아라비아	596
5	영국	570
6	프랑스	524
7	일본	510
8	독일	442
9	인도	363
10	브라질	347
11	한국	318
12	호주	260
13	이탈리아	252
14	이스라엘	182
15	이란	177

출처: 국제전략문제연구소 · ISS

가될 정도로 강하다. 군사력 평가는 전문가들도 엇갈리기 때문에 쉽게 순위를 정하기 어렵지만, 국방비 순위는 어느 정도 객관적인 참조 지표로 쓸 수 있다.

최악의 상황이라면 인도나 호주보다 바로 이웃국가인 한국의 군사력이 일본에게 훨씬 중요한 변수다. 한국(육군 중심의 전력)은 일본(해군 중심)과 비교해도 열위라고 보기 어려운 수준의 군사력이다. 일본이 중국 억제를 위해 '안보 다이아몬드 구상'을 만든다면 가장 필요한 국가는 인도나 호주가 아닌 한국이란 게 현실론이다. 일본 애국론자들의 구상대로 한국을 배제하고 인도, 호주와의 연대로 대(對) 중국 억제력을 구축한다고 했을 때 중국이 그런 시뮬레이션 결과를 인정하고 공유할까? 일본과 중국이 서로 다른 시뮬레이션 결과를 가지는 위험한 상황이 올 수도 있다. 그에 비해 한국과의 군사 연대는 중국도 인정하고 공유할 만한 시뮬레이션 결과의 변화다.

미국-중국 간 틈에서
독립적인 운명 갖기

두 번째 현실론은 일본과 한국이 가장 두려워하는 시나리오가 같다는 점이다. 한국과 일본으로선 미국과 중국이 어느 순간 서로의 이해득실이 맞아떨어졌을 때 독자적으론 이를 거스를 수 없는 상황이 올 수 있다. 미국과 중국 간 관계가 자국의 앞날을 좌지우지하는 상황은 일본과 한국 모두 반드시 피하고 싶어 한다.

일본 애국론자들이 주장하는 '제국주의 힘의 논리'에 따르면 미국과 중국도 얼마든지 이해관계가 맞아떨어질 수 있다. 과거 미국과 일본이 각각 필리핀과 조선을 서로 식민지로 인정한 사례(가쓰라-태프트 밀약)처럼 말이다. 일본과 한국은 정도의 차이는 있겠지만 이런 잠재적인 최악의 시나리오를 염두에 둬야 한다는 데는 본질적으로 같다.

셋째는 한국이 친(親)중국으로 흐르지만 견제 의식도 적지 않다는 점이다. 반일 정서에 휩싸인 것 같지만 한국 사회는 이미 감정적인 반일 시대를 극복했고 현재 반일은 다분히 명분론에 입각한 것이다. 일본 애국론자들이 주장하는 것과 달리 한국은 소중화주의에 머물던 조선이 아니다.

초고령화 일본의
'와'를 지키기 위한 최선

일본의 현실은 지금 '밖의 2세계'의 위협에 대처하는 것 못지않게 더 시급한 문제를 떠안고 있다. 초고령화 사회다.

지금부터 20년 후 3명 중 한 명은 65세 이상이 되는 시대. 병과 맞서야 할 때 누구나 도와줄 힘을 필요로 합니다. 니혼쵸자이는 오랜 인생과 함께하며 의료비의 부담을 줄이고, 환자들에게 도움을 주는, 누구나 쉽게 다가서는 약국이 되겠습니다. 안심하고 오래 살 수 있는 나라를 향해 가는 길, 약에 관한 한, 전문가이기에 할 수 있는 일. 일본의 조제 약국. 니혼쵸자이.
니혼쵸자이(日本調剤)의 TV 광고 내용

한 명의 성인이 한 명의 노인과 한 명의 자녀를 부양하는 시대가 눈앞이다. 의료와 복지 등에 써야 할 돈은 계속 늘어난다. 여기에 일본은 세계 역사상 처음으로 인구가 줄어드는 국가다. 국가의 경제 규모가 현재보다 훨씬 커질 가능성은 거의 없는 셈이다. 인구 그래프는 변수가 아니라 확정적인 미래다. 현실이란 이야기다.

초고령화와 함께 비정규직 문제도 '와'를 위협하는 요소다. 다수의 균일성이 점차 붕괴되기 때문이다. 일본의 노동력 구조를 보면 전체 노동자 5천 2백만 명 가운데 40%에 가까운 1천 9백만 명 정도가 비정규직이다. '잃어버린 세대' 노동자들은 더는 윗세대와 균일하다고 느낄 수 없는 환경이다. 윗세대가 점유한 부(富)가 아랫세대로 흐르지 않으면서 20~30대 비정규직 젊은이들은 '와'의 균열에 직면했다.

이런 상황에서 일본은 '안의 세계'를 보호하기 위해 '밖'보다는 '안'에 더욱 천착해야 한다. 또 일본이 이렇게 내부문제 해결에 자원을 투여하면서 밖의 문제까지 동시에 해결하긴 쉽지 않다는 의미이기도 하다. 일본이 앞으로 10년간 미국이나 중국보다 군사비를 더 쓸 수 있는 상황이 도래한다고 예측하는 건 어불성설이자 거짓말이다. 이미 중국 국방비의 절반 이하다. 격차는 더 벌어질 것이다.

일본과 같은 현실론을 공유하는
한국

한국의 상황도 이런 일본의 내·외부 환경과 거의 흡사하다. 이웃 나라 일본은 무시할 수 없는 군사력 보유 국가다(국방비 지출이 510억 달러로 세계 7위). 한국은 외부의 열강 간 힘의 논리와 조약에 의해 나라를 빼앗긴 경험이 있으며 이미 고령화 사회에 진입했다.

한국은 일본과 달리 중국에 대해 유연하다. 중국과의 관계에서 군사력 측면에서 '중국의 우세'라는 시뮬레이션 결과를 중국과 한국 모두 인정하기 때문이다. 하지만 이는 앞으로 한국이 중국과의 관계에서 갈등이 빚어질 경우 양보해야 한다는 뜻이기도 하다. 한국은 더는 사대주의나 조공론(중국에 조공을 바침으로써 중국의 질서에 따른다는 논리)을 납득할 수 있는 조선시대에 있지 않다.

한국과 일본은 큰 틀에서 이해관계가 같다. 미국과 중국 등의 강국이 마음대로 한반도의 미래를 결정할지도 모른다는 불안은 일본보다 한국이 크면 컸지 작지 않다. 1백여 년 전 그런 경험을 한 차례 겪은 게 한국이다. 일본의 뒤를 이어 초고령 사회에 진입 중이며 출산율도 유럽이나 미국보다 낮은 게 현실이다. 독자적인 군사력 증강만으로 외부의 간섭을 받지 않는 외교 안보 자립국으로 가기엔 쉽지 않다. 중국과 일본 사이에서 무모한 군비증강 경쟁에 뛰어들기보다 그 돈은 고령사회의 의료와 복지에 쓰여야 한다.

세계 최대 군사강국인 미국과 아시아 군사강국인 중국 사이에서 한국과 일본에게 합리적 해결책은 하나다. 우선 미국과의 최악의 상황을 전제로 한 시뮬레이션 결과는 한국과 일본 모두 공유하고 인정한다. 이는 최악의 상황이 벌어지지 않는다는 뜻이다. 한국과 일본 모두 미국의 질서가 중국이 만들려는 새로운 안보 질서보다 편한 게 사실이다. 한국과 일본이 안보 연대를 강화하면 자연스럽게 아시아 질서의 균형자 역할을 할 정도가 된다. 현재의 국방비와 경제력만으로도 앞으로 조금 노쇠해진다고 해도 충분히 가능하다. 미국은 추가 비용을 아시아에 투여하지 않고도 현재의 질서를 쉽게 지킬 수 있다.

일본의 애국론자들은 '안의 세계' 보호와 '밖의 팽창'이란 두 가지 목표를 놓고 고심해야 한다. 본래 '밖의 팽창'은 애국론자의 주장대로라면 '안의 세계'를 보호하기 위한 어쩔 수 없는 선택이었다. 하지만 현재의 '밖의 팽창'은 '안의 세계'를 보호하는 현실적인 답안이 아니다. 일본 스스로도 인도-호주와의 안보 협력은 최악의 상황을 전제로 한 시뮬레이션에서 큰 변화를 가져오지 않음을 깨닫고 있을 것이다.

한일
안보 균형자론

한일 간 안보 협력은 적극적인 '전' 세력인 한국과 소극적인 '전'이자 평화헌법으로 보호받는 일본의 형태가 합리적이다. 한국과 일본과 함께 균형자 역할을 할 때 한국의 전제는 '일본과의 시뮬레이션'이다. 앞서 안보를 규정지을 때 주변국과의 최악의 상황 시뮬레이션을 언급했지만 이는 한일 간에도 적용된다. 두 나라가 친밀한지 적대적인지와 무관하게 순수하게 힘의 논리로만 시뮬레이션을 하는 게 안보의 원칙이다. 이론적으로 '전쟁할 수 있는 두 국가' 간에는 동맹이 가능(물론 반일 정서의 한국으로선 일본과 군사동맹은 쉽지 않다)하겠지만 서로 힘을 합치는 균형자론은 불가능하다.

한국은 초고령화 사회에 접어들더라도 미국이 자국의 우산 속에서 한국을 지켜준다는 확신을 주더라도 국방비를 줄일 수 없으며, 계속 적극적인 형태의 군사력을 유지해야 하는 처지다. 북한이 존재하는 현실에선 적국을 목전에 둔 군사력 유지는 어쩔 수 없다. 반면 일본은 전후 평화헌법의 혜택으로 고도의 성장을 이뤘고, 이번엔 평화 국가의 이념으로 군사비의 부담을 줄여 초고령 사회로 부드러운 안착을 할 차례다. 일본이 재무장하지 않는다면 한일 균형자론은 실질적 역할이 가능할 것이다. 한국(318억 달러)과 일본(510억 달러)의 국방비를 합친 8백억 달러대 규모는 미국이란 안보 배경하에선 아시아 전체의 균형 역할이 가능할 수준이다.

아베 총리가 말하는 '자유와 번영의 활'에서 일본이 리더로 받아들여지려면 평화 국가로서 안보 균형자 역할을 자처할 때야 가능할 것이다. 일본이 원하든 아니든 과거에 전쟁을 했던 나라라는 굴레는 아직 씌워져 있다.

한국과 일본의 균형자 역할이 정착되면 중국과도 같은 시뮬레이션 결과를 공유할 수 있다. 안보의 같은 시뮬레이션 결과 공유는 한국과 일본이 중국의 안정을 돕는 역할까지 할 여지를 보여준다. 중국은 엄청난 인구를 가진 다민족 국가이기 때문에 경제 성장이 정체될 때 민족 분쟁이라는 화약을 떠안고 있다. 중국도 한국과 일본처럼 고령 사회로 접어들 것이며, 이때는 단지 중국만의 문제가 아닌 세계의 문제가 될 것이다. 한국과 일본뿐만 아니라 미국을 포함한 전 세계가 중국의 불안정을 바라지 않는다. 중국의 안정을 도와줄 수 있는 외부의 힘은 미국이 아니라 균형자 역할을 하는 한국과 일본이 될 수 있다는 논리다.

일본의 애국론자가 바라는 모습은 '미일동맹'과 '한중동맹' 간 격돌이 아닐 것이다. 혐한론에 휩쓸린 애국론자들은 '한국을 믿을 수 없다'고 전제한다. 안보는 최악의 상황을 전제로 하며 이런 개념의 안보에선 한국뿐만 아니라 중국도 미국도 믿을 수 없다. 실제로 소련은 일본과 불가침 조약을 맺었다가 제 2차 세계대전 말기에 이를 깨고 참전했다. 안보엔 모든 나라가 '자국 우선'에서 한발도 물러서지 않으며, 동맹도 자국을 위해 이해관계가 일치하는 국가 간에 맺어지는 것이다.

일본은 한국과 최악 상황의 시뮬레이션 결과를 공유하고 인정할 수 있다. 만에 하나 한국이 함께 균형자 역할을 하다가 갑자기 일본과 대립해 최악의 상황으로 갈 경우 미국이 일본 편에 있다면 시뮬레이션 결과는 양국(한국과 일본)이 모두 쉽게 공유할 수 있다. 미국에게 일본은 달러와 국채라는 경제 측면에서 버릴 수 없는 카드임은 분명하다. 신뢰의 문제가 아니라 현재 국제질서에서 가장 올바른 판단을 선택하는 문제라는 이야기다.

이홍천 전(前) 게이오대학 교수는 "한국이 각 지역의 분쟁지역에 군사력 개입 등을 포함해 활동을 더욱 활발하게 할 필요가 있다. 한국은 일본과 달리 세계 평화를 위해 군사력을 움직여도 제약이 적은 나라다. 이런 역할을 강화하면 일본을 포함한 다른 나라들이 한국을 보는 시각이 많이 달라질 것"이라고 말했다. 한일 균형자 역할이 가동되었을 때 이전 교수가 말하는 세계 평화에서 한국의 역할도 보다 명확해질 것이다.

미국의 안보론

미국이 원하는 아시아의 안보 질서도 한일 균형자 역할과 크게 다르지 않다. 미국은 현재의 아시아에 대한 안보 영향력을 유지하면서도 지금보다 적은 돈을 쓰면서 국지적인 무력 충돌을 억제하고 싶어 한다. 하지만 미국의 접근방식은 일본과 만나고 난 뒤 한국의 의견을 묻는다. 일본은 '한국은 이미 중국 편'이라 주장하고, 미국은 '한국과 친하게 지내라'고 요청한다. 순서를 바꾸면 어떻게 될까? 미국이 한국을 만난 뒤 일본의 의견을 묻는다면.

한국은 일본의 평화헌법 유지를 조건으로 아시아의 균형자 역할에 부정적이지 않을 것이다. 일본은 '밖의 1세계'인 미국이 한국과 의견 조율이 끝난 안에 대해서 그게 '안의 세계'를 지키는 방안이라면 받아들일 것이다. 일본의 메이지유신적 사고는 흔히 '외부 팽창'이란 편견으로 비춰지지만 그보다 더 중요한 덕목은 '밖의 전(戰) 세계'로부터 '와'를 지키는 것이다.

한일 경제 보완론과
극일 경제의 종언

소프트뱅크 회장인 손정의는 2011년 동일본 대지진으로 일본 내 전력 수급상황이 불안정해지자 KT와 협력해 김해에 IDC(인터넷데이터센터)를 세우고 일본 기업 전용 서비스를 시작했다. IDC는 기업 전산망에 필요한 서버를 관리하는 곳이다. 일본 산업의 약점을 한국이 보완하는 비즈니스 모델이다.

앞에서 언급한 메신저 서비스인 라인은 일본 인력들이 개발한 서비스지만 다른 한편으로 네이버의 자회사라는 특성으로 인해 네이버가 가진 벤처 노하우가 함께 어우러진 비즈니스 모델이다. 라인에는 일본 기술자의 꼼꼼함과 완벽주의, 한국 벤처기업의 추진력 등이 모두 녹아 있다. 네이버는 한국에서 구글과 경쟁하면서 독점을 유지해온 인터넷 기업이다. 앞으로 라인이 일본 모바일 시장에서 독점 기업으로 성장하는 데는 이런 네이버의 경험이 도움이 될 것이다.

안보 균형자론과 함께 한일 경제 보완론도 시도해볼 만하다. 일본은 세계 3위 경제대국이면서 세계 최고 수준의 기초과학과 원천기술을 보유하고 있으며, 부품 소재 산업에서 세계적으로 압도적인 경쟁력을 유지하고 있다. 반면 갈라파고스의 함정에 빠지기 쉬운 특성이 있으며 산업계 전체적으로 도전을 기피하는 경향이 있다. 글로벌 비즈니스에선 다소 소극적이란 약점도 보인다. 한국은 해외 원천기술과 소재, 부품을 들여와 이를 활용해 완성품을 만들어 세계시장에 파는 데 두각을 나타낸다. 작은 내수시장의 약점 탓에 오래전부터 글로벌시장 공략에 고심한 만큼 노하우도 쌓여 있다.

지금까지 한국은 일본의 뒤를 쫓아왔고 산업구조가 비슷해 한국과 일본은 산업계에서 항상 부딪치는 경쟁관계로만 인식되었다. 하지만 일본은 버블 시기가 끝난 1990년대 초반부터 점차 수출보다는 내수 중심으로 바뀌고 있다. 여전히 수출 중심의 경제구조인 한국으로서는 수출시장의 개척과 새로운 분야로의 확대가 과제다. 한국은 일본의 노쇠해가는 수출에 활력을 불어넣고, 일본은 한국에 새로운 분야 진출의 기회가 될 수 있다.

음악, 애니메이션, 영화 등 콘텐츠 산업의 경우 한국은 인구 5천만의 작은 내수시장이 발목을 잡는다. 콘텐츠 산업의 성장을 위해서는 새로운 발상과 창조, 상상력에 지속적으로 자본이 투입되어야 한다. 이른바 '하이 리스크-하이 리턴'인데 '하이 리턴'을 하기엔 내수시장 규모가 너무 작은 것이다. 콘텐츠의 산업 경쟁력 확보를 위해서도 일본과의 협력이 필요한 상황이다. 일본의 콘텐츠 산업은 반대로 충분한 내수시장에만 몰입한 나머지 글로벌시장을 등한시한 경향이 있다. 한국 자본이 일본의 크리에이티브에 투자하고, 또 반대의 상황도 활발하게 진행되면 양쪽의 노하우가 상승작용을 할 가능성이 높다.

'밖의 세계'가 만나야 할
새로운 '와'(ゎ)의 일본인

'밖의 세계'는 근현대 150여 년간 한없이 친절하면서도 때론 더없이 잔인하고 무서운 일본과 일본인을 만났다. 제국주의 열강의 시대이자 공산주의 부상의 시대였던 1867년(메이지유신)에서 1945년(태평양전쟁 패전)까지 일본의 존재는 '밖의 1세계'인 서양의 입장에서 일본은 아시아의 급부상한 소(小) 군국주의 국가, '밖의 2, 3세계'인 아시아 제국(諸國)에겐 패권 침략 국가, 당시 일본인 스스로에겐 아시아 대표국가이자 해방국가였다. 전쟁 전 70여 년의 일본 모습이 그랬다. 종전 후 70년은 냉전과 후기 자본주의, 글로벌 경쟁 시대엔 세계 경제대국이면서 미국의 아시아 안보 교두보로 평화시대를 보냈다.

일본인을 만나면 다들 그들의 친절함에 놀라고, 뒤돌아서면 집단주의 폭주라는 과거의 칼날을 되뇌며 마음이 불편해진다. 아시아뿐만 아니라 서양 국가도 일본의 부, 근면함, 중산층의 건재를 부러워했다. 전후 70년간 한국과 중국 등 일본에게 침략을 당한 과거사가 없는 대부분의 국가들은 친일국가가 됐다. 그러나 다시 한 번 세계의 시대가 바뀌는 시점이다.

신흥 군사·경제대국으로 중국이 부상 중이다. 인터넷과 물류의 발전은 이전에 경험하지 못했던 국경 없는 경제 메커니즘을 출현시켰다. 9·11 테러는 핵 억제력과 군사력, 외교력만으론 자국민의 생명과 재산을 장담할 수 없는 새로운 형태의 안보 적(敵)의 등장을 알렸다. '미국 1국 세계 경찰국가 시대'는 점차 한계에 달했다. 아랍, 중앙아시아, 아프리카 등 세계 각지에서 현지의 국가 간 관계에 따른 지역안보 시스템 구축이 과제로 떠올랐다. 미국이 지역별 소(小) 강국과 연계해 평화를 담보해야 하는 새 시대다.

일본은 급변하는 세계 질서에서 가장 유동적이면서도 경제력과 군사력을 갖춘 나라다. 선택의 폭이 넓다. '밖의 세계'가 일본을 주목해야 하는 이유는 다른 나라에 비해 선택의 폭이 넓은 만큼 세계의 평화에 이바지할 수 있는 여지도 크기 때문이다. 그런 일본은 현재 전후 레짐(전후 민주주의 체제와 침략 전쟁의 부정, 무장 해제)에서 탈피해 애국론으로 포장된 구 메이지유신적 사고로 회귀하고 있다. 일본 내부에선 종군위안부 문제 논쟁으로 애국론을 강화해 아사히적 사고를 누르며, 밖으론 야스쿠니 신사 참배 논쟁을 통해 밖으로의 확장에 조금씩 나서고 있다.

일본이 변한다는 명제는 결국 메센의 변화이며, 구 메이지유신적 사고가 일본 사회를 장악할 날이 멀지 않았다는 경고이기도 하다. 일본이 변한다는 명제는 또한 일본 리더십의 변화이기도 하다. 패전세대가 물러나고 '부의 향유 세대'가 전면 등장했다. '부의 향유 세대'는 1980년대 버블 시기의 자부심을 바탕으로 전후 레짐으로의 탈피를 주장하며 더는 전쟁의 부채를 느끼지 않는다. 전쟁에 대한 사죄는 패전세대의 몫이다. '부의 향유 세대'는 전쟁을 겪은 앞선 세대에 존경을 표하며 미국이 주입한 교육을 '자학사관'이라며 부정한다. 이들이 꿈꾸는 강한 일본은 메이지유신 당시의 근대화 일본(이후 군국주의로 흐른다)과 같은 맥으로 이어진다.

　이들은 '밖의 2세계'나 '밖의 3세계'와 쉽게 타협하지 않을 것이다. 메이지유신의 군국주의 일본이 택했던 전략, 즉 강한 밖과는 동맹(영일동맹, 미일동맹, 일소 불가침조약, 독일·일본·이탈리아 주축국 동맹 등)을 맺고, 약한 밖과는 확장(침략)이란 이중 논리로 다가서려 할 것이다. 일본의 '우향우'는 리더십의 세대 변화이기 때문에 일시적이 아니라 항구적이다. 한국, 중국, 미국, 동남아시아 각국 등 밖의 세계는 '부의 향유 세대'가 꿈꾸는 강한 일본과 새로운 관계를 설정해야 하는 게 현실 정치의 상황이다.

'잃어버린 세대'와의
조우

하지만 이게 전부는 아니다. '아사히적 사고 vs. 애국론'과 '혐한 vs. 한류'라는 두 메센 전쟁에서 중요한 열쇠는 40대 초반이 된 '잃어버린 세대'다. 이들은 예전 단카이 세대처럼 친절하진 않다. 넘쳐나는 부를 경험하지 못했으며 그렇다고 전쟁의 부채를 짊어질 생각도 전혀 없다. 비정규직 세대이자 앞으로 일본의 초고령화 짐을 떠안아야 하는 좌절과 불만의 세대이기도 하다. 한국의 '88만 원 세대', 유럽의 '1,000유로 세대' 등과 마찬가지다. IT 진화와 글로벌 물류의 발전이란 경제 효율성 극대화에 의해 '사회의 부(富)를 나눠 가질 권리'를 빼앗긴 세대다.

　'밖의 세계'는 일본의 '잃어버린 세대'와 만나야 한다. 이들은 일본 '와의 세계'의 균열이다. 균일성을 더 맞출 수 없는 경제적 환경에 빠졌다.

이들은 균일성 의식을 여전히 따르지만 실생활에서 부의 격차를 절감하며 점차 이를 외부를 향해 분노로 방출한다. 그것이 때론 혐한이 되기도 한다. 이런 측면에서 혐한은 '와의 세계' 균열의 한 증상이다.

'잃어버린 세대'에게 한국은 외부에 있는 '국가'다. 앞선 세대와 같이 무의식 속에서 한국을 일본의 일부로 보거나 하지 않는다. 세계의 부(富)를 놓고 경쟁하는 외부의 국가이며, 더는 시혜의 대상도 아니다. 현재 일본을 휩쓰는 혐한 바람을 타고 큰 고민 없이 한국을 싫다고 말한다. 역으로 말하자면 20세기 과거사와 결별하고 국가와 국가로서 정상적인 친교를 맺을 수 있는 오롯한 '남'이란 것이다. 한국, 중국 등 이웃 국가들이 눈여겨보고 다가서야 할 세대는 이들 '잃어버린 세대'인 것이다. '부의 향유 세대'의 리더십은 '잃어버린 세대'를 어떻게 이끌어갈 수 있느냐에 달려 있다. 반대로 이들이 평화시대를 바란다면 일본이 과거와 같은 집단주의 폭주를 할 수는 없을 것이다.

한 줄 더 …

'잃어버린 세대'는 일본만의 흐름이라기보다는 북미, 유럽, 한국 등 주요 국가들 모두가 당면한 문제다. 테크놀로지 진화와 물류의 발전이 가져온 글로벌 경제와 극대화된 효율성에게 일거리를 빼앗긴 세대다. 유럽의 '1,000유로 세대'나 한국의 '88만 원 세대'도 모두 같은 맥락이다. 부모 세대가 향유한 부의 축적 경험에서 소외된 세대다. 이들은 인터넷 등을 통해 정보를 공유하며, 매스미디어의 메시지 전파를 거부하고 스스로의 메시지 구축에 골몰한다. 때론 현실 정치와 사회에 대해서도 강

성 발언을 한다. 이들의 형성과 특성, 다음은 '1, 000유로 세대', '로스
제네'(잃어버린 세대), '88만 원 세대'에 대한 정의다.

'1,000유로 세대' 이탈리아 등 유럽에서 나온 말로 비정규직이나 파트타임
으로 일하면서 1, 000유로 정도의 월급으로 살아가는 젊은이들을 지칭한다.
일부에서는 우리나라의 '88만 원 세대'가 유럽의 '1, 000유로 세대'에서 아이
디어를 얻은 용어라고 설명하기도 한다. '1, 000유로 세대'도 불운한 젊은이
들을 표현하는 단어이지만 'No money, No problem' 등과 같은 낙관적인
유럽식 사고도 이 단어 속에 포함된다. 그러나 앞선 세대의 풍요로움에 비
해 같은 능력과 노력으로도 같은 정도의 풍요로움을 얻을 수 없다는 우울함
을 내재하고 있으며, 각종 유럽의 정치 사안 때는 시위에 참여하며 강한 의
견을 표출하기도 한다.

'로스제네'(잃어버린 세대) 로스트 제너레이션(*lost generation*)의 준말로, 일
본에선 20대 중후반부터 30대 중반까지를 '잃어버린 세대'라 부른다. 1990
년대 일본의 버블 붕괴 후 젊은 세대들이 정규직을 얻지 못하고 아르바이트
(프리터)와 비정규직으로 겉도는 현상을 일컫는다. 대략 2천만 명 규모로
추정하며, 1/4이 비정규직으로 예상된다. 국민연금이나 건강보험 등 사회
복지제도의 뒷받침도 못 받은 불운한 세대다.

'88만 원 세대' 우리나라 20대의 90% 이상이 안정적인 직장을 얻지 못하고
88~119만 원의 임금을 받는다는 것으로, 우석훈·박권일 공저 《88만 원
세대》에서 소개됐다. 예전에는 대학만 나오고 공부만 열심히 하면 삼성전
자 같은 대기업이나 그에 못 미치면 중소·중견 기업에라도 들어가 안정적
인 직장인이 될 수 있었지만, 지금은 본인의 능력과 상관없이 비정규직을
전전해야 하는 사회이므로 이런 현실에 대한 비판이 '88만 원 세대'라는 용
어 속에 있다.

성호철, 2007, 《새로운 문화권력 TW세대》, p. 28

극일 시대의 종언

일본과의 '화'를
잃지 않기를 바랍니다(願國家毋與日本失和)

류성룡의 《징비록》 중 신숙주의 유언

조선시대의 문신 신숙주는 성종(成宗)에게 이 같은 유언을 남겼다. 《징비록》(懲毖錄)에 따르면 성종이 죽음을 앞둔 신숙주에게 유언을 물었고 그의 대답이 이와 같았다고 한다. 성종은 유언대로 일본에 사절을 파견하고 교린 관계를 유지하며 일본과의 관계를 유지했다. 하지만 이후 일본과의 교린은 유야무야되고 일본 상인들의 교역 요구도 무시되기 일쑤였다. 조선은 일본의 정세에 관심이 없었고 정보는 깜깜했다. 분열된 일본은 그 사이 하나의 힘(도요토미 히데요시의 전국 통일)으로 합쳐졌다. 임진왜란이 일어났고 7년간 전란을 겪었다.

임진왜란을 반성한 류성룡은 《징비록》에서 신숙주의 유언을 다시 불러들였다. 역시 같은 말을 하고 싶었던 것이다. 하지만 역사는 반복되었다. 조선은 일본과의 '화'를 잃었고, 메이지유신과 함께 격동하는 일본의 변화에 무감했다. 강화도에 들이닥친 일본 함선을 보고서야 불평등조약인 강화도조약을 맺으며 이때부터 일본의 역사 속으로 조선이 빨려 들어갔다.

1945년 일본의 태평양전쟁 패전 후 한국은 분단과 전쟁을 겪으며 '독립된 한국'으로 돌아왔다. 반일은 일본과의 '화'를 끊는 것을 줄곧 원했지만 빈곤한 한국은 끊을 수가 없었다. 한동안 '공산주의 vs. 반공산주의'의 세계 구도 속에서 한국은 일본과 같은 편에 서 있어야 했다. 한국은 의지와 무관하게 일본과 같은 편이었다. 그 후 소련이 붕괴하고 중국이 급부상했다.

2000년 이후 한국은 기업들의 중국시장 진출과 중국 현지공장 건설을 앞세워 친중(親中)으로 치달았고 정치에서도 친중 노선이 뚜렷하다. 한국은 중국을 미국과 동격인 'G2'로 인정하는 전 세계에서 거의 유일한 나라다. 중국은 한국에게 기회의 땅이며 잊힌 중화사상의 나라이면서 동시에 어두웠던 사대의 예로 받들던 나라다.

한국은 이제 선택할 수 있을 만큼 성장했다. 안보(군사력)와 GDP에서도 모두 일정 정도 이상의 힘을 갖췄다. 신숙주의 유언을 생각할 만큼의 여유도 생겼다. 베네딕트가 승전국의 입장에서 패전국 일본이란 나라를 이해하기 위해 고심했던 것처럼 한국도 과거 지배국이었던 일본을 다시 고심할 때다. 일본 패전 70주년, 바꿔 말하면 일본 식민지 지배에서 벗어난 홀로서기 70년. 이제 한국은 선택의 갈림길에 섰다.

1980년대 한국은 극일을 선언했다. 정당성을 확보하지 못한 채 쿠데타로 정권을 잡은 전두환 대통령의 정치적 복선도 있었다. 박정희 정권과의 차별화와 함께 국민 정서를 끌어안기 위함이다. 박정희 정권은 반일 감정의 시대를 이끌면서도, 다른 한편으론 일제 강점기 일본군 장교였던 박정희 전 대통령의 전력이 상징하듯, 근일(近日)의 상태였다. '공산주의 vs. 반공산주의' 세계에서 한국전쟁을 치르고 베트남전쟁에 참전하며 일본과 같은 편인 상태는 선택이라기보다는 상황논리적 측면이 강했다. 전두환 정권으로선 극일로 국민 정서를 응집시키면서 자신의 정권 정당성 부재를 희석시키되 여전히 일본과 같은 편이라는 상황논리를 받아들였다. 일본을 넘어서자는 극일은 현실주의에 입각한 것이었고 단순한 반일 감정을 넘어서는 호소력이 있었다.

〈조선일보〉는 1983년에 "극일의 길, 일본을 알자"라는 신년기획 시리즈를 시작했었다. 1983년 1월 1일자 "日本中心주의 … '東洋제일', '世界 최고'의 우월감"에서 시작해 12월 17일자 "신뢰받는 支配層이 있다"까지 총 47편(마지막 좌담회편 포함 시 48회)에 이른다. 이후 한국인에게 극일은 하나의 준거이자 잣대였다. 일본보다 앞서거나 버금가면 찬양받는 '선'(善)이고, 일본에 못 미치면 바로잡고 고쳐서 더 낫게 만들어야 할 대상이었다. 극일의 바탕 정서는 반일이었기 때문에 여전히 한국과 일본과의 경쟁에서 일본 편을 드는 행위는 악이었다. 종종 일본어를 배우는 행위도 악으로 치부됐고, 이는 과도하다며 대응 논리로 지일(知日)이 생겨나기도 했다.

이후 20여 년간 언론에선 한국인의 질서의식 개선을 바랄 땐 일본인의 질서의식을 보도했고, 한국의 기업경쟁력 약화를 걱정할 땐 일본의 기업 사례를 찾아 독자에게 알렸다. 한국의 문제를 고칠 때마다 항상 일본의 사례가 등장했다. 2000년 이전까지 아이러니하게도 한국은 모든 준거를 일본으로 삼았던 셈이다. 제3자가 보면 짝사랑이라고 할 정도다. 이 시기 일본은 한국에 무관심했다.

욘사마의 등장과 2002년 한일월드컵 개최, 케이팝의 인기 등 2000년 이후 변화가 생겼다. 일본은 고의적으로 무관심했던 한국을 재발견했고, 일본과 너무 흡사한 정서에 놀랐고 친밀감을 가졌다. 한류 붐이 불었고 정치인과 경제인까지 앞 다퉈 한류를 칭송하는 시기였다. 그리고 2010~2011년은 한일 관계 역사상 가장 친한 관계였다. 그러나 이명박 전 대통령의 덴노에 대한 사죄 발언과 2011년 동일본 대지진, 경제 불황에 따른 애국론의 부상은 한류를 혐한으로 바꿔놓았다.

프로이트의 자기애와
한국 · 일본

프로이트에 따르면 부부 관계나 우정, 부모 자식 관계와 같이 친밀한 감정을 따르는 2자 관계는 거의 대부분 거절하고 적대시하는 감정적인 응어리를 내재하고 있다. 동료 간에 싸우거나 부하가 간부에 불만을 갖는 것보다 관계가 가깝기 때문이다. 또한 결혼에 의해 연결된 두 개의 가족, 인접한 두 개의 도시나 국가, 인연이 깊은 민족 등 집단 간에도 적용되어 가까우면 가까울수록 극복하기 어려운 반감이 생긴다고 한다.

심리적인 거리가 가까운 개인이나 집단 간에 왜 이런 갈등이 생기는 걸까. 프로이트는 이를 자기애라고 설명한다. 가까운 사람에 대하는 즉 반감과 반발에는 자기 자신에 닿는 애정, 즉 자기애가 포함돼 거리가 가까워지면 질수록 상대방은 자기애의 대상이 되기 때문에 상대와 자신 간 섬세한 차이에도 민감해지며 감수성의 차이나 차기관의 차이, 행동 경향의 차이나 취미의 차이 등 서로의 차이에 대한 관용도가 저하해 공격성이 발생한다는 것이다.

맞는 말이다. 별로 상관없는 상대방에 대해서는 용서할 수 있는 일이, 좋아하는 상대방에게는 용서할 수 없다. 단순한 동료에게 무시당해도 금방 기분을 전환할 수 있지만 연인에게 무시당하면 화가 나서 참을 수 없다. 심리적 거리가 가까우면 상대가 자신의 생각하는 대로 움직이지 않을 때, 이쪽의 마음을 알아주지 않을 때 실망과 공격적인 감정이 생겨난다.

에노모토 히로아키, 2011, 《위에서 내려다보는 메센의 구조》, pp. 199~200

일본 '안의 세계'가 한국에 갖는 감정을 프로이트의 자기애로 설명할 수 있다. 정서적으로 가까운 위치의 두 집단이라면 해야 할 행동과 해선 안 될 행동은 명백하다. 부부와 같다. 서로에 대한 칭찬을 마음으로만 갖지 말고 말로 표현해야 하며 반감이 생길 때도 상처로 남을 비난은 말로 해선 안 된다.

"(덴노가) 한국을 방문하고 싶으면 독립운동을 하다 돌아가신 분들을 찾아가서 진심으로 사과하면 좋겠다"는 이명박 전 대통령의 발언에 일본의 '안의 세계'는 크게 반발했다. 덴노는 '와의 세계'의 기준 '1'이며, 모든 '안의 세계' 구성원은 '1'과의 균일한 거리를 통해 일본의 질서를 유지한다. 일본은 '사과'를 '도게좌'라며 감정적으로 받아들였다. 일본이 이를 '도게좌'가 아닌 '사죄'(お詫び)로 번역해 받아들였다면 소동은 덜 했을 것이다. 덴노의 '도게좌'는 '와의 세계'가 밖의 힘에 굴복했다는 뜻이며 모든 구성원이 마찬가지로 '도게좌'의 대상인 셈이다. 한국을 보는 '안의 세계' 메센은 이 발언을 전후해 크게 바뀌었다. 프로이트의 자기애로 설명하면 한류라는 친밀감이 컸던 만큼 상처도 컸던 것이다.

현대 일본의 '안의 세계'에서 한국은 특이한 '밖'이다. 한국은 일본의 '안의 세계'가 바라보는 '밖의 1·2·3세계' 어느 곳에서 고정적으로 속해 있지 않다. 한국을 바라보는 '안의 세계'의 메센이 아직 고정되지 않았다는 것으로 이례적인 일이다. 한류 붐은 한국을 '안의 세계'의 '균일한 다' 중 하나로 여기는 눈〔目〕이다. 한국을 타국으로 인지하지 않고 자신들의 세계에 속한 일원으로 보는 것이다. 혐한은 무의식으로 한국을 '안의 세계'의 일원으로 인정하면서 한국이 메이와쿠를 끼친다면서 배제하고 이지메를 가하려는 눈〔目〕이다. 일부 애국론자들은 친중으로 흐르는 한국을 바라보면서 중국과 같은 편인 '밖의 2세계'로 바라보는 눈〔目〕이다. 공통점은 2000년 이전의 한국에 대해 전혀 관심이 없어 '밖의 3세계'로 보는 눈〔目〕은 이제 '안의 세계'에서 사라졌다.

다꾸앙과
김치 콤플렉스

한국에선 다꾸앙을 단무지라고 부른다. 한국의 대표 반찬인 김치 다음으로 많이 등장하는 게 단무지다. 일본 음식인 다꾸앙은 에도시대의 고승인 다꾸앙(たくあん・澤庵)의 이름에서 유래되었다. 검소한 생활을 한 그가 주로 먹던 음식이 바로 다꾸앙이다. 이탈리아의 스파게티는 한국말로도 스파게티고 미국의 햄버거는 한국말로도 햄버거다. 당연하게도 음식 이름은 고유명사로 취급해야 하기 때문이다. 스파게티는 한국에는 없는 음식이니 당연히 이탈리아 이름을 그대로 한국말 발음으로 부른다. 다른 나라 음식도 마찬가지다. 그런데 왜 다꾸앙은 다꾸앙이 아니라 단무지가 됐을까?

36년 동안 일본의 식민 지배를 받았던 한국은 한반도에 남은 왜색을 지우며 국어 순화운동을 폈다. 일본말을 한반도에서 쓰지 말자는 것이다. 흔히 쓰이던 쓰메키리(つめきり)는 손톱깎이로, 벤또(べんとう)는 도시락으로 바꿨다. 국어 순화였다. 국어 순화의 분위기에서 이미 한국인이 즐겨 먹는 다꾸앙은 단무지란 전혀 다른 이름으로 불리게 되었고 그렇게 정착됐다. 스시(すし)를 초밥으로, 사시미(さしみ)를 회로 부르는 식이다. 식민지 지배의 콤플렉스가 음식명에 들어간 일본어를 참을 수 없게 만든 것이다. 다꾸앙을 단무지로 부르는 게 극일이며 민

족적 자긍심일까? 한국 스스로 자신이 없었던 건 아닐까? 이는 외국인
데도 한국에겐 외국이 아닌 '일본'으로 존재했던 일본에 대한 콤플렉스
의 산물이다.

　일본에서 김치는 '기무치', 갈비는 '가루비', 찌개는 '치게'다. 한국 음
식명을 일본 가타가나로 읽은 것이다. 한국 음식 이름에 일본 이름을
붙이지 않는다. 물론 일본 '안의 세계'의 입맛에 맞춰 일본식으로 맛을
바꾸지만 말이다. 자신에 대한 믿음과 자신감이 있어야 외국 문물에 대
해 개방적일 수 있다.

　"김치가 기무치를 이겼습니다." 뉴스를 전하는 앵커는 흥분을 하고 있었다.
홍수환이 카라스키야를 상대로 4전 5기의 승리를 거두었을 때에 딱 이랬다.
김치가 세계 요리대회에 나가 결승에서 기무치를 상대로 극적인 역전승이
라도 거머쥔 것인가 싶었다. 이어지는 멘트는 "김치가 드디어 유네스코 무
형인류문화유산에 등재될 예정입니다"였다. 경쟁에서의 승리가 아니었다.
우리끼리 축하하면 될 일에 괜히 기무치를 끌어들여 흥분을 유도하였던 것
이다. 한국의 김치에 비하면 그때 일본은 더 경사스러운 소식을 들었다고
할 수 있다. 와쇼쿠(和食), 즉 일본 음식 전체가 유네스코 무형인류문화유
산에 등재될 예정이기 때문이다. 이 일을 두고 일본에서 "일식이 한식을 이
겼습니다"라고 기사를 내보내지 않았다. 물론 "안타깝게도 기무치가 김치에
졌습니다" 같은 것도 없었다.
　"김치가 기무치를 이겼다"는 말은 1990년대에 생겼다. 그 무렵 김치는 일
본의 일상 음식으로 정착하고 있었다. 일본의 츠케모노 업자들도 김치를 본
격적으로 만들어 팔기 시작하였다. 그들은 일본인의 입맛에 맞추어 젓갈을
빼고 고춧가루와 마늘의 양을 줄여 들척지근한 맛이 나게 하였다. 한국의
언론은 일본에 김치 붐이 일고 있다는 소식을 전하면서 일본식 김치에 비해
한국식 김치가 더 인기가 있다는 말을 덧붙였다. 2001년에 김치의 국제식
품규격(CODEX)이 정해졌다. 이 규격을 정하자고 먼저 나선 것은 일본이

었는데, 그 명칭을 그들의 발음대로 'Kimuchi'라 하였고 여기에 한국이 대응을 하면서 'Kimchi'라 하여야 한다고 주장을 하여 결국 'Kimchi'로 결정되었다. 김치의 발상지가 한국이니 당연한 일이다. 이 소식에 한국의 언론들은 '김치가 기무치를 이겼다'는 제목을 달았다. (…) 김치는 김치다. 김치 애국팔이는 제발 그만두시라. 맛있는 김치 좀 먹고 살게 말이다.

"[황교익의 먹거리 Why? 파일] 김치여, 왜 기무치를 신경 쓰는가"
(《조선일보》, 2013. 11. 2, Why 섹션 B6면)

〈조선일보〉에 김치 애국팔이를 비판하는 글이 실린 것 자체가 한국이 더는 일본 콤플렉스에 연연하지 않기 시작했다는 신호다. 황교익 씨의 글을 읽는 독자도 모두 고개를 끄덕였을 터다. 1990년대까지 한국은 일본을 비판하면서 다른 한편으론 동경한 반면 일본은 아예 한국에 무관심해 마치 짝사랑과 유사한 상태였다면, 2010년대에는 일본이 한국에게 과도하게 관심을 가진 반면 한국의 일본에 대한 감정은 상당히 정제되었고 가라앉았다. 예전의 열병은 이미 없다. 2014년부터는 신문 지면의 제목에 교육이나 경제 분야에서 "일본을 반면교사(反面教師)로 삼자"는 기사가 나오기 시작했다. 일본 물건이면 무조건 좋다는 1980년대와 1990년대 인식은 한국에서 사라졌다.

극일의 시대는 끝나야 한다. 한 나라의 목표가 특정 국가를 넘어서는 데 있는 것은 슬픈 일이다. 역사의 굴레 탓에 한국은 스스로 극일이란 슬픈 선택을 수십 년간 짊어졌다. 광복 70주년, 이제 '일본 식민지 지배 콤플렉스'에서 벗어날 때가 됐다.

20~30대 젊은 한국 여성들 사이에 '마이보틀'이라는 일본의 물병(텀블러)가 2014년 내내 유행했다. 일본에선 2천 엔(약 1만 9천 원)인 물병이 한국 인터넷에서는 7~8만 원에 팔려나갔다. 없어서 못 팔 정도였

다. 일본 도쿄의 시부야 판매점에선 "마이보틀을 판매하지 않습니다"라고 써 붙였다. 한국 관광객들이 계속 와서 마이보틀만 찾아 영업이 어려웠던 것이다. 도쿄 지유가오카의 판매점에선 1인당 두 개씩 한정 판매를 했다. 그리고 마이보틀 유행은 언제 그랬냐는 듯이 사라졌다. 20～30대 여성에게 일본은 유행을 앞서거나 뒤서거나 하는 이웃국가이다. 극일의 대상이 아니다. 일본의 마이보틀이 대단하고 좋은데 왜 한국은 이런 물건을 못 만드느냐며 한탄하지 않는다. 일본의 좋은 물건은 사서 쓰면 그만이다. 일본의 유행이 재밌으면 받아들이고 따라하면 그만이다. 극일 콤플렉스를 아직 못 버린 건 한국의 정치인들과 황교익 씨가 말한 '김치 애국팔이'에 열중하는 일부일 뿐이다.

신숙주가 잃지 말라고 유언한 '일본과의 화'. 신숙주의 속뜻은 여러 갈래가 있겠지만 그중 하나는 섬나라 일본에 마주한 반도에 위치한 국가로서 섬을 대륙과 이어주는 역할일 것이다. 섬나라 일본을 고립시키지 말고 가까이 해 교역을 주고받으면 갈등도 그만큼 줄어줄 것이다. 고립된 섬이 자신들만의 생각에 갇혀 잘못된 오판을 하지 않도록 도와주라는 것도 속뜻의 하나일 것이다. 물론 일본 정세를 잘 주시해 일본이 오판을 했을 때를 미리 알고 대처해야 한다는 뜻도 있을 것이다.

한국이 '극일 시대의 종언'을 하는 지금 일본은 무엇을 생각하고 있을까? 아베 총리는 '전후 레짐으로의 탈피'를 선언했다. 전후 레짐으로의 탈피는 전후 레짐에 대한 책임이 먼저다. 전후 레짐은 단순히 아사히적 사고를 의미하는 게 아닐 것이다. 또한 단순히 애국론자가 말하는 자학사관을 버리는 게 전후 레짐의 탈피는 아닐 것이다. 연합국군 총사령부의 점령에서 시작해 전후 민주주의의 성립과 고도 성장기, 버블 시기, '잃어버린 20년'으로 이어진 종전 70년의 기반에 서서 새로운 100년 체제를 만들겠다는 게 '전후 레짐으로의 탈피'일 것이다. 새로운 100년 체제는 '와의 세계'를 외부로부터 보호하고 더욱 조화로운 세계로 만드는 일이다. '밖의 세계'에서 존경받는 '와'를 만드는 일이다. 그 방법이 단지 전후 만들어진 '전쟁을 금지한 평화헌법을 수정하고, 혐한과 혐중으로 특정 국가를 증오하고, 의료와 복지에 들어갈 돈을 군비로 써 군사력을 증강하는 것일까? 일본의 애국론자에게 진정한 애국이 무엇인지 묻고 싶다. 일본의 애국론자들은 현재 혐한과 평화헌법 개정이 애국이라고 믿는가?

신숙주의 유언은 전후 70년 만에 등장한 '밖의 2세계'에 동요하는 일본 '와의 세계'와 애국론자들에게 하고 싶은 조언이기도 하다.

한국과의 '화'를
잃지 않기를 바랍니다(願國家毋與韓國日本失和).